思想的・睿智的・獨見的

經典名著文庫

學術評議

策劃　**楊榮川**

五南圖書出版公司 印行

經典名著文庫

學術評議者簡介（依姓氏筆畫排序）

- 丘為君　美國俄亥俄州立大學歷史研究所博士
- 吳惠林　美國芝加哥大學經濟系訪問研究、臺灣大學經濟系博士
- 宋鎮照　美國佛羅里達大學社會學博士
- 林玉体　美國愛荷華大學哲學博士
- 邱燮友　國立臺灣師範大學國文研究所文學碩士
- 洪漢鼎　德國杜塞爾多夫大學榮譽博士
- 孫效智　德國慕尼黑哲學院哲學博士
- 秦夢群　美國麥迪遜威斯康辛大學博士
- 高明士　日本東京大學歷史學博士
- 高宣揚　巴黎第一大學哲學系博士
- 張光宇　美國加州大學柏克萊校區語言學博士
- 張炳陽　國立臺灣大學哲學研究所博士
- 陳秀蓉　國立臺灣大學理學院心理學研究所臨床心理學組博士
- 陳思賢　美國約翰霍普金斯大學政治學博士
- 陳清秀　美國喬治城大學訪問研究、臺灣大學法學博士
- 陳鼓應　國立臺灣大學哲學研究所
- 曾永義　國家文學博士、中央研究院院士
- 黃光國　美國夏威夷大學社會心理學博士
- 黃光雄　國家教育學博士
- 黃昆輝　美國北科羅拉多州立大學博士
- 黃政傑　美國麥迪遜威斯康辛大學博士
- 楊維哲　美國普林斯頓大學數學博士
- 葉海煙　私立輔仁大學哲學研究所博士
- 葉國良　國立臺灣大學中文所博士
- 廖達琪　美國密西根大學政治學博士
- 劉滄龍　德國柏林洪堡大學哲學博士
- 黎建球　私立輔仁大學哲學研究所博士
- 盧美貴　國立臺灣師範大學教育學博士
- 薛化元　國立臺灣大學歷史學系博士
- 謝宗林　美國聖路易華盛頓大學經濟研究所博士候選人
- 簡成熙　國立高雄師範大學教育研究所博士
- 顏厥安　德國慕尼黑大學法學博士

經典名著文庫116

哲學研究

Philosophische Untersuchungen

維特根斯坦 著
(Ludwig Josef Johann Wittgenstein)
陳嘉映 譯

經典永恆・名著常在

五十週年的獻禮・「經典名著文庫」出版緣起

總策劃 楊榮川

閱讀好書就像與過去幾世紀的諸多傑出人物交談一樣——笛卡兒

五南，五十年了。半個世紀，人生旅程的一大半，我們走過來了。不敢說有多大成就，至少沒有凋零。

五南忝爲學術出版的一員，在大專教材、學術專著、知識讀本出版已逾壹萬參仟種之後，面對著當今圖書界媚俗的追逐、淺碟化的內容以及碎片化的資訊圖景當中，我們思索著：邁向百年的未來歷程裡，我們能爲知識界、文化學術界做些什麼？在速食文化的生態下，有什麼值得讓人雋永品味的？

歷代經典・當今名著，經過時間的洗禮，千錘百鍊，流傳至今，光芒耀人；不僅使我們能領悟前人的智慧，同時也增深加廣我們思考的深度與視野。十九世紀唯意志論開創者叔本華，在其〈論閱讀和書籍〉文中指出：「對任何時代所謂的暢銷書要持謹慎的態度。」他覺得讀書應該精挑細選，把時間用來閱讀那些「古今中外的偉大人物的著作」，閱讀那些「站在人類之巔的著作及享受不朽聲譽的人們的作品」。閱讀就要「讀原著」，是他的體悟。他甚至認爲，閱讀經典原著，勝過於親炙教誨。他說：

「一個人的著作是這個人的思想菁華。所以，儘管一個人具有偉大的思想能力，但閱讀這個人的著作總會比與這個人的交往獲得更多的內容。就最重要的方面而言，閱讀這些著作的確可以取代，甚至遠遠超過與這個人的近身交往。」

爲什麼？原因正在於這些著作正是他思想的完整呈現，是他所有的思考、研究和學習的結果；而與這個人的交往卻是片斷的、支離的、隨機的。何況，想與之交談，如今時空，只能徒呼負負，空留神往而已。

三十歲就當芝加哥大學校長、四十六歲榮任名譽校長的赫欽斯（Robert M. Hutchins, 1899-1977），是力倡人文教育的大師。「教育要教眞理」，是其名言，強調「經典就是人文教育最佳的方式」。他認爲：

「西方學術思想傳遞下來的永恆學識，即那些不因時代變遷而有所減損其價值的古代經典及現代名著，乃是眞正的文化菁華所在。」

這些經典在一定程度上代表西方文明發展的軌跡，故而他爲大學擬訂了從柏拉圖的《理想國》，以至愛因斯坦的《相對論》，構成著名的「大學百本經典名著課程」。成爲大學通識教育課程的典範。

歷代經典．當今名著，超越了時空，價值永恆。五南跟業界一樣，過去已偶有引進，但都未系統化的完整舖陳。我們決心投入巨資，有計劃的系統梳選，成立「經典名著文庫」，希望收入古今中外思想性的、充滿睿智與獨見的經典、名著，包括：

- 歷經千百年的時間洗禮，依然耀明的著作。遠溯二千三百年前，亞里斯多德的《尼各馬科倫理學》、柏拉圖的《理想國》，還有奧古斯丁的《懺悔錄》。
- 聲震寰宇、澤流遐裔的著作。西方哲學不用說，東方哲學中，我國的孔孟、老莊哲學，古印度毗耶娑（Vyāsa）的《薄伽梵歌》、日本鈴木大拙的《禪與心理分析》，都不缺漏。
- 成就一家之言，獨領風騷之名著。諸如伽森狄（Pierre Gassendi）與笛卡兒論戰的《對笛卡兒沉思錄的詰難》、達爾文（Darwin）的《物種起源》、米塞斯（Mises）的《人的行爲》，以至當今印度獲得諾貝爾經濟學獎阿馬蒂亞・森（Amartya Sen）的《貧困與饑荒》，及法國當代的哲學家及漢學家朱利安（François Jullien）的《功效論》。

梳選的書目已超過七百種，初期計劃首爲三百種。先從思想性的經典開始，漸次及於專業性的論著。「江山代有才人出，各領風騷數百年」，這是一項理想性的、永續性的巨大出版工程。不在意讀者的眾寡，只考慮它的學術價值，力求完整展現先哲思想的軌跡。雖然不符合商業經營模式的考量，但只要能爲知識界開啓一片智慧之窗，營造一座百花綻放的世界文明公園，任君遨遊、取菁吸蜜、嘉惠學子，於願足矣！

最後，要感謝學界的支持與熱心參與。擔任「學術評議」的專家，義務的提供建言；各書「導讀」的撰寫者，不計代價地導引讀者進入堂奧；而著譯者日以繼夜，伏案疾書，更是辛苦，感謝你們。也期待熱心文化傳承的智者參與耕耘，共同經營這座「世界文明公園」。如能得到廣大讀者的共鳴與滋潤，那麼經典永恆，名著常在。就不是夢想了！

二〇一七年八月一日 於

五南圖書出版公司

導讀

首都師範大學政法學院教授　陳嘉映

早年生活

路德維希・維特根斯坦一八八九年四月二十六日生於維也納。從血統來說，他有一半是猶太人，但母親是天主教徒，他本人也受洗爲天主教徒。他出身豪門，父親卡爾・維特根斯坦透過個人奮鬥，成爲奧地利鋼鐵工業的大亨。少年維特根斯坦在家裡接受教育。

十九世紀和二十世紀之交，維也納群星燦爛，湧現出多位著名的作家、藝術家、音樂家、建築師、科學家。維特根斯坦的家庭以及他本人和其中許多人來往密切，布拉姆斯是他家的常客。他哥哥保羅就是一位聞名國際的鋼琴演奏家，音樂充滿了這個家庭，也是維特根斯坦本人的終身愛好，他曾說：「我在我的書裡沒辦法說出音樂在我的一生中都意味著什麼，關於這一切我一個字都說不出。那我怎能指望被人理解呢？」

路德維希的父親極爲嚴厲。維特根斯坦是家裡最小的孩子，有三個姐姐四個哥哥，這四個哥哥中，有三個在年輕時自殺，與父親的嚴厲當不無關係。路德維希也不只一次有過自殺的念頭。

維特根斯坦從小愛好機械和技術，十歲時就製造出一臺實用的簡單縫紉機。他的最初志向是成爲一名工程師。他的興趣漸漸集中在噴氣發動機方面，於是他在一九〇八年秋天來到曼徹斯特大學學習航空工程。他對螺旋槳的一些想法和設計多年後獲得了實際應用。由於設計工作的實際需要，維特根斯坦努力研究數學，在此期間他讀到了羅素的《數學原理》，並由此了解到弗雷格的工作。數學的邏輯基礎引起維特根斯坦的巨大興趣，決意放棄航空工程，轉而從事哲學。他來到耶拿，向弗雷格請教，並聽從弗雷格的建議，於一九一一年轉到劍橋，問學於羅素門下。

關於這一時期的維特根斯坦，羅素講述了一些引人入勝的軼事。維特根斯坦經常深感鬱悶，到羅素那裡，幾個小時不發一語只是踱來踱去。有一次羅素問他：「你到底在思考什麼？是邏輯，還是自己的罪孽？」維特根斯坦回答：「兩者皆是。」這是個經典的故事。雖然我不鼓勵讀者從奇聞軼事來理解哲學，但我還是忍不住要說，哲學差不多就是把我們最隱晦的靈魂和最明晰的邏輯連在一起的努力。唯對其一感興趣的是虔誠的教徒或邏輯教師，但不是哲學家。

維特根斯坦十分推崇羅素在數理邏輯方面的工作，在這一領域繼續推進。在此後的幾年裡，透過當面討論，以及維特根斯坦離開英國後寄來的筆記，羅素受到這位弟子的「深刻影響」。一九一八年初，羅素提出了「邏輯原子主義」這個名號來概括自己的哲學，邏輯原子主義無疑建立在他早年主張的外在關係理論的基礎上，但其中也不乏維特根斯坦的影響。這個時期的羅素，極熱心於政治和社會事務，頗有心把邏輯學研究的衣缽傳給維特根斯坦。

那個時代的精英人士，普遍渴望高尚的精神生活和智性創造。在劍橋的這段時間裡，維特根斯坦結識了一些朋友，其中包括哲學家摩爾、經濟學家凱恩斯、數學家品生特等。他與品生特結爲摯友。儘管他待人嚴厲，尤其對愚蠢的思想極不耐煩，但他是個熱心而忠實的朋友。

一九一三年，路德維希的父親去世，留給他一大筆遺產。他把其中一部分用來資助里爾克、特拉克爾等詩人和藝術家。戰後，他更是把自己那部分遺產盡數分給他的哥哥和姐姐。爲什麼不送給窮人呢？他解釋說：他不願見到本來好好的窮人由於得到這些錢財而變得墮落，而他那些親戚反正已經很富有很墮落了。他自己此後一直生活得很儉樸。財物、權力和地位對他沒有任何吸引力。

第一次世界大戰爆發後，維特根斯坦作爲志願兵加入奧地利軍隊。戰爭後期的一份戰報稱他「極其勇敢、鎮定」，並因此受到廣泛讚譽。不過，戰爭期間，他始終爲身邊戰友的粗鄙感到痛苦。

《邏輯哲學論》與中期思想轉變

一九一八年七月，維特根斯坦從前線到薩爾茨堡度假，完成了《邏輯哲學論》。他當時籍籍無名，多次遭到拒絕，出版商一會兒要求有名教授作出評價，一會兒要求維特根斯坦自付紙張和印刷費用。維特根斯坦極爲惱火，認爲要求作者自費出書不是正派的行爲，「我的工作是寫書，而世界必須以正當的方式接納它」。至於名人的評價，羅素承擔下來，爲此書寫了一篇長長的導論。維特根斯坦讀後，坦率告訴羅素，無論是解釋的部分還是批評的部分，他都覺得不滿。但他還是請人把這篇序言譯成德文。不久後他告訴羅素，序言的德文譯文不佳，他不想把它和自己的著作一起付印，儘管他的著作也可能因此就無法出版。結果不出維特根斯坦所料，沒有羅素的導論，出版商拒絕出版。到此，維特根斯坦已竭盡努力，幾乎要放棄出版。幸好羅素君子雅量，繼續託人聯繫出版事宜，幾經拒絕之後，一九二一年作爲一篇論文發表在《自然哲學年鑒》最後一期中，並附有羅素導論的德文譯本。一九二二年，仍借助羅素的幫助，此書的德英對照本在英國出版。此書一經出版，即在德國、奧地利、英國產生巨大影響。張申府先生獨具慧眼，一九二七年即譯出此書，題爲《名理論》，當年及翌年分兩期發表於《哲學評論》雜誌，這是此書英文譯本以外首次被翻譯成其他文字出版。實際上，其他文字的譯本遲至五〇年代才出現。

《邏輯哲學論》是維特根斯坦生前出版的唯一一部哲學著作，這是一本薄薄的書，譯成中文不過七十頁，但所涉及的論題卻極其廣泛。這本書的形式也很特別：每一章有一個總題，然後給出一系列擴充和論證。

《邏輯哲學論》的很大一部分內容處理邏輯內部的問題，不過，維特根斯坦對邏輯學本身的貢獻有限，這本書的獨特之處更多在於基本哲學問題的新見。維特根斯坦自己曾評論說，《邏輯哲學論》的觀點「是一種倫理的觀點」，並稱這一點也許是「了解這本書的一把鑰匙」。他說，這本書有兩個部分，一個是寫出的部分，另一部分沒有寫，而正是沒有寫的那一部分才是重要的部分。哲學「透過清楚地表現出可以言說的東西來意謂不可言說的東西」，而「對於不能說的東西我們必須保持沉默」。

在《邏輯哲學論》的序言裡，維特根斯坦稱這本書的眞理性是「確定而無可置疑的」，「哲學問題在根本上已經最後地解決了」。既然問題都已最終解決，他便拋開哲學，在一九二〇—一九二六年到奧地利南部的山村當小學教員，生活儉樸近乎困苦。一九二六年以後，維特根斯坦離開了鄉村教師的職位，在一個修道院裡做過園丁的助手，協助設計並負責實施在維也納郊區爲他姐姐建造一個宅第。這個宅第後來曾是保加利亞的使館。

維特根斯坦回到維也納不久就結識了維也納小組的創始人石里克。維特根斯坦沒有參與維也納小組的團體活動，他對卡爾那普、費格爾、紐拉特等人沒有多少好感，也不贊許他們反形而上學的絕對實證觀，他幾乎只和石里克、魏斯曼交往，尤其與魏斯曼有多次交談，因爲他覺得這兩個人文化修養較高，品位純正。

一九二九年初，維特根斯坦重返劍橋，並以《邏輯哲學論》作爲學位論文獲得博士學位，主考官是羅素和摩爾。翌年底，維特根斯坦受聘爲劍橋三一學院的研究員，從此到他一九四七年退休，他大部分時間在劍橋思考、研究、教課。維特根斯坦沒有再發表什麼文著，但他在課堂上講的內容，以及沒幾次專門口述給學生的筆記，卻廣爲流傳。他的一些學生根據數量龐大的筆記、聽課記錄以及一些半成稿在他去世後編訂了一批書，包括《哲學評注》、《哲學語法》、《藍皮筆記本》、《棕皮筆記本》、《關於數學基礎的若干評注》。

一九二八—一九三三年間可以視爲維特根斯坦思想的轉變時期。他逐漸放棄並轉而批判《邏輯哲學論》中的一系列基本觀點。我們可以從多種角度切入來描述這個轉變。一個顯而易見的角度是從「充分分析」入手。維特根斯坦早先提倡充分分析，分析而直到原子命題，直到簡單對象。這種分析主要是解決語言意義最終來源的問題：簡單對象和簡單名稱的直接對應提供了所需要的意義源頭。現在，維特根斯坦放棄了原子命題互相獨立的觀點，繼而放棄了簡單對象的觀點：簡單對象只是哲學理論的虛構，並非邏輯的必然結論，在不同語境中，「簡單」意味著不同的東西。到他口授《藍皮書》的時候，他的後期哲學已經大致成形。

《哲學研究》

一九三六年，維特根斯坦開始寫作《哲學研究》。一九三八年三月，德國併呑奥地利，他申請轉入英國國籍。秋天，他與劍橋出版社談定出版《哲學研究》，但不久又把稿子要了回來。一九三九年，他接替摩爾成爲哲學教授。戰爭期間，他大部分時間在倫敦一家醫院當看護，後來在紐卡斯爾的一個研究所當助理實驗員。同時，他當然繼續思考哲學問題，我們現在所見到的《哲學研究》的主要部分——即第一部分，就是在這段時間裡寫成的。此後幾年裡，他曾幾次準備出版《哲學研究》，但最後還是放棄了出版的念頭。他去世後不久，他的學生安斯康姆和拉斯·里斯編訂全書並譯成英文，一九五三年以德英對照的方式出版，第一部分是主體，比較完整，第二部分篇幅較小，更多草稿性質。《哲學研究》是維特根斯坦後期思想的集大成之作，我像很多論者一樣認爲它是二十世紀最重要的哲學著作之一。

從《邏輯哲學論》到《哲學研究》，維特根斯坦的思想發生了很大的轉變。上文提到，他放棄了充分分析的思路。那又該如何來解決意義來源問題呢？我們並不需要什麼理論來說明意義的來源。意義是自然發生的，它不是在原子命題和原子事實相接觸的地方發生，而是在我們學習語言的實際過程中發生。邏輯分析的目標不再是簡單名稱或簡單對象，而是澄清某些誤解。我說「蘋果來了」，你問「蘋果來了」是什麼意思，我改說「張三來了，張三帶著蘋果」。你若再問「張三來了」是什麼意思，我就沒辦法了，我只能請你像兩歲的幼兒那樣透過這些語詞和語句的用法來重新開始學習中文。就此而言，意義即使用，「不要問意義，要問用法」。

「使用」與工具相連。《哲學研究》裡有很多段落把語詞比作各式各樣的工具。語言的功能不在於反映世界，而在於像使用工具那樣對世界作出應對。爲醒目計，可以說，語言的功能是反應而不是反映。

與「意義即使用」緊密聯繫的還有語言遊戲、工具與遊戲的多樣性、家族相似等一系列概念。

接著，《哲學研究》的初稿討論數學哲學，但這一部分也許維特根斯坦打算單獨成書，在後來的「定本」中裁去了這個龐大的部分，改而探討所謂「私有語言論題」。有些人主張，語詞的意義在每個人心裡，人心各自不同，因此意義是私有的。維特根斯坦透過多角度解析表明，這一主張其實只是一系列混亂思想的集合。

在一個基本意義上，《哲學研究》旨在進行智性治療，消除初級反思（即人們通常所認爲的「哲學」）形成的種種概念栓塞。這一任務頗可類比於醫生的工作：生命自然而然生長，醫生救死扶傷，但醫生不創造生命。有人把這種態度稱作「寂靜主義」，我認爲這是錯誤的。和生命的自然能力相比，醫生的作用極其有限，但這並不削減醫生的重要性。健康的智性生活需要哲學的輔助。

哲學分析爲解惑服務，然而，我們的語言沒有唯一的充分解析的形式，因此，我們也沒有一種一勞永逸地消除誤解的辦法。哲學不爲任何問題提供終極答案，哲學不是要在往昔錯誤的廢墟上重新建造任何一種理論。哲學在根本道理的深處生生不息地思考。

智性治療性質也有助於說明這本書的另一個特點。《哲學研究》不像普通哲學著作那樣處理一般性的概念。毋寧，維特根斯坦反反覆覆討論一些平常的問題，例如：孩子如何學會等差數列？我怎麼知道他在疼？人能夠不用語詞思想嗎？不少讀者，尤其是那些讀慣了徒託空言從大詞到大詞的讀者，不習慣維特根斯坦那種各方面反反覆覆的討論方式，以爲瑣碎，其實，這些精微入裡的分析所敲動的是哲學的諸種根本問題，所謂「離析一絲而會通於大道」。

結語

維特根斯坦不是一個學者型人物，但他具有極爲深厚的文化素養。他對人類生存本質的深刻感知，以及他在理智上的特殊天賦，使他在哲學上達到了其他哲學家難以企及的深度。

維特根斯坦在思想的最深處進行艱苦的探索，在這個深處，所有端緒都密不可分地互相糾纏；在這深處的任何絲毫辯正，都會對思考其他問題產生巨大的調整作用。所以，儘管維特根斯坦在這本書裡基本不談論宗教、文學藝術、政治、法律、社會學、教育、人生，在其他地方也很少直接談論這些話題，但他卻對所有這些領域的思想產生了巨大影響。

維特根斯坦的哲學探索是從弗雷格和羅素入門的，無論是他的前期哲學還是他的後期哲學，始終都在回應這兩位前輩。可歎，弗雷格從一開始就直話直說，《邏輯哲學論》他「一個字也看不懂」。羅素十分推崇維特根斯坦的早期哲學，對他後期哲學則大不以爲然：「我在維特根斯坦的《哲學研究》中沒有找到任何讓我感興趣的東西。」

維特根斯坦的巨大思想能量的確對他身後的思想世界產生了廣泛的衝擊，然而，現代哲學並沒有從承繼維特根斯坦的根本思想旨趣。他反對科學主義，反對構建理論，這些都與學院哲學格格不入。雖然維特根斯坦從出道直到一生終了都名滿哲學界，但不被理解的痛苦卻始終伴隨著他。他很早就感到：「不被任何人理解是非常痛苦的」。在《哲學研究》的序言中他又寫道：「我的成果遭到多種多樣的誤解，或多或少變得平淡無奇或支離破碎。這刺痛了我的虛榮心，久難平復。」

二次大戰之後，維特根斯坦繼續在劍橋任教，但對學院生活越發不耐煩，一九四七年辭職。他此後的工作報告後學編訂的《哲學研究》的第二部分、《紙條集》和《論確定性》等。一九四九年，維特根斯坦確診患有癌症，生前最後一段時間他住在他的醫生和朋友貝文（Bevan）家裡，繼續從事哲學寫作直到生命的最後兩天。一九五一年四月二十九日，六十二歲生日的第四天，維特根斯坦與世長辭。在他充滿精神創造和靈魂騷動的一生中，維特根斯坦在工作和生活上都對自己設置了最高的標準，從而使他的一生充滿緊張和痛苦。在臨終之際，他卻對守護他的貝文太太說：「告訴他們，我度過了極爲美好的一生。」

目次

依其本性，進步看上去總比實際更為偉大。

——Nestroy

編者小識

本書第一部分的內容，在一九四五年已經完成。第二部分寫於一九四七到一九四九年之間。假使維特根斯坦自己出版這本書，他會大大壓縮第一部分最後約莫三十頁的內容，爲現在的第二部分補充一些材料，加工後安排在該處。

整部手稿中各處都有可以解讀成不同的詞和短語的寫法，我們不得不做出選擇。但這類選擇並不會影響文句的意思。

有些書頁底部排印的一些文句，其上用灰底隔開，這些段落是維特根斯坦從他的其他稿件中剪下來，夾在這些書頁裡的，但他沒有進一步注明這些段落應該接在哪裡。①

〔〕裡的楷體字是維特根斯坦用來和本書以及他的其他稿件中的某些段落相互參照的。這些稿件我們希望今後也將出版。

---

① 由於中文本頁數和德文本頁數不能一一對應，我不得不稍作變通。我根據維特根斯坦研究者的研究結果或我自己的猜測，確定這些插入段落與正文中的哪些段落相應，把插入的段落排在正文相應段落的後面，上下都用橫線隔開。——譯者注

第二部分的最後一節是我們自己決定安排在它現在的位置的。

G. E. M. 安斯康姆（Anscombe）
R. 里斯（Rhees）

序

以下發表的，是我在過去十六年裡從事哲學研究累積下來的思想。它們涉及多種課題，包括：含義、理解、命題、邏輯等概念，以及數學基礎、意識狀態……等等。這些思想當時我都是以小段札記的方式寫下來的。這些段落有時討論同一個論題，聯成較長的一串，有時則很快從一個論題跳換到另一個論題。我一開始曾打算把所有這些內容都整理在一本書裡；對這本書的形式，我在不同的時候有不同的設想。但我當時認爲本質之點在於：這些思想應該自然而然地從一個論題進展到另一個論題，中間沒有斷裂。

我數次嘗試把我的成果融合爲這樣一個整體，然而都失敗了。這時我看出我在這點上永不會成功，我看出我能夠寫出的最好的東西也不過始終是些哲學札記；當我違背它們的自然趨向而試圖進一步強迫它們進入單一方向的時候，我的思想馬上就變成了跛子。而這當然與這本書的性質本身有關係。這種探索迫使我們穿行在一片廣闊的思想領地上，在各個方向縱橫交錯地穿行。這本書裡的哲學札記就像是在這些漫長而錯綜的旅行途中所做的一系列風景速寫。

我當時一次次從不同的方向重新論及同樣的要點，或幾乎同樣的要點，畫出新的圖畫。

這些圖畫裡不知有多少畫得很糟，或無法顯現特徵，帶有一個拙劣畫家的所有缺陷。把這樣的圖畫篩掉以後，還留下一些勉強可用的；這些圖畫須得加以排列，時常還須剪裁，以使它們能夠爲觀者提供一幅風景畫。所以這本書其實只是本畫集。

直到不久以前，我其實已經放棄了在我生前出版這本書的想法。出版的想法當然時不時會冒出來，主要的原因在於：我違乎所願地了解到，我的成果在透過授課、印刷稿和討論得到傳布的過程中，遭到多種多樣的誤解，或多或少變得平淡無奇或支離破碎。這刺痛了我的虛榮心，久難平復。

但四年前①我有機會重讀了我的第一本書——《邏輯哲學論》，並向人解釋其中的思想。當時我忽然想到應該把那些舊時的思想和我的新思想融合在一起發表：只有與我舊時的思想方式相對照並以它作爲背景，我的新思想才能得到正當的理解。②

自從我十六年前重新開始從事哲學以來，我不得不認識到我寫在那第一本書裡的思想包含有嚴重的錯誤。拉姆西③對我的觀點所提的批評，在很大程度上——我自己幾乎無法判斷

① 據G. H. 賴特的「維特根斯坦手稿」一文，這可能是「兩年前」之誤。——譯者注

② Suhrkamp德文全集版實現了這一計畫，把兩部著作都收在第一卷中。——譯者注

③ Frank P. Ramsey，劍橋教授，《數學基礎》的作者。——譯者注

這程度有多深，說明我看到了這些錯誤——在他逝世前的兩年裡我在無數談話中和他討論過我的觀點。我感謝他那些中肯有力的批評；但我甚至更要感謝本大學的教員P. Sraffa先生多年裡不間斷地對我的思想所做的批評。本書中最爲重要的觀點應當歸功於這一激發。

由於不只一個原因，我在這裡所發表的東西，會和當今別人所寫的東西有交會之處。如果我這些札記沒有印記足以標明它們是屬於我的，那我也就不再堅持我對它們的所有權。

我今天把這些札記公諸於世，心存疑慮。儘管這本書相當簡陋，而這個時代又晦暗不明，但這本書若有幸爲各位的心智投下一道光亮，也不是不可能的，當然，這種可能性委實不大。

我不希望我的書使別人省去思考。我願它能激發任何人自己去思想。

我本希望奉獻一本好書，但未曾如願，可是能由我來改善它的最好時刻已經逝去。

一九四五年一月於劍橋

第一部分

一 奧古斯丁，《懺悔錄》卷一第八節：① 「當成年人稱謂某個對象，同時轉向**這個對象**的時候，我會對此有所覺察，並明瞭當他們要指向**這個對象**的時候，他們就發出聲音，透過這聲音來指稱它。而他們要指向對象，這一點我是從他們的姿態上了解到的；這些姿態是所有種族的自然語言，這種語言透過表情和眼神的變化、透過肢體動作和聲調口氣來展示心靈的種種感受，例如：心靈或欲求某物、或守護某物、或拒絕某事、或逃避某事。就這樣，我一再聽到人們在不同句子中的特定位置上說出這些語詞，從而漸漸學會去理解這些語詞指涉的是哪些對象。後來我的口舌也會自如地吐出這些音符，我也就透過這些符號來表達自己的願望了。」

在我看來，我們在上面這段話裡得到的是人類語言本質的一幅特定的圖畫，即：語言中

---

① 維特根斯坦引用的是奧古斯丁的拉丁原文，而在註腳中附上維氏自己的德譯。我的正文譯文從維氏的德文譯出，這個註腳裡附上周士良先生根據拉丁文的譯文（商務印書館，一九六三，北京）：「聽到別人指涉一件東西，或看到別人隨著某一種聲音做某一種動作，我便記下來：我記住了這東西叫什麼，要指那件東西時，就發出那種聲音。又從別人的動作了解別人的意願，這是各民族的自然語言：用臉上的表情、用目光和其他肢體的顧盼動作、用聲音表達內心的感情，或爲要求、或爲保留、或是拒絕、或是逃避。這樣一再聽到那些語言，按各種語句中的先後次序，我逐漸通解它們的意義，便勉強鼓動唇舌，藉以表達我的意願。」——譯者注

的語詞是對象的名稱——句子是這些名稱的聯繫。在語言的這幅圖畫裡，我們發現了以下觀念的根源：每個詞都有一個含義；含義與語詞一一對應；含義即語詞所代表的對象。

奧古斯丁沒有講到詞類的區別。我以爲，這樣來描述語言學習的人，首先想到的是「桌子」、「椅子」、「麵包」以及人名之類的名詞，其次才會想到某些活動和屬性的名稱以及其他詞類，彷彿其他詞類自會各就各位。

現在來想一下語言的這種用法：我派某人去買東西，給他一張紙條，上面寫著「五個紅蘋果」。他拿著這張紙條到了水果店，店主打開標有「蘋果」字樣的貯藏櫃，然後在一張表格上找出「紅」這個詞，在其相應的位置上找到一個色樣，嘴裡數著一串基數詞——假定他能熟記這些數字——一直數到「五」，每數一個數字就從櫃子裡拿出一個和色樣顏色相同的蘋果。人們以這種方式或類似的方式和語詞打交道。「但他怎麼知道應該在什麼地方用什麼辦法查找『紅』這個詞呢？他怎麼知道他該拿『五』這個詞做什麼呢？」那我假定他就是像我所描述的那樣行動的。任何解釋總有到頭的時候，但「五」這個詞的含義是什麼？剛才根本不是在談什麼含義；談的只是「五」這個詞是如何使用的。

二　哲學上的那種含義概念來自對語言的作用方式的一種較爲原始的看法。但也可以說，那是對一種相對於我們的語言來說，較爲原始的語言的看法。

讓我們設想一種符合於奧古斯丁所做的那類描述的語言：建築師傅A和他的助手B用

這種語言進行交流。A在用各種石料蓋房子，這些石料是：方石、②柱石、板石和條石。B必須依照A需要石料的順序把這些石料遞給他。爲了這個目的他們使用一種由「方石」、「柱石」、「板石」和「條石」這幾個詞組成的語言。A喊出這些詞，B把石料遞過來，他已經學過按照這種喊聲傳遞石料。請把這看作一種完整的原始語言。

三　我們也許可以說，奧古斯丁的確描述了一個交流系統，只不過我們稱爲語言的，並不都是這樣的交流系統。要有人問：「奧古斯丁那樣的表述合用不合用？」我們在很多情況下不得不像上面這樣說。這時的回答是：「是的，你的表述合用；但它只適用於這一狹隘限定的範圍，而不適用於你原本聲稱要加以描述的整體。」

這就像有人定義說：「遊戲就是按照某些規則在一個平面上移動一些東西……」我們會回答他說：看來你想到的是棋類遊戲；但並非所有的遊戲都是那樣的。要是把你的定義明確限定在棋類遊戲上，你這個定義就對了。

四　設想一套書寫系統，其中的字母用來標示聲音，但也用來標示重音，用來作爲標點符號。可以把一套書寫系統視爲一種用來描述聲音形態的語言，再設想有人把這樣一套書寫

② 德文詞Wuerfel指立方的東西，這裡指方石。我譯爲「方石」，但就維特根斯坦在這裡所要討論的問題而言，我們須注意，「方石」是個複合詞，而Wuerfel原是個單純詞。「柱石」、「板石」、「條石」的情況相同。

系統理解成：彷彿每一個字母只是簡單地對應於一個聲音，彷彿這些字母不再有與此完全不同的功能。奧古斯丁對語言的看法就像對書寫的這樣一種過於簡單的看法。

五　看看第一節的例子，也許就想得到，語詞含義的通常概念形成了一團霧氣，使我們無法看清楚語言是怎麼產生作用的。而在某些運用語言的原始方面，我們可以清楚地綜觀語詞的目的以及語詞是如何產生作用的；因此，從這些原始方式來研究語言現象有助於驅散迷霧。

孩子學說話時用的就是這一類原始形式。教孩子說話靠的不是解釋或定義，而是訓練。

六　我們可以設想語言二③是A和B的**全部**語言。甚至它是一個部落的全部語言。在那裡，人們教孩子們做**這些**事情，教他們一邊做一邊使用**這些**語詞，一**邊做**一邊對別人說的話做出反應。

訓練的一個重要部分是，教師用手指著對象，把孩子的注意力引向這些對象，同時說出一個詞；例如，指著板石形狀說出「板石」一詞。（我不想把這稱爲「指物定義」④或「定

③ 即第二節所設想的語言，下同。——譯者注

④ Hinweisende Erklärung，譯作「指物定義」，比「指物解釋」更通行些，何況後面用的是Definition。——譯者注

義」。因為孩子還不能夠對名稱**發問**。我將把它稱作「指物識字法」。我說它會構成訓練的一個重要部分，因為人們實際上是這樣做的，而非因為無法設想另外的做法。）可以說，這種指物識字法是要在詞與物之間建立一種聯想式的聯繫。但「聯想式的聯繫」指的是什麼？指的可以是各式各樣的東西。但人們首先想到的大概是：孩子聽到語詞，事物的圖像就在他心裡浮現出來。就算有這樣的時候，那這就是語詞的目的嗎？它的確**可以**是目的。我可以設想這樣來使用語詞（一串聲音）——說出一個詞就彷彿在一架想像的鋼琴上擊一個鍵。）但在第二節的語言裡，語詞的目的**不是**要喚起意象。（當然人們也有可能發現這有助於達到真正的目的。）

但若指物識字法會產生這種〔喚起意象的〕效果，我該不該說它產生對語詞的理解呢？難道不是聽到喊「板石！」，就如此這般有所動作的人才理解了這個詞嗎？但指物識字法的確有助於這種理解；但它必須與一種特定的教學方式結合才有這種作用。如果採用的是另外一種教學方式，同樣的指物識字法就會產生一種完全不同的理解。

「我把鋼條繫在槓桿上，就製成了制動閘。」是的，如果已經有了機械裝置的所有其他部分。只有和整個機械連在一起，它才是個制動槓桿；從支撐它的機械上拆下來，它就連個槓桿都不是了；它什麼都可以是，或什麼都不是。

七　在使用語言二的實踐中，一方喊出語詞，另一方依照這些語詞來行動。在語言教學中，則還有**這樣**的做法：學生**說出**對象的**名稱**。即，教的人指著石頭，學生說「石頭」這個詞。這裡的確還可以有更簡單的練習：學生重複老師前面說的話，這兩種做法都類似於語言活動。

我們還可以設想，第二節裡使用話語的整個過程是孩子們藉以學習母語的各種遊戲之一。我將把這些遊戲稱爲「**語言遊戲**」；我有時說到某種原始語言，也把它稱作語言遊戲。

說出石頭的名稱，跟著別人說的唸，這些也可以稱爲語言遊戲。想一想跳圈圈遊戲時用到的好多話吧！⑤

我還將語言和活動——那些和語言編織成一系列的活動，所組成的整體稱作「語言遊戲」。

八　讓我們看一看語言二的擴展。現在這種語言除了「方石」、「柱石」等四個詞以外，還有一個語詞系列，它們的用法就像第一節那個店主使用數詞那樣（它們也可以是一系列字母）；此外再加上兩個詞，它們可以是「到那裡」和「這個」（因爲這已經大致提示出了它們的目的），和指物的手勢聯用；最後還有幾個色樣。A下了這樣一道命令：「d—

⑤ 西方孩子手牽手圍成一個大圓，邊跳邊唱，歌詞雖然成套，卻沒有什麼含義。湯範本以中國孩子跳橡皮筋時的唱詞對譯：「小皮球，香蕉油，滿地開花二十一。」——譯者注

板石——到那裡。」同時他拿出一個色樣給B看，並且在說「到那裡」時，指著建築工地上的某個地方。B每數一個字母就從存放板石的地方拿起一塊和色樣顏色相同的板石，直到他數到d，然後把它們搬到A指定的地方。有些時候A下的指令是：「這個——到那裡。」他在說「這個」的時候指著一塊石料，諸如此類。

九　孩子在學習這種語言的時候，必須先熟記a、b、c……這一串「數詞」的序列，必須學會它們的用法。這種教學中是否出現了指物識字法呢？例如：一面指著板石一面數「a、b、c塊板石」。我們眼前有些物品，一眼就看得出分成了幾組，用指物識字法教孩子把數詞當作這些物品組的名稱，比教會孩子把這些數詞當作數字來學更接近於用指物識字法來教「方石」、「柱石」一類語詞。孩子們的確是用這種方法學會使用前五、六個基數詞的。

「到那裡」和「這個」也是用指物方式來教的嗎？設想一下我們會怎麼教別人用這些語詞！你會指著地點和東西——不過在這裡，我們不單單在學習使用這些語詞的時候會做出指的動作，而且在實際使用這些語詞的時候也會。

一〇　那麼這種語言裡的這些語詞**標示**的是什麼呢？除了借助使用它們的方式，還能怎麼顯示它們標示的是什麼呢？而我們已經描述了它們的用法。就好像這種描述裡非得包括「這個詞標示這個」這樣一個表達式似的；或者，這類描述非得採用「某詞標示某某」這種形式。

我們的確可以精簡「板石」一詞用法的描述，從而說：這個詞標示這個物件。例如，若有人誤以爲「板石」一詞指涉的是我們事實上稱作「方石」的那種形狀的石料，我們就會用這種簡要的說法來消除他的誤解。但這時候，「指涉」這個的方式是已知的，即除了**指涉**的是這個以外，這話的用法是已知的。

同樣可以說，a、b等符號標示的是數字；這種說法（是說它們指稱的不是事物），可以用來消除以爲a、b、c在語言裡的角色和「方石」、「板石」、「柱石」的角色相同，這樣的一種誤解。同樣可以說，c標示這個數而不是那個數；這可以是用來解釋這些字母是按照a、b、c、d的順序而不是按照a、b、d、c的順序來使用的。

雖然這樣一來，人們把對語詞的用法描述得相似了，但語詞的用法本身卻沒有因此變得相似，因爲，如我們已經看到的，這些用法絕不是一樣的。

一一　想一下工具箱裡的工具：有錘子、鉗子、鋸子、螺絲起子、尺、膠水、釘子、螺絲。這些東西的功能各不相同；同樣，語詞的功能也各不相同（它們的功能會有某些相似之處）。

當然，我們聽到這些語詞，看到寫出來、印出來的語詞，它們的外觀整齊劃一，而這讓我們感到迷惑。它們的用法卻並非明明白白地擺在眼前，尤其在我們從事哲學的時候！

一二　這就像觀看汽車各種握把的構造。它們看上去都大同小異（自然是這樣的，因爲它們都是要用手握住來操作的）。但它們一個是曲軸的手柄，可以停在各種排檔位置上（它是用來調節閥門開啓的大小的）；另一個是離合器的手柄，只有兩個有效位置，或離或合；第三個是刹車的手柄，拉得愈猛，刹得就愈猛；第四個是氣泵的手柄，只有在來回拉動的時候才起作用。

一三　當我們說：「語言中的每一個詞都標示著某種東西」，這時候還**什麼都沒**說出來。除非我們確切地說明了我們要做的是**何種**區分。（我們這麼說也許是要把語言八所提的語詞和諸如路易斯・卡羅[6]的詩中那些「沒有含義」的語詞區分開來，或和某一首歌的「噯嗨咿呀呵」區分開來。）

一四　設想有人說：「**所有的**工具都是用來改變某種東西的，例如：錘子改變釘子的位置，鋸子改變板子的形狀等等。」尺改變的是什麼？膠水和釘子改變的是什麼？「改變我們對某樣東西的了解，改變膠的溫度和箱子的穩固程度。」表達法是弄得一致了，但我們得到了什麼呢？

---

⑥ 查爾斯・路特維奇・道奇森（Charles Lutwidge Dodgson），筆名路易斯・卡羅（Lewis Carroll），《愛麗絲夢遊仙境》的作者。——譯者注

一五 可以最直接地用到「標示」一詞的地方，大概是對象上有一個標示這對象的標記。假定A在建築時所用的工具上都有某種標記；A向助手B出示這個標記，B就遞給他有這種標記的工具。

以這種方式，或以多多少少與此相似的方式，一個名稱標示一樣東西，一個名稱被給予一樣東西。從事哲學的時候對自己說，命名就像給一樣東西貼標籤，這經常證明是有裨益的。

一六 A給B看的那些色樣又是怎麼回事呢？它屬於**語言**嗎？隨便怎麼說都行。它們不屬於字詞語言；但我若對另一個人說：「發一下『這』這個音」，你卻仍然把前一個「這」算作句子的一部分。而它的作用卻和語言遊戲八裡的色樣極為相似；即，它是另一個人應該照著唸的樣品。

把樣品當作語言的工具，這樣做最為自然，最少引起混亂。〔對反身代詞「**這個**句子」的評論。〕⑦

⑦ 如編者在本書「編者小識」裡介紹的，〔 〕裡的楷體文字都是維氏從他別的手稿裡剪插到這裡的，由於脫離了原來的上下文，其意義有些連專家也難斷定，往往要靠猜測。這個〔 〕括弧裡的句子大概講的是克里特說謊者悖論：這個句子是假的。——譯者注

一七 我們應可以說：在語言八裡我們有著不同的**詞類**。因爲「板石」一詞和「方石」一詞的功能，比較起「板石」和「d」的功能，要更加相似。不過，我們如何把語詞分門別類，要看我們分類的目的、要看我們的取向。

想一下我們可以從多少種不同的著眼點來給工具和棋子分類。

一八 我們無需爲語言二和語言八都是由命令組成的而感困擾。你若要說：它們因此是不完備的，那麼請自問我們自己的語言又是否完備呢？把化學符號和微積分符號納入我們的語言之前，我們的語言是否完備呢？因爲這些新符號就像我們語言的郊區——應該有多少房舍和街道，一座城市才成其爲城市？我們的語言可以被當作是一座老城，錯綜的小巷和廣場，新舊房舍，以及在不同時期增建、改建過的房舍。這座老城四周是一個個新城區，街道筆直規則，房舍整齊劃一。

一九 我們不難想像一種只包括戰場上的命令和報告的語言。或一種只有問句以及表達是與否的語言；以及無數其他種類的語言。而想像一種語言就叫作想像一種生活形式。

但在語言二的例子中，「板石」這聲呼喊是一個句子還是一個詞呢？說是個詞，它卻與我們一般語言中發音相同的那個詞有不同的含義，因爲在語言二裡它是一聲呼喊。但說它是句子，它卻不是我們語言中的「板石」這個省略句。⑧

——就第一個問題而言，你既可以把「板石」稱爲一個詞，也可以稱爲一個句子；也許稱爲「蛻化句」（就像說到蛻化雙曲線）最合適，而那恰恰是我們的「省略句」。

——但我們的省略句的確只是「拿一塊板石給我！」這個句子的一種精簡形式，而在語言二的例子中卻不存在這樣的「原句」。

——但我爲什麼不應該反過來把「拿一塊板石給我！」稱作「板石」這個句子的**擴展**呢？因爲你喊「板石」，眞正意謂的是「拿一塊板石給我！」

——但你怎麼一來就在**口說**「板石」之際，**意謂**「拿一塊板石給我！」了？你先在心裡對自己說了這個不曾精簡的句子嗎？我爲什麼得把「板石！」這聲呼喊翻譯成一個不同的說法才能說明某人用「板石！」意謂的是什麼呢？如果兩個說法含義相同，那我爲什麼不應當說：「他喊『板石！』的時候意謂的是『板石！』」？或：既然你能夠意謂「拿一塊板石給我」，爲什麼你就不能意謂「板石！」呢？

——但我在喊「板石！」的時候，我所要的卻是他拿給我一塊板石！

——誠然；但「所要的是」是否意味著：你曾以任何一種形式想到過和你實際上說出的

⑧ 這一段和以下六個小段原文是一大段，爲了讓讀者清楚這是兩個人的對話，譯者做了分段。——譯者注

句子不同的另一個句子？

二〇　但這樣一來，一個人說「拿一塊板石給我！」他彷彿就可以把這個表達式當作一個長長的單詞來意謂了：也就是和「板石！」這樣的單詞相對應。那麼竟可以有時拿它當一個詞，有時拿它當五個詞來意謂嗎？我們通常如何意謂這個表達式的？我相信我們會傾向於說：當我們對照「遞一塊板石給我」，「拿一塊板石給他」，「拿兩塊板石來」等其他句子（這些句子含有我們那個命令中的語詞，但和另外一些詞相聯繫）來使用「拿一塊板石給我」的時候，我們是把它當作一個包括五個詞的句子來意謂的。然而，與其他句子對照著使用一個句子意味著什麼？這些句子這時浮現出來？所有這些句子都浮現出來？是在說這個句子的這段時間裡？還是之前？之後？不！即使這樣一種解釋對我們有點誘惑力，我們只要考慮一下實際上發生的是什麼，就會看到我們在這裡是誤入歧途了。我們說我們與其他句子對照著使用這個命令，因爲**我們的語言**包含著其他那些句子的可能性。一個不懂我們的語言的人——例如：一個外國人，經常聽到一個人命令說：「拿一塊板石給我！」可能會以爲整個這一串聲音是一個詞，也許相當於他的語言中的「石料」這個詞。那麼，若由他自己發這道命令，他就可能說得不大一樣；我們就會說，他說得眞怪，因爲他把這句話當成一個詞了。但他這樣說的時候，他心裡的活動和他把這句話當成一**個詞相對應**，不也有所不同嗎？他心裡的活動也許沒什麼不同，也許有所不同；你這樣發出一道命令的時候，你心裡有些什麼活動？你在發命令**之際**是否意識到，這個命令是由五個詞成的？當然，你已經掌握了這門語言，這門語言裡還存在著其他那些句子，但這種**掌握**難道就是你在說出這個句子之際「**發生**」的事情嗎？我已經承認的是，那個外國人對這個句子的看法若不一樣，大概說得就不一樣；但我們稱作錯誤看法的東西**不必**藏在和說出這個命令相伴隨的任何東西裡。

一個句子是「省略句」，並非因爲它略去了我們說出這句話之際所意謂的某些東西，而是因爲與我們的語法的某一確定範本比較，它是精簡的。這裡自然可以反對說：「你承認精簡的句子和沒精簡的句子有同樣的意思。那麼，這個意思是什麼？究竟能不能用話語把它表達出來？」然而，句子的意思一樣，不就在於它們的**使用**一樣嗎？（在俄語裡，人們說「石頭紅」而不說「石頭是紅的」；他們是在意思上省掉了係詞呢？抑或**透過思想**加上係詞呢？）

二一　設想一個語言遊戲：B根據A的提問向他報告一堆板石或方石的數目，或堆放在某處的石料的顏色和形狀。某個報告可能是「五塊板石」。那麼，「五塊板石」的報告或斷言和「五塊板石！」的命令之間的區別是什麼呢？區別在於說這些話在語言遊戲裡所扮演的角色。說出這些話時的語調以及表情等等大概也會不一樣。但我們也可以設想是一樣的語調，因爲一個命令或一個報告本身就可以透過多種語調帶有多種表情說出來——設想它們的區別只在於使用。（我們當然也可以把「斷言」和「命令」只用來標示句子的語法形式和聲調，我們的確把「今天天氣不是很好嗎？」這個句子稱作問句，儘管它被用作一個斷言句。）我們可以設想一種語言，其中**所有的**斷言都具有設問的形式和語調；或每個命令都具有「你願意這樣做嗎？」這樣的提問形式。這樣一來，人們也許會說：「他說的句子具有問句的形式，實際上卻是個命令」——即在語言實踐中具有命令的功能。（與此類似，「你將這樣去做」這話可以不是個預言，而是個命令。什麼使它成爲預言或成爲命令？）

二二　弗雷格認爲每個斷言都包藏著一個假定，即假定了它所斷定的事情；這種見解的眞實基礎是我們語言裡的這樣一種可能性：每一個斷言句都可以寫成「情況被斷定是如此這般」這樣一種形式。然而，「……是如此這般」在我們的語言裡恰恰不是一個句子，它還不是語言遊戲裡的一**步**。如果我不寫成「情況被斷定是如此這般」而寫成「所斷定的是：情況是如此這般」，那這裡的「所斷定的是：」這話就恰恰是多餘的。⑨

⑨ 這裡的翻譯勉爲其難。這裡討論的句子在德語裡可以有兩種，Es wird behauptet, da β das und das der Fall ist（我們譯作「情況被陳述是如此這般」）或Es wird behauptet, das und das ist der Fall（我們譯作「所陳述的是：情況是如此這般」）。da β das und das der Fall ist從形式上看只能是子句而不是個獨立的句子，而das und das ist der Fall既可以是子句又可以是獨立句，但作爲獨立句，它又回到了原標準陳述句的形式。維氏以此說明無論哪種情況，弗雷格的立論都站不住。——譯者注

我們也完全可以把每一個斷言句寫成一個後面跟著「是的」這樣一種形式的問句；例如，「在下雨嗎？是的。」這是否表明每一個斷言句裡都包藏著一個問句呢？

我們也滿有道理使用一種表示斷言的標點符號，以與問號之類相對照，或借此把一句斷言與一個虛構或假定區別開來。但若以爲斷言是由斟酌和斷定[10]（賦予眞值之類）兩個步驟構成，以爲我們是按照句子的命題符號來完成這兩個步驟，差不多像按照樂譜唱歌那樣，那可就錯了。大聲或小聲朗讀寫出來的句子當然可以和按著樂譜唱歌對比，但用所讀的句子來「**意謂**」（思想）卻不可以這樣對比。

弗雷格的斷言符號標出了**句子的開端**，因此它產生一種和句號相似的作用。它把整句與整句**之中**的句子區別開來。如果我聽到有人說「下雨了」但不知道我是否聽到了整句的首尾，那麼這個句子對我來說還不是交流的媒介。

設想一幅圖畫，上面是一個拳師打拳時的某個姿勢。而這幅圖可以用來告訴一個人，他應該怎麼站立，應該保持什麼姿勢；或者告訴他不應該做什麼姿勢；或者告訴他曾有某個人站在某個地方……諸如此類。我們可以（用化學術語）把這幅圖稱爲命題根。弗雷格

---

[10] behaupten。但上文Behauptungssatz一直譯爲「陳述句」。——譯者注

大致就是這樣來思考「假設」的。

二三　但是句子的種類有多少呢？比如：斷言、疑問、命令？這樣的種類多到**無數**：我們稱之爲「符號」、「語詞」、「句子」的，所有這些都有無數種不同的用法。這種多樣性絕不是什麼固定的東西，一旦給定就一成不變；我們可以說，新的語言類型、新的語言遊戲，會產生出來，而另一些則會變得陳舊，被人遺忘。（對這一點，數學的演變可以爲我們提供一幅**粗略**的圖畫。）

「語言遊戲」這個用語在這裡是要強調，用語言來說話是某種行爲舉止的一部分，或某種生活形式的一部分。

請從下面的例子及其他例子來看一看語言遊戲的多樣性：

——下達命令，以及服從命令

——按照一個對象的外觀來描述它，或按照它的量度來描述它

——根據描述（繪圖）構造一個對象

——報導一個事件

——對這個事件的經過做出推測

——提出及檢驗一種假設

——用圖表表示一個實驗的結果
——編故事；讀故事
——演戲
——唱歌
——猜謎
——編笑話；講笑話
——解一道應用算術題
——把一種語言翻譯成另一種語言
——請求、感謝、謾罵、問候、祈禱。

把多種多樣的語言工具及對語言工具的多種多樣的用法，把語詞和句子的多種多樣的種類與邏輯學家們對語言結構所說的比較一下，那是很有意思的（包括《邏輯哲學論》的作者在內）。

二四 看不到語言遊戲的多樣性，就可能問出「什麼是問句？」這樣的問題。問句是否在斷定「我不知道某件事情？」或在斷定「我希望別人能告訴我？」或在對我的不確定的心理狀態進行描述？那麼「救命！」這聲呼喊是不是這樣一種描述呢？

想一想有多少種不同的東西被稱為「描述」：根據座標來描述物體的位置；描述面部表情；描述觸覺、描述心情。

當然可以用斷言形式或描述形式來代替通常的疑問形式：「我想知道那是不是……」或「我懷疑那是不是……」，但我們並未借此把各式各樣的語言遊戲拉得更近些。

我們可以把所有的斷言句轉換成以「我想」或「我相信」這類短語開頭的句子（從而就彷彿轉換成了對我的內部經歷的描述）；這一類形式轉換的可能性究竟意味著什麼，在另一處將會看得更清楚。（唯我論。）

二五 人們有時說動物不說話是因為牠們缺少智慧。也就是說：「動物不思想，因此牠們不說話。」然而：牠們就只是不說話而已。或者說得恰當些：牠們不使用語言——如果我們不算最原始的語言形式。——命令、詢問、講述、聊天，這些都和吃喝、走路、玩鬧一樣，屬於我們的自然歷史。

二六 人們以為學習語言就在於說出事物的名稱，即說出人、形狀、色彩、痛疼、情緒、數字等等的名稱。我們已經說過，命名就像給一件東西貼上標籤。可以說這是使用語詞前的一種準備工作。但這種準備為的是做什麼呢？

二七 「我們給事物命名，然後我們就可以談論事物；在談論中指涉它們。」似乎一旦命名，之後再做什麼就都給定了。似乎只有一種事情叫作「談論事物」。其實我們用句子做著各式各樣的事情。我們只須想一想各種呼叫。它們產生完全不同的作用。

水！

走開！

啊唷！

救命！

好極了！

不！

你仍然要把這些語詞都稱作「爲事物命名」嗎？

在語言二和語言八裡不存在命名的問題。我們可以說，命名以及和它聯繫在一起的指物定義是一種特定的語言遊戲。這其實是說：我們被教導、被訓練去問：「這叫什麼？」人們接著告訴我們一個名稱。還有另一種語言遊戲：爲某種東西發明一個名字，即，先說「這是……」然後使用一個新名稱。（例如，兒童就是這樣給他們的玩具娃娃取名的，然後談論它們，對它們說話。這裡還可以想一想，用一個人的名字去呼叫這個人是一件多獨特的事情！）

二八　我們可以用指物方式來定義一個人名、一個顏色詞、一個材料名稱、一個數字名稱、一個方位詞等等。我指著兩個核桃給「二」這個數字下定義說：「這叫『二』。」這個定義充分準確，然而怎樣可以這樣來定義「二」呢？聽到這個定義的人並不知道你要把什麼稱爲「二」；他會以爲你要把這對核桃稱作「二」呢！他可能這樣以爲，但也可能不這樣以爲。反過來，我現在要給這對核桃取個名稱，這時他也可能把這個名稱誤解成了一個數字。同樣，我現在用指物方式定義一個人名，他也可能把它當成了顏色的名稱、種族的名稱，甚至方位的名稱。這就是說：指物定義在每一種情況下都可以有不同的解說。

二九　人們也許會說：只能這樣來用指物方式定義「二」：「這個數字叫『二』。」因爲「數字」一詞在這裡標明了我們把「二」這個詞放在語言的、語法的什麼位置上。但這就是說要理解這個指物定義就要先定義「數字」一詞。定義裡的「數字」一詞當然標明了這個位置，標明了我們安放「二」這個詞的崗位。我們說：「這種顏色叫什麼什麼」，「這個長度叫什麼什麼」等等，借此預防誤解。這是說：有時可以這樣避免誤解。然而，只能這樣來把握「顏色」或「長度」等詞嗎？我們只需給出它們的定義就行了。於是又是透過別的語詞來定義！那麼到了這個鏈條上的最終定義又該怎麼樣呢？（不要說：「沒有『最終的』定義。」那恰恰就像你要說：「這條路上沒有最後一棟房子；人們總可以再蓋一棟。」）

「二」的指物定義是否需要「數字」這個詞？這取決於若沒有這個詞，別人對「二」的理解是否和我所希望的理解不一樣。而這又要取決於我在什麼情況之下以及對什麼人給予這個定義。

從他如何使用所定義的詞將顯示出他是如何「把握」這個定義的。

> 能夠指著不是紅色的東西爲「紅」這個詞下定義嗎？這就好比要向一個不太通中文的人定義「謙虛」這個詞，指著一個傲慢的人定義說「這個人就不謙虛」。這種定義方式會有歧義，但這不是否定這種方式的論據。任何定義都可以被誤解。
>
> 但很可以問：我們仍應把這個稱作「定義」嗎？——因爲即使它具有同樣的實際後果，對學習者具有同樣的作用，它在演算中所扮演的角色卻當然不同於我們通常稱爲「紅」這個詞的指物定義。

三〇　於是可以說：要是一個詞在語言裡一般應扮演何種角色已經清楚了，指物定義就能解釋它的用法——它的含義。如果我知道某人是要向我解釋一個顏色詞，「那叫『褐墨色』」，這個指物定義就會有助於我理解這個詞。是可以這樣說，只要沒忘記種種問題現在都繫於「知道」或「清楚」這些詞上。

爲了能夠詢問一件東西的名稱，必須已經知道（或能夠做到）某些事情。但必須知道的是些什麼呢？

三一　指著象棋裡的王對一個人說：「這是王」，這並沒有對他解釋這個棋子的用法，除非他已經知道這種遊戲的各項規則，只是還不曾確定最後這一點：王這顆棋子的樣子。我們可以設想他已經學會了象棋的各項規則卻從沒有見過實際的棋子是什麼樣子的。棋子的模樣在這裡與一個語詞的聲音或形象相對應。

但我們也可以設想某人學會了一種遊戲，卻從未學過或制定過規則。也許最初他透過旁觀學會了非常簡單的棋類遊戲，然後逐步學會了愈來愈複雜的遊戲。這時仍然可能向他解釋說「這是王」，例如：拿給他看的是一套他不熟悉其形象的棋子。即使在這種情況下，我們也可以說，只因爲這個棋子的位置已經準備好了，這個解釋才教給了他棋子的用途。換言之：只有位置已經準備好了，我們才會說我們的解釋教給了他棋子的用途。這倒不是因爲那個人已經知道了規則，而是因爲在另一種意義上他已經掌握了一種遊戲。

再考慮一下這種情況：我向某人解釋象棋，一開始就指著一個棋子說：「這是王；它可以這樣走。」在這種情況下，我們要說：只有當學習者已經「知道棋子在遊戲中是什麼東西」，「這是王」（或「這稱爲『王』」）這樣的話才是對語詞的解釋。即只有當他玩過別種遊戲或者看過別人玩這種遊戲，而且「看懂了」，**以及諸如此類**的情況。也只有在這些情況下，他才能夠在學習這種遊戲之際切實地詢問：「這個叫什麼？」——即這個棋子稱爲什麼。

可以說：只有已經知道名稱是幹什麼的人，才能有意義地問到一個名稱。

我們當然也可以設想，被問到的人回答說：「名稱你自己定吧！」這時候就得由發問的人自己去拿主意了。

三二　一個人到了異族的地方，有時要透過當地人的指物定義來學習當地的語言；他往往不得不**猜測**這類定義的解釋；有時猜對，有時猜錯。

我想，現在我們可以說：奧古斯丁所描述的學習人類語言的過程，彷彿是那個孩子來到了一個異族的地方而不懂當地的語言，似乎他已經有了一種語言，只不過不是這一種罷了。換言之：似乎這個孩子已經會**思想**了，只是不會說話。而「思想」在這裡就像說：對自己談話。⑪

三三　也許有人會反駁說：「根本用不著先掌握一種語言遊戲才能理解一個指物定義。你只是必須知道（或猜到）下定義的那個人指的是什麼，而這是不言自明的——即那個人指的是物件的形狀還是顏色或數目等。」但「指形狀」、「指顏色」又是怎麼回事呢？你試著指一張紙看看！你再指它的形狀、再指它的顏色、再指它的數目（這聽起來夠古怪的）！你是如何指的？你會說你每次指的時候都「**意謂**」某種不同的東西。我要問你那是個什麼樣子，你會說你把注意力集中在顏色、形狀等等。那我還要問：那又是個什麼樣子？

---

⑩ 維特根斯坦後來否定了這一點；參見一七〇頁等處。他請我做這個註腳。——安斯康姆（英譯者之一）注

設想有個人指著一個花瓶說：「瞧這奇妙的藍色，別去管它是什麼形狀」；或者「瞧這奇妙的形狀，顏色無關緊要」。無疑，你按照這兩種請求去做的時候，所做的會**不一樣**。然而，你把注意力集中於顏色的時候，所做的總是**同樣**的嗎？請設想一下各式各樣的情形！我這裡先提示幾種：

「這個藍色和那邊的藍色一樣嗎？你能看出其中的區別嗎？」

「你在調配顏色時說：「很難調出這種天空的藍色。」

「天晴了，又看得見藍天了。」

「瞧，這兩種藍顏色的效果多不一樣啊！」

「你看見那邊那本藍封面的書了嗎？請把它拿過來。」

「這個藍色信號燈意味著……」

「這種藍叫什麼？是『靛藍』嗎？」

人要把注意力集中在顏色上的時候，有時用手擋著圍出形狀的外部線條，有時不去看對象的輪廓，有時則盯著對象，並努力回憶以前在哪裡見過這種顏色。

人要注意形狀時，有時用手勾畫著，有時瞇起眼睛以便讓顏色變得模糊，諸如此類。我要說的是：在人「把注意力集中在某種東西上」的**這段時間裡**，會有這一類的情況發生，但並非單單這些情況就使得我們說某人把注意力集中在形狀、顏色上。正如走一步棋並不單單意味著如此這般在棋盤上移動棋子，卻也不單單意味著棋手走棋時的思想感覺，而是意味著我們稱之爲「下一盤棋」、「解決一個象棋問題」之類的情形。

三四　但假設某人說：「我在注意形狀時，所做的總是一樣的：我的目光沿著輪廓移動，同時我感覺到……」假設他帶著這樣的目光和感覺，指著一個圓形物件對另一個人說出「這叫作『圓』」這樣一個指物定義；然而，即使聽到這個定義的人看見了說話人的目光沿著形狀移動，也感覺到了說話人的感覺，他不可能仍然對這個定義做出不同的解釋嗎？也就是說，這種「解釋」也可能在於他現在如何使用這個被定義的詞。例如：若別人命令他「指出一個圓」，他究竟指出個什麼。因爲「如此這般地意謂某個定義」和「如此這般地解釋某個定義」這兩種說法所標示的都不是某種在給予定義和聽到定義之際的伴隨活動。

三五　當然，在指向形狀的時候，是有些東西可以稱之爲「指向形狀時特有的經驗」。例如：這時手指或目光沿著輪廓移動。但**這些**遠非我每一次「意謂形狀」之際都會發生，而且任何其他一種特有的活動，也遠不是在所有這種時候都發生。然而，即使有這樣一種活動每一次都重現，我們要不要說「他指的是形狀而不是顏色」，這仍然取決於周邊情況——即取決於指之前和指之後的情況。

因爲「指向形狀」、「意謂形狀」這些話的用法和「指向這本書（而非那本）」、「指的是椅子而非桌子」**這類話**的用法是不同的。想一想我們如何學習使用「指這個東西」、「指那個東西」這類話，又如何**學習**使用「指顏色，而非形狀」，「意謂**顏色**」及諸如此類的話，想一想這兩種學習過程是多麼不一樣。

前面說：在某些情況下，特別是在「指形狀」或「指數目」的時候，的確有些經驗和指的方式是特有的；說「特有」，是因爲「意謂」形狀或數目時，它們經常（雖並非每一次都）出現。但你是否也有過把一顆棋子作爲**棋子**來指，所特有的經驗呢？但還是可以說：「我意謂的是：這個**棋子**叫『王』，我意謂的不是我指著的這一小塊木頭叫『王』。」（辨認、願望、回憶等。）

有時用「這是藍的」，這話意謂關於所指對象的述說；有時又用它來意謂「藍」這個詞的定義，這是怎麼回事？在第二種情況下，其實意謂的是「這叫作『藍的』」。那我們竟可以有時用「是」這個詞，意謂「叫作」、用「藍」這個詞，意謂「藍」，而有時又用「是」來意謂眞正的「是」？

一段話本來意在講一件事情，而某個人卻從這話裡得到了對某個語詞的定義，這也是可能的。〔按：這裡隱藏著一個嚴重的迷信。〕

我能否用「トトト」來意謂「不下雨我就去散步」？只有憑藉一種語言我才能用某種東西意謂某種東西。這清楚地表明，「意謂」的語法和「設想某事」之類的表達式的語法並不相似。

三六　我們這裡的做法正像我們在大量類似情形下的做法一樣：因爲沒有**單獨一種**身體動作，我們可以舉出來稱之爲指向形狀（例如相對於指向顏色而言），我們於是就說和這話相應的是一種**精神**活動。

每當我們的語言讓我們揣測該有個實體而那裡卻並沒有實體，我們就想說：那裡有個**精怪**。⑫

三七　名稱與被命名的事物之間的關係**是**什麼？好，你說是什麼關係？看看語言遊戲二或其他哪個語言遊戲！在那裡可以看到這種關係意味著什麼。在很多種關係裡面，也可以有這樣一種：聽到名稱，我們心裡就應聲出現了所命名的東西的圖像；在另外種種關係裡面，也可以有：名稱寫在所命名的東西上面，或一邊指向這種東西一邊說出名稱。

三八　然而，例如，語言遊戲八所提的「這個」一詞是什麼的名稱？或者指物定義「這叫作……」裡面的「這」一詞是什麼的名稱？如果不想製造混亂，那最好根本不要把這些詞叫作名稱。有人卻混淆視聽，說「這個」才是唯一**眞正的**名稱。結果我們通常稱之爲名稱的

⑫這一節裡Körper先後譯作「身體」和「實體」，Geist先後譯作「精神」和「精怪」。——譯者注

東西，只不過是在不精確和近似的意義上才是名稱。

這個奇特的看法，也許可以說，產生於要把我們語言的邏輯提升到頂點的傾向。對此的眞正回答是：我們把**很多很多種**不同的語詞稱爲「名稱」；「名稱」一詞指稱出一個詞的很多種不同用法，這些不同用法，以很多種不同的方式互相聯繫；但這種種用法裡面卻不包括「這個」一詞的用法。

的確，我們經常在給予指物定義這類情況下，指著所稱的東西並且說出它的名稱。我們在給予指物定義之類的時候，同樣也一面指著一樣東西一面說出「這個」一詞。而且「這個」一詞和一個名稱，往往在一個句子中的位置相同。但是，用「這是N」（或「這叫作『N』」）這樣的指物方式來定義一個名稱，恰恰是名稱之爲名稱的特徵。那我們也會這樣下定義嗎？——「這叫作『這個』」，或「這個叫作『這個』」？

這與把命名視爲偶像崇拜式的活動有關係。命名似乎是一個詞和一個對象的奇特聯繫。哲學家爲了揭示名稱和所稱的東西之間的**獨**一**無**二的那個關係，盯著面前的一個對象，一遍一遍重複一個名稱，甚至重複「這個」一詞，於是，這種奇特的聯繫果眞發生了。因爲只有在語言**休假**的時候，哲學問題才會產生。**這時候**我們當然可以把命名想像爲任意一種令人驚異的心靈行爲，彷彿在給對象施行命名洗禮。我們甚至可以**向**這個對象說「這個」一詞，就像在用「這個」和它**打招呼**。這是這個詞的一種奇特的用法，大概只有在從事哲學的時候才會出現。

三九 「這」這個詞明明不是名稱，那為什麼人們偏偏想到要把這個詞弄成名稱呢？那是因為人們被誘導對通常叫作名稱的東西提出異議。這種異議可以這樣表達：**名稱本來應該標示單純的東西**。人們大概可以這樣推論出這一點：「諾統」⑬這個詞在通常的意義上是一個專有名稱。諾統是由其各部分以某種特定方式構成的。如果各個部分以其他方式構成，則諾統不存在。但顯然「諾統有鋒利的劍刃」這句話是**有意義的**，無論諾統全劍猶在還是已經粉碎。如果說「諾統」是一個物件的名稱，那麼諾統一旦粉碎，這個物件也就不復存在，既然沒有東西與名稱對應，這個名稱也就沒有含義。然而這樣一來，「諾統有鋒利的劍刃」這句話就包含了一個沒有含義的詞，因此這個句子就是無意義的。可是它的確有含義，因而構成這個句子的諸語詞必然始終對應著某種東西。所以，透過意義分析，「諾統」這個詞必定會消失，而由一些命名單純事物的語詞取代。我們將樂於把這些詞稱為眞正的名稱。

四〇 讓我們先來討論這條思路的這一點：一個詞如無對應物就沒有含義。確立下面一點是很重要的：用「含義」一詞來標示與詞相對應的東西，不合語言習慣。這樣做混淆了名稱的含義和名稱的**承擔者**。N. N.先生死了，我們說這個名字的承擔者死了，而不說這個名字的含義死了。這樣說是荒唐的，因為假如名稱不再有含義，說「N. N.先生死了」就毫無

---

⑬ Nothung，亞瑟王的魔劍。——譯者注

意義。

四一 我們在第一五節把專有名稱引入了語言八。現在假定其名稱爲「N」的工具破碎了。A不知道這一點，給了B符號「N」。這個符號這時有含義，還是沒有含義？B得到這個符號時該怎麼做？我們對此都還什麼沒約定。或許可以問：他**將**怎麼做？也許他會站在那裡不知所措，或者指那些碎片給A看。在這裡可以說：「N」變得沒有含義了；而這個說法是，在我們的語言遊戲裡不再用得上符號「N」（除非我們給它一個新用法）。「N」也可能透過另一種方式而變得沒有含義，那就是，人們由於這種那種原因給了那個工具另一個標記，而不再在語言遊戲裡使用符號「N」了。不過我們還可以設想一個約定：一件工具破碎了，而每逢A給B這件工具的符號，B就要以搖頭的方式回答他。那就可以說，即使這件工具不再存在，命令「N」仍然被吸收進了語言遊戲，而即使其承擔者停止存在，符號「N」仍然具有含義。

四二 然而，**從未**用於一個工具的名稱在那個遊戲中也有含義嗎？那讓我們假定「X」就是這樣的一個符號，A把這個符號給予B——連這樣的符號也可以吸收到語言遊戲裡來，而B也許會搖搖頭來回答這種符號。（可以把這個情形設想爲兩人之間的一種玩笑。）

四三 在使用「含義」一詞的一大類情況下——儘管不是在**所有**情況下，可以這樣解釋

「含義」：一個詞的含義是它在語言中的用法。

而一個名稱的含義有時是由指向它的**承擔者**來解釋的。

四四 我們說過，即使「諾統」已經粉碎，「諾統有鋒利的劍刃」這句話仍有意義。的確是這樣，因爲在這個語言遊戲中，即使其承擔者不在場，名稱仍然被使用著。但我們可以設想一種使用名稱（即，使用我們也一定會稱其爲「名稱」的那些符號）的語言遊戲，在這裡，唯當承擔者在場才使用這些名稱，從而這些名稱就**總是**可以由一個指示代詞和指示的手勢所代替。

四五 指示性的「這個」永遠不能沒有承擔者。也許有人這樣說：「只要有一個**這個**，『這個』一詞就有含義，無論**這個**是簡單的還是複合的。」但這並不能使這個詞變爲一個名稱。相反地，因爲一個名稱不是跟著指示的手勢使用的，而只是透過這個手勢來解釋的。

四六 名稱本來標示著簡單物，這一說法裡面是些什麼？蘇格拉底在《泰阿泰德篇》中說：「假如我沒有弄錯，我曾聽有人這樣說過：對於**基本元素**——姑且這樣稱謂它們，即對於我們以及其他萬物都由它們複合而成的東西來說，是不存在任何解釋的；因爲凡自在自爲者，只能用名稱加以**標示**而已；其他任何一種規定性都是不可能的，既不能確定**其是**又不能確定**其不是**……但我們只好不靠其他所有規定性……爲自在自爲者命名。因此，我們不可能用解釋的方式談論任何基本元素；因爲對它來說，只有名稱，別無其他；它所有的只是它的名稱。由這些基本元素編織起了複雜的景物，同樣，它們的名稱這樣編織成了可以用來解釋的言語；因爲言語的本質是名稱的編織。」⑭

羅素所講的individuals〔個體〕和我講的「對象」〔Gegenstände〕（見《邏輯哲學論》）也都是這種基本元素。

四七 然而，什麼是合成實在的簡單成分呢？一把椅子的簡單成分是什麼？是製成椅子的小木塊嗎？抑或是分子，是原子？「簡單」的意思是：非複合的。這裡的重點是：在什麼意義上「複合」？絕對地談論「一把椅子的簡單成分」毫無意義。

或者：我對這棵樹、這把椅子的視覺圖像是由部分組成的嗎？它們的簡單成分是什麼？複合色是複合性的一種；另一種，例如由許多小線段組成的間斷輪廓。一條曲線可以說是由一段漸漸上升的弧線和一段漸漸下降的弧線合成的。

如果我對某人說：「我現在眼前看到的東西是複合的」，而不做任何進一步的解釋，他就有理由問我：「你說『複合的』是什麼意思？因爲什麼都可以這樣說！」已經確定了所問的是哪一種複合，即確定了這個詞的哪一種特別用法，「你看見的東西是複合的嗎？」這個問句當然是有意義的。假使已經確定，只要我們不僅看到樹幹，而且也看到樹枝，

---

⑭ 用的是Preisendanz的德譯。——原注

我們對樹的視覺圖像就應稱作「複合的」，那麼「這棵樹的視覺圖像是簡單的？還是複合的？」或「它的簡單成分是什麼？」這些問題才會有清楚的意義、有清楚的用法。當然，第二個問句的答案不是「樹枝」（這樣就是在回答一個**語法**問題：「在這裡什麼叫**作**『簡單成分』？」），而是對一根一根樹枝的描述。

然而，像棋盤這樣的東西不是明顯地、絕對地複合的嗎？你想的大概是三十二個白格子和三十二個黑格子的複合。但是我們不也可以說，例如：棋盤由黑白兩種顏色以及方格的網狀圖案複合而成嗎？既然我們有完全不同的方式觀看棋盤，你仍然要說棋盤是絕對「複合的」嗎？在一個特定的語言**遊戲**之外問「這個對象是複合的嗎？」這就像曾有一個小男孩所做的那樣：他本應回答某些例句裡所用的那些動詞是主動態還是被動態，卻絞盡腦汁去琢磨諸如「睡覺」這樣的動詞所意謂的事情是主動的還是被動的。

我們以無數不同的而互相又有著不同聯繫的方式使用「複合的」（因而還有「簡單的」）這個詞。（棋盤上方格的顏色是簡單的？還是由純白色和純黃色組成的？白色是簡單的？還是由彩虹的顏色組成的？2釐米的長度是簡單的？還是由兩個各長1釐米的長度組成的？但爲什麼不是由3釐米長的一段和相反方向上計量的1釐米長的一段組成的？）

「這棵樹的視覺圖像是複合的嗎？它的組成部分是什麼？」若這是從**哲學上提出的**問題，正確的回答是：「那要看你如何理解什麼是『複合的』。」（這當然不是一個答案，而是對這個問題的拒斥。）

四八　讓我們把語言二中的方法應用於《泰阿泰德篇》中的表述。讓我們考察一個那種表述在那裡確實說得通的語言遊戲。我們用這種語言來表述一個平面上有色方格的組合。這些方格構成棋盤那種樣子的組合體。有紅色、綠色、白色和黑色的方格。這種語言的詞彙（相應地）是：「紅」、「綠」、「白」、「黑」，而一個句子是這些詞的一個系列。它們以下面的次序描述方格的排列：

1	2	3
4	5	6
7	8	9

因而，像「紅紅黑綠綠綠紅白白」這樣的句子描述的就是這種排列：

紅	紅	黑
綠	綠	綠
紅	白	白

這裡，句子是名稱的複合體，與它對應的是元素的複合體。基本元素是有色的方格。「但它們是簡單的嗎？」我不知道在這個語言遊戲裡還有什麼東西應當更自然地被稱爲「簡單的」。但在其他一些情況下，我也許會稱一個單色方格爲「複合的」，或許由兩個長方形複合而成，或者由顏色和形狀複合而成。但複合的概念甚至可以這樣延伸：一個較小的平面可以說是由一個較大的平面和一個從其中減去的平面「複合」而成。比較一下「力的合成」，以及用線段外的一點「分割」一條線段；這些說法顯示在有些情況下，甚至傾向於把較小的東西看成是較大的東西複合的結果，把較大的東西看成是較小的東西分割的結果。

然而我竟不知道我們語句描述的這個圖形應該說是由四個元素組成的還是由九個元素組成的！那個句子是由四個字母還是由九個字母組成的呢？哪個是它的元素：是字母的種類，還是字母？如果我們在特定情形下避免了誤解，無論怎麼說不都是一回事嗎？

四九 然而說我們無法解釋（即描述）這些元素，而只能稱謂它們。這是什麼意思？這可以是說，在某一極端情況下，一個複合體只由一個方格組成，而對它的描述就簡簡單單只是這個有色方格的名稱而已。

這裡我們可以說，雖然這很容易導致各式各樣的哲學迷信——符號「紅」或「黑」有時可能是一個詞，有時可能是一個句子。而它「是個詞還是個句子」取決於說出它或寫下它的情境。例如，A要對B描述有色方格的複合體，而他在這裡只使用單詞「紅」，那麼我們就能說這個詞是一種描述、一個句子。但假如他是默記著這些詞及其含義，或者在教別人這些詞的用法，在指物教法中說出這些詞，我們就不能說它們是句子。在這種情境下，「紅」一詞不是描述之類；人們用它來命名一種元素，但若因而說一種元素**只能**被命名，那就稀奇了！命名和描述並不在同一個平面上：命名是描述的準備。命名還根本不是語言遊戲中的一步，就像在棋盤上把棋子擺好並非走了一步棋。可以說：爲一個事物命名，還**什麼都沒有**完成。除了在語言遊戲裡，事物甚至**沒有**名稱。弗雷格說：一個詞只有在句子的上下文之中才具有含義，說的也就是這個意思。

五〇 講到元素，說我們既不能說它們存在，也不能說它們不存在，這是什麼意思？有人可能會說：我們稱之爲「存在」和「不存在」的一切東西都在於元素間有某些聯繫或沒有某些聯繫，那麼，說一種元素存在（不存在）就沒有意義；正如我們稱爲「毀滅」的，就在於元素的分離，因而談論元素的毀滅沒有意義。

但有人會說：不能把存在作爲元素的屬性，是因爲假如元素不存在，我們甚至無法給它命名，更不可能談論它了。但我們來考察一下一個類似的例子！有一**件**東西，我們既不能說它是一米長，也不能說它不是一米長；這就是巴黎的標準米。但是，這當然不是把某種奇異的屬性加在它上面，而只是標明它在用米尺度量的遊戲中起著一種獨特的作用。讓我們設想，像標準米一樣，在巴黎存放著各種顏色的色樣。我們定義：「褐墨色」即是在巴黎密封保存的那個標準褐墨色的顏色。那麼無論說這個色樣是否有這種顏色，就都沒有意義。

我們可以這樣來表達這一點：這個色樣是我們用來談論顏色的語言手段。它在這個遊戲中不是被表現的東西，而是表現手段。我們用為它命名的方式說出「紅」這個詞，而它就成為語言遊戲四八中的一個元素：我們借此在我們的語言遊戲裡給這樣東西一個角色；它於是就是表現**手段**。說「**假如**它不存在，它就不能有名稱」不多不少就等於說：假如這個東西不存在，我們就無法在我們的遊戲裡使用它。看似必須存在的東西，是屬於語言的。它是我們的語言遊戲裡的範本；是被用來參照的東西。確認這個範本，可以說是做出了一個重要的確認；但它仍是涉及我們的語言遊戲的、涉及我們表現方式的一種確認。

五一　在描述語言遊戲四八時我說：「紅」、「黑」等詞與方格的顏色相對應。但這種對應在於什麼？在何種程度上可以說方格的一些顏色與這些符號對應？四八的定義只不過設定了這些符號和我們的語言中的某些詞（顏色名稱）之間的聯繫。我們已經假定這些符號在語言遊戲裡的用法是透過其他方式教會的，尤其是透過指向範本的方式教會的。好吧！可是說在**語言實踐**中某些元素與符號對應，說的是什麼？是否在於描述有色方格複合體的人見到紅方格就說「紅」，見到黑方格就說「黑」？但若他在描述時弄錯了，看到一個黑方格卻誤說了「紅」呢？該根據什麼判定這是一個**錯誤**？抑或「紅」標示一個紅方格就在於：使用這種語言的人用到「紅」這個符號時，總有一個紅方格在心裡浮現出來？

要看得更清楚，就像在無數相似的情況下那樣，我們在這裡也必須把所發生的事情的各種細節收入眼簾；必須**從近處考察**這些事情。

五二 假如我傾向於認爲老鼠是從破灰布和土灰裡生出來的，那我就該仔細探究這些破布，看看老鼠如何藏在裡面，如何鑽到裡面之類。但若我確信老鼠不可能從這些東西裡生出來，那麼這種探究也許就是多餘的了。

但首先我們必須學會弄懂，是什麼東西在哲學中阻礙著這種對細節的考察。

五三 在我們的語言遊戲四八裡，在**多種不同的**可能性下、在多種不同的情況下，我們會說一個符號在遊戲裡是某某顏色的方格的名稱。例如：如果我們知道，使用這種語言的人是用某某方式學會使用這些符號的，我們就會這樣說。又如，用圖表之類的形式寫好：這種元素與這個符號相對應；然後採用這張圖表來教語言，引用它來解決爭執，這時我們也會這樣說。

而我們也可以設想，這樣一張圖表是語言使用的一種工具。那麼，描述一個複合體就是這樣一件事情：描述複合體的人帶著一張圖表，在上面查出複合體的每一種元素，從每一個元素轉向一個符號（聽到描述的人也可以用圖表把描述所用的話轉譯成有色方格的畫樣）。可以說這裡的圖表代替了其他情況下記憶和聯想所起的作用。（通常執行「拿朵紅花給我」這個命令時，我們並不是在顏色表上查出紅色，然後對照著找出和它顏色相同的花送過去；不過，在選擇或調配某一特定的紅色時，我們有時的確也利用色樣或圖表。）

如果我們把這個圖表稱爲語言遊戲裡某種規則的表達，那可以說，我們稱之爲語言遊戲規則的東西，在遊戲裡可能會扮演非常不同的角色。

五四 讓我們想一下都在哪些情況下我們會說一個遊戲是根據一個特定的規則進行的！

規則可以是教人玩遊戲的一種輔助。學習者被告知規則，練習應用這個規則。或者它是遊戲本身的一種工具；或者規則既不用於教人，也不用於遊戲自身；而且也不列在一張規則表上，我們可以透過看別人玩一種遊戲學會它。但我們說，這個遊戲是按照某些規則進行的，因爲旁觀者能夠從實際進行著的遊戲看出這些規則，就像遊戲所服從的一項自然法則。可是在這種情況下，旁觀者怎麼區分出遊戲者的錯誤和正確的玩法呢？遊戲者的行爲舉止爲此提供出某些標記。想一下一個人說錯話，想要糾正自己時的那種頗具特徵的樣子。即使我們不懂他的語言，我們似乎也能夠看出這種情況。

五五 「語言中名稱所標示的東西必定是不可毀滅的：因爲我們一定可以描述凡可毀滅的東西都已毀滅的狀態。這種描述裡將會有語詞；而與這些語詞對應的東西就不應被毀滅，因爲否則這些語詞就沒有含義。」我不應把我坐在其上的樹枝鋸斷。

當然可以立刻反駁說，描述本身也必須免於毀滅。但對應於描述的語詞的那些東西，即當描述爲眞時不應毀滅的東西，正是給予這些語詞含義，沒有它們這些語詞就沒有含義。但這個人在某種意義上是對應於他的名字的東西。他卻是可毀滅的，而他的名字並不在承擔者毀滅後失去其含義。和名稱對應的那個東西，缺了它名稱就沒有含義的那個東西，在語言遊戲裡是和名稱連在一起使用的一個範本，或諸如此類。

五六　但若語言不包括這種樣本，而我們**心裡記住**了一個詞標示的（例如）顏色，情況會是怎樣呢？「如果我們心裡記住了這種顏色，那麼我們說出這個詞的時候，這種顏色就會浮現在我們心靈的眼睛之前。因此，如果我們有可能任何時候都可以回憶起這種顏色，那麼它自然就是不可毀滅的了。」但我們用什麼作爲標準來判定我們記憶的正確呢？當我們用色樣而不靠記憶操作的時候，有些情況下我們說這種色樣變了色，而我們是根據記憶做這個判斷的。但在有些情況下我們不也能說（例如）我們記憶的影像暗淡了嗎？我們聽憑記憶的擺佈，不是一如聽憑樣本的擺佈嗎？（因爲有人也許想說：「假如我們沒有記憶，我們就得聽憑樣本的擺佈了。」）或者由某種化學反應擺佈。設想你要塗一種特定的顏色「F」，這種顏色是化學物質X與Y混合後人們看到的顏色。假定有一天這種顏色你看來比另一天鮮明；在某些情況下你不是會說：「我一定弄錯了，這顏色肯定和昨天的顏色一樣嗎？」這顯示我們並不總是把記憶所說的當作無可上訴的最高判決來服從的。

五七　「紅色的東西可以被毀滅，但紅色是無法被毀滅的，因此『紅色』一詞的含義不依賴於某種紅色的東西的存在。」誠然，說紅這種顏色（不是說紅顏料）被撕碎或踩碎是沒有意義的。但是我們不也說「紅色[15]在消褪」嗎？不要總固執己見，以爲即使再沒有紅色的東西存在，我們總能在心裡喚起紅色。那就等於你要說：那總會有產生紅色火焰的化學反應呀。你要是再也記不起這種顏色了，情況又會是怎樣呢？如果我們忘記了具有這個名稱的是何種顏色，這個名稱就對我們失去了含義；即，我們不再能用它來進行某種語言遊戲了。這種情形就好比是：這範本曾是我們語言的一種工具，而它現在淪失了。

五八 「我將把『**名稱**』只用來稱謂不能在『X存在』這樣的句式中出現的東西。從而就不可以說『紅色存在』，因爲假如沒有紅色，就根本不能談論它。」更正當的說法是：如果「X存在」說的不過是「X」有含義，那麼它就不是關於X的命題，而是關於我們語言使用的命題，即關於使用「X」一詞的命題。

我們說：「紅色存在」這話沒有意義，我們這麼說好像是在談論紅色的本性似的。好像在說：紅色「自在自爲」地存在著。同樣的想法，這是關於紅色的形而上學命題，在我們說「紅色是無時間性的」這話裡也表達出來，也許用「不可毀滅」這個詞表達得更加強烈。

其實我們眞正**想要的**只是把「紅色存在」看作「『紅色』一詞具有含義」這樣一個命題。也許更正當的說法是：把「紅色不存在」看作「『紅色』沒有含義」。我們並不想

---

[15] die Röte，亦作餘暉、紅暈。——譯者注

說：這句話**說出了**這個意思；而是說：**假使**它有含義，那它一定說的是**這個意思**。但這個說法由於企圖說出這個意思而自相矛盾——恰因爲紅色「自在自爲」地存在。矛盾只是在於這個命題看起來是說顏色的，其實應該是在說「紅色」一詞的用法。但在現實中，我們習慣說某種顏色存在；這相當於說某種有這個顏色的東西存在。第一種說法與第二種說法同樣精確，尤其所說的「有顏色的東西」不是一個物體。

五九　「**名稱**標示的總是實在的**元素**。無法毀滅的東西；在一切變化中保持不變的東西。」但那是什麼呢？我們說這句話的同時，它已在我們心裡浮現！那我們是在說一個特別的意象；是在說我們想要使用的一幅特別的圖畫。因爲經驗可不向我們顯示這些元素。我們看見某件複合物（例如：一把椅子）的**組成部分**。我們說椅背是椅子的一部分，但椅背又是由各式各樣的木塊組成的；相對之下，椅腳則是簡單的組成部分。我們也看見某個東西的整體改變了（或被毀壞了），而它的組成部分卻保持不變。我們就是用這些材料製作出實在的那幅圖畫。

六〇　我說：「我的掃帚在牆角」，這眞是關於掃帚把和掃帚頭的命題嗎？反正可以用說明掃帚把和掃帚頭位置的命題來代替它。這個命題是第一個命題的進一步分析過的形式。但是爲什麼我稱它是「進一步分析過」的？掃帚在牆角，就意味著掃帚把和掃帚頭也在牆角，而且兩者相互所處的位置是確定的；這一點先前彷彿隱藏在句子的意思裡，而在經過分析的句子裡**說了出來**。那麼，說掃帚放在牆角的人眞的意謂：掃帚把和掃帚頭都在那裡，掃帚把插在掃帚頭上嗎？我們隨便問哪個人他是不是這個意思，他大概都會說他根本沒有特別想到掃帚把或掃帚頭。這恐怕是**正確的**回答，因爲他既沒有特別想談掃帚把也沒有特別想談掃帚頭。設想你對某人說：「把掃帚把和插在掃帚把上的掃帚頭拿來給我！」而不說：「把掃帚拿來給我！」你聽到的回答豈不是：「你是要掃帚嗎？你幹嘛把話說得這麼彆扭？」他會更清楚地領會進一步分析過的句子嗎？有人會說，這個句子和通常的句子效果是一樣的，只不過繞了個彎。設想一個語言遊戲：某人得到命令，把某些由許多部分組成的東西遞過來，或搬來搬去，或諸如此類。有兩種玩法：一種(a)，複合物（掃帚、椅子、桌子等）各有名稱，如同在第十五節中；另一種(b)，只有組成部分有名稱，而整體物要借助它們的名稱來描述。在何種程度上第二個遊戲的命令是第一個遊戲的命令的分析形式？前一個命令隱含在第二個命令裡而只有透過分析才抽取出來？不錯，把掃帚把和掃帚頭分開，掃帚就拆散了；但「拿掃帚來！」這個命令因此也是由相應的部分組成的嗎？

六一　「但你不會否認，(a)的某個命令和(b)的某個命令所說的相同；如果你不把第二個稱爲第一個的分析形式，你會怎麼稱呼它？」我當然也會說(a)的命令和(b)的命令意思相同；或者像我先前表達的那樣：它們達到了同樣的效果。這意謂著如果你指著(a)的命令問我：「(b)的哪個命令和這個意思相同？」或者也可以是：「(b)的哪個命令和這個矛盾？」

我就會如此這般回答。但這並不是說我們**在普遍意義上**對於使用「意思相同」或「效果相同」等說法取得了一致意見。即，我們可以問：我們是在何種情況下說「這只是同一個遊戲的兩種不同形式」。

六二　設想執行(a)和(b)的命令的人在按要求拿來一樣東西之前，必須先查看一張表，表上一一排列著名稱和圖畫。他在執行(a)的命令和(b)相應的命令時，所做的是**同樣的事情**嗎？一樣，也不一樣。你可以說：「兩個命令的**要義**是相同的。」我在這裡也會這樣說。但是應被稱爲命令的「要義」的東西並非在任何地方都是清楚的。（同樣，人們也會說某些東西是作這個用的、作那個用的。本質之點在於：這是一盞**燈**，它是用來照明的；若拿它來裝飾屋子，塡充一塊空白之類，則是非本質的。然而什麼是本質的、什麼是非本質的，並不總是截然有別。）

六三　而說(b)的句子是(a)的句子「經過分析」的形式，容易誤導我們把前者認爲是更加基本的形式；認爲只有它才把後者的意思明白地表示出來。我們會想：誰只具有未經分析的形式，誰就漏掉了分析；但若誰知道經過分析的形式，誰就樣樣占全了。但難道我不能說：後面這個人**正像**前面那個人一樣，也失去了事情的一種景貌〔Aspekt〕？

六四　設想我們改變一下語言遊戲四八，那些名稱不標示單色的方格，而標示由兩個這種方格組成的長方塊。例如：一半紅一半綠的長方塊叫作「U」；一半綠一半白的叫作

「V」。難道我們不能設想一些人，他們有這些顏色組合的名稱，但沒有單個顏色的名稱？想像在某些情況下我們說：「這種顏色排列（例如：法國的三色旗）很有特點。」

在何種程度上這個語言遊戲的符號是需要加以分析的？在何種程度上這個遊戲**可以**用語言四八的遊戲代替？它是**另一個**語言遊戲；即使它與語言四八有關聯。

六五　現在我們撞上了所有這些考慮背後的大問題。因爲人們可以反駁我說：「你避重就輕！你談到了各種可能的語言遊戲，但一直沒有說什麼是語言遊戲的，亦即語言的本質。什麼是所有這些活動的共同之處？什麼使它們成爲語言或語言的組成部分？可見你巧妙避開了探討中曾讓你自己最頭痛的部分，即涉及**命題和語言的普遍形式**的那部分。」

這是眞的。我無意提出所有我們稱爲語言的東西的共同之處何在，我說的倒是：我們根本不是因爲這些現象有一個共同點而用同一個詞來稱謂所有這些現象，不過它們透過很多不同的方式具有關聯。由於這一關聯，或由於這些關聯，我們才能把它們都稱爲「語言」。我將嘗試解釋這一點。

六六　例如，我們可以考察一下我們稱爲「遊戲」的活動。我指的是棋類遊戲、牌類遊戲、球類遊戲、角力遊戲等等。它們的共同之處是什麼？不要說：「它們一**定**有某種共同之處，否則它們不會都叫作『遊戲』」，而要**看看**所有這些究竟有沒有某種共同之處，因爲你睜著眼睛看，看不到**所有這些活動**有什麼共同之處，但你會看到相似之處、關聯之處，看到一整系列這樣的東西。像上面說的：不要想，而要看！例如：看看棋類遊戲，看看它們的各式各樣的關聯。現在轉到牌類遊戲上：你在這裡發現有很多和第一類遊戲相應的東西，但很多共同點不見了，另一些共同點出現了。再轉到球類遊戲，有些共同點還在，但很多沒有了。它們都是「**消閒**」嗎？比較一下象棋和三子連珠棋。抑或總有輸家贏家或在遊戲者之間總有競爭？想一想單人牌戲。球類遊戲有輸贏，但小孩對著牆扔球接球玩，這個特點又消失了。看看技巧和運氣在遊戲中扮演的角色；再看看下棋的技巧和打網球的技巧之間的不同。再想一想跳圈圈這種遊戲，這裡有消閒的成分，但是多少其他的特點又不見了！我們可以這樣把很多很多其他種類的遊戲經歷一遍；可以看到種種相似之處浮現出來，又消失不見。

這種考察的結果是這樣的：我們看到了相似之處盤根錯節的複雜網絡——粗略精微的各種相似。

六七 我想不出比「家族相似」更好的說法來表達這些相似性的特徵；因為家族成員之間的各式各樣的相似性就是這樣盤根錯節的：身材、面貌、眼睛的顏色、步態、脾性等。我要說：各種「遊戲」構成了一個家族。

同樣，各種數也構成一個家族。我們為什麼要稱某種東西為「數」？有時因為它與一向被稱為數的某些東西有一種直接的關聯；於是又可以說它和另一些我們也稱為數的東西有著一種間接的關聯。我們延展數的概念，就像我們紡線時把纖維與纖維擰在一起。線的強度不在於任何一根纖維貫穿了整根線，而在於很多根纖維互相交纏。

但若有人要說：「所以，這些構造就有某種共同之處，即所有這些共同性的選言結合。」那麼我將回答：「現在你只是在玩弄字眼。」人們同樣可以說：「有某種東西貫穿著整根線，那就是這些纖維不間斷的交纏。」

六八 「好吧，那你是把數的概念解釋為那些個別的、相互有關聯的概念的邏輯和：基數、有理數、實數等；同樣，你把遊戲的概念解釋為相應的子概念的邏輯和。」卻並非必須這樣。因為我可以照這樣給「數」這個概念劃出固定的界線，即用「數」這個詞來標示一個具有固定界線的概念；但我也可以這樣使用它：即這個概念的範圍並不被一條界線封閉。而我們正是這樣使用「遊戲」一詞的。因為我們怎麼把遊戲的概念封閉起來呢？什麼東西仍算作遊戲，什麼東西不再是遊戲呢？你能說出界線來嗎？不能。你可以劃界線，正因為從前並未劃過界線。（但你一向使用「遊戲」一詞卻還不曾感到過什麼不便。）

「但是這樣一來這個詞的用法就不受規則限制了；我們用這個詞所做的『遊戲』就不受規則限制了。」它並非處處被規則限定著；然而，打網球時也沒有規則限制你把球扔多高或打多重；網球卻仍然是一個遊戲，仍然是有規則的。

六九 我們會怎麼向別人解釋什麼是遊戲呢？我想我們會向他描述一**些遊戲**，也許還會加上一句：「這個，**以及諸如此類**的，就叫『遊戲』。」難道我們自己知道得更多些，只是無法確切告訴別人什麼是遊戲嗎？但這並不是無知。我們不識界線是因爲沒劃出界線。前面說了，我們可以劃一條界線——爲一個特殊的目的。但劃了界線才使這個概念有用嗎？根本不是！除非是對於那個特殊的目的。就像用不著給出「一步等於七十五釐米」這個定義才使「一步」這個長度單位變得有用。你若是願意說：「但在這之前它不是一個精確的長度單位」，我就會回答說：「好吧！它是一個不精確的長度單位。」但你還欠我關於「精確」的定義。

有人對我說：「教這些孩子玩遊戲。」我教他們擲骰子賭博，那人就說「我指的不是這種遊戲」。他給我下命令的時候，一定事先排除了擲骰子的遊戲嗎？

七〇 「但若『遊戲』的概念是這樣沒有界限的，那你就不知道你用『遊戲』意謂的究竟是什麼。」我描述：「植物覆蓋了這整片地面」，你會說我如果不能給「植物」下個定義，我就不知道自己在說什麼嗎？

也許我會拿一張畫來解釋我的意思，說：「地面看上去差不多是這樣的」。我甚至會說：「地面看上去**的確**就是這樣。」那麼，地面上是不是恰恰有這些草、這些樹葉的的確確在這些位置上呢？不是的，這不是我的意思。在這個意義上我不會承認任何畫面是精確的畫面。

七一　我們可以說「遊戲」概念是一個邊緣模糊的概念。「但模糊的概念終究是個**概念**嗎？」一張不清晰的照片終究是某人的照片嗎？用一張清晰的照片代替一張模糊的照片會更好些嗎？那張不清晰的照片不正是我們需要的嗎？

弗雷格把概念比作一個區域，說界線不清楚的區域根本不能稱爲區域。這大概是說我們無法拿它做任何事。然而，說「你就差不多停在這裡」毫無意義嗎？設想一下我和另一個人站在一個廣場上說這句話。我這時不會劃出任何界線，只是用手做了個指點的動作——彷彿是指給他某個確定的點。而人們恰恰就是這樣來解釋什麼是遊戲的。舉出幾個例子，希冀這些例子能在特定的意義上得到領會。但我的說法並非意謂他應該從這些例子看出我由於某種原因說不出來的某種共同點；而是，他應該以特定的方式**使用**這些例子。舉例在這裡並不是由於缺少更好的辦法而不得不採用的**間接的**解釋辦法。因爲任何一般的解釋也都可能被誤解。而我們正是**這樣**來做遊戲的（我意謂使用「遊戲」一詞的語言遊戲）。

七二　**看到共同之處**。假定我給一個人看一些多種顏色的圖片，說：「你在所有這些圖片上都看到的顏色是『赭色』。」——這是一種解釋，那個人尋找那些圖片的共同之處，看到共同之處，於是領會了這種解釋。然後他就能夠去看去指這個共同之處。

試比較：我給他看各種形狀不同的圖形，都塗著同樣的顏色，說：「這些圖形的共同之處是『赭色』。」

試再比較：我給他看各種深淺不同的藍色樣本，說：「我把所有這些色樣的共同之處稱為『藍色』。」

七三 一個人要向我解釋顏色的名稱，指著色樣說「這種顏色叫『藍色』」，這種叫『綠色』……」；這種情況在許多方面可以比作：他把一張表格交到我手上，表格上的色樣下方都寫著字。儘管連這種比較在有些方面也會引起誤解。人們則傾向於把這個比較加以擴展——理解了某個解釋就是說在心裡具有被解釋之物的概念，它或是一個樣本或是一幅圖畫。現在別人給我看各種不同的樹葉，告訴我說「這叫『樹葉』」，於是我就獲得了關於樹葉形狀的概念，心裡的一幅樹葉圖畫。但若這幅樹葉圖畫不顯示任何特定的形狀，而是「一切樹葉形狀的共同之處」，它看上去是什麼樣子的？「我心裡的綠色樣本」——所有色調的綠色所共有的樣本，是什麼色調呢？

「但不可能有這種『一般的』樣本嗎？比如樹葉的示意圖，或者一種純粹綠色的樣本？」當然！但這個示意圖被領會為**示意圖**，而不被領會為特定葉子的形式，圖表上的一小片純粹綠色被領會為所有綠色東西的樣本，而不是純綠的樣本，這些都取決於樣本的用法。

問問你自己：綠色的樣本必須是什麼形狀？應該是長方形嗎？那它會不會是綠色長方形

的樣本？那麼它該是「不規則」的形狀嗎？那又有什麼東西防止我們把它僅只看作——即僅只用作不規則形狀的樣本呢？

七四　這裡的討論還涉及下面這種想法：把這片葉子看作「葉子一般形狀」的樣本，或把它看作某些特定形狀的樣本，所**看到**的是不一樣的。即使眞是那樣——雖然實際上不是這樣，那也不過是說，就經驗而言，你以某種方式**看到**一片葉子，你就是以如此這般的方式或照如此這般的規則使用它。當然，事實上我們**有時這樣看，有時那樣看**；也有這樣的情況：無論誰**這樣**看一個樣本，一般就會這樣使用它；那樣看，就會那樣使用它。例如：把立方體的示意圖看作由一個正方形和兩個菱形組成的平面圖形，或把它看作三維圖形，也許就會以不同的方式執行「拿這種東西給我」這一命令。

七五　何謂「知道什麼是遊戲？」、何謂「知道卻說不出來？」知道在這裡相當於沒有道出的定義嗎？那麼，它一經道出，我就能認出它，認爲它表達了我所知道的嗎？難道我關於遊戲的知識、關於遊戲的概念，在我所能給予的解釋裡不曾完整表達出來了嗎？即當我描述各式各樣遊戲的例子；當我指出可以如何比照這些遊戲用各種方式構造出其他遊戲；當我說某種活動恐怕不應該還稱作遊戲了……諸如此類。

七六　假如有人劃出一條明確的界線，我不能承認它原是我始終也想劃的或是我在心裡已經劃出的界線。因爲我根本不曾想劃過。於是可以說，他的概念和我的不同，但有關聯。這種關聯是這樣兩張圖畫的關聯：一張由界線模糊的色塊組成，另一張由形狀和分布相似，但界線分明的色塊組成。其中的親緣相似性就像其中的差異一樣不容否認。

七七 把這個比較再推進一步，我們就會明瞭，清晰的畫面與模糊的畫面在何種程度上**能夠**相似取決於後者的模糊程度。設想你要畫一張界線清晰的畫面來「對應」一張界限模糊的。這張界線模糊的畫面裡有一個模糊的紅色長方形；你現在則要畫一個清晰的。當然，可以畫出不只一個清晰的長方形來和這個不清晰的長方形對應。但若原圖上各種顏色混在一起，看不出界線的痕跡，那麼畫一張與模糊的畫面相對應的清晰畫面不就成了毫無希望的任務嗎？那麼你不就得說：「我在這裡畫個圓形或畫個心形也和畫個長方形一樣了，反正所有的顏色都混在一起了。什麼都對；又什麼都不對。」舉例來說，在美學或倫理學裡尋找與我們的概念對應的定義，你的處境就是這樣的。

在這樣的困境裡你要時時問自己：我們究竟是如何學會這個詞（例如「好」）的含義的？透過什麼樣的例子？透過哪些語言遊戲？那你就比較容易明白這個詞一定有著一個各種含義組成的家族。

七八 比較一下「**知**」和「**說**」：

——勃朗峰高多少米？

——「遊戲」一詞是如何使用的?

——單簧管的聲音是什麼樣的?

如果你奇怪,怎麼可能知道一件事卻說不出來,那麼你大概想的是第一個例子,你肯定想的不是第三個例子。

七九 考察一下這個例子:一個人說「摩西沒有存在過」,這可以有各式各樣的意思。可以是:以色列人撤出埃及時並沒有**唯一的**領袖;或,他們的領袖不叫摩西;或,從不曾有過一個人做了《聖經》上說摩西所做的一切……諸如此類。我們可以跟著羅素說:「摩西」這個名稱可以由各種各樣的描述來定義。例如:定義爲「那個帶領以色列人走過荒漠的人」、「那個生活在彼時彼地、當時名叫『摩西』的人」,「那個童年時被法老的女兒從尼羅河救出的人」等等。我們假定某個定義,「摩西沒有存在過」這個命題就會有不同的意思,而且其他關於摩西的命題也是這樣。有人對我們說「N沒有存在過」,我們會問:「你是什麼意思?你是想說……還是……?」等等。

但我現在說出一個關於摩西的命題,我總是準備好用各種描述中的一**種**來代替「摩西」嗎?我也許會說:說到「摩西」,我理解的是那個做了《聖經》裡說摩西做過的那些事的人,或者是做了其中大部分的那個人。但到底是多少?我是否已經決定了其中多少證明爲假之後，我就認我的命題爲假而加以放棄？「摩西」這個名稱是否在所有可能的情況下對我而言都有一種固定的單義的用法？實際上像不像是：我準備著一系列支撐物，抽掉一根，我就依靠另一根；反之亦然？再考慮一下另一種情況。我說「N死了」，名稱「N」的含義可能是：我相信曾經活著的那個人，⑴我曾在某某地方見到過；⑵看上去是某某樣子（像照片上這樣）；⑶做過某某事；⑷在社交圈子裡用「N」這個名字。問到在「N」的名下我所理解的是什麼，我會列舉所有這些，或其中的一部分，場合不同所列舉的也不同。那麼我對「N」的定義大致是「符合這一切的那個人」。但若現在證明其中某一條是假的呢！我是否打算宣稱「N死了」這句話是假的呢？即使表明爲假的東西在我看來無足輕重？但「輕重」的界線又在哪裡？假如我在這樣一種情況下已經給這個名稱下了定義，那我現在樂於修改。

這一點可以這樣表達：我不在**固定的**含義上使用名稱「N」。（但這並不削弱它的用途，就像使用一張桌子，用了四隻桌腳來代替三隻，而有時會因此有點搖晃。）

我用到一個我不知其含義的詞，就該說我在胡說嗎？隨你怎麼說，只要它不妨礙你看到事情是怎麼回事。（你要是看到了，有些話你就不會說了。）

（科學定義的擺動：我們今天當作現象A的副現象經驗到的東西，明天會被用作現象A的定義。）

八〇　我說「那裡有把椅子」。我走過去，想要拿它，而它突然從我眼前消失了，這怎麼辦？「那它就不是椅子，而是某種幻覺。」但是過了一會兒，我們又可以看見它，能夠摸到它。「那麼椅子的確在那裡，而它的消失是某種幻覺。」但假設過了一會兒它又消失了、或似乎消失了。我們現在應該說什麼？你有沒有現成的規則來說明這類情況——說明這時我們還該不該把它稱作「椅子」？但我們在使用「椅子」一詞時是否覺得缺少了這些規則？我們是否要說：我們其實沒有把任何含義和這個詞連在一起，因爲我們沒有就一切可能的情況爲使用這個詞配備好規則？

八一　拉姆西跟我談話時曾經強調，邏輯是一門「規範性科學」。我雖然不知道他當時的確切想法，但這想法無疑與我後來漸漸悟出的道理緊密相關，即：我們在哲學裡常常把使用語詞和具有固定規則的遊戲和演算相比較，但我們不能說使用語言的人一定在做這種遊戲。但你若說我們的語言表達只是近似於這類演算，那麼你就緊站在誤解的邊緣上了。因爲這樣就顯得我們在邏輯裡好像談的是一種理想語言、好像我們的邏輯是爲眞空而設的邏輯。其實，不能以說自然科學處理一種自然現象那樣來說邏輯處理語言以及思想，最多只能說，我們構築種種理想語言。但這裡的「理想」一詞很容易引起誤解。因爲聽起來好像這些語言比我們日常交往所用的語言更好、更完善；好像得有個邏輯學家，好讓他最終向人類指明一個正確的句子是什麼樣子的。

然而，只有當我們對理解、意謂和思想這些概念更爲清楚之時，這一切才會在適當的光照裡顯現出來。因爲只有到那時才會清楚，是什麼會誤導我們（確曾誤導過我）去認爲：說出一句話並且意謂這句話或理解這句話，就是在按照確定的規則進行演算。

八二　我把什麼稱作「他所依循的行事規則」？也許是一種假設，這種假設滿意地描述了我們所觀察到的他如何使用語詞的情況？抑或是他使用符號時去核查的規則？抑或是我們問他根據的是什麼規則時他所答的規則？但若觀察沒有讓我們認清任何規則，而詢問也沒讓哪條規則清楚於世，那又怎麼樣？因爲，我問他在「N」的名下所理解的是什麼，他就給了我一個解釋，但他又隨時準備撤回或修改他的解釋。那麼我應該如何確定他進行遊戲時所遵循的規則呢？他自己也不知道這規則是什麼。抑或更正確的問題是：「他所依循的行事規則」這個說法在這裡還會是在說什麼？

八三　語言和遊戲的類比這時不是爲我們投下一道光線嗎？我們可以合理設想一群人以這樣的方式來打球娛樂：他們一開始玩的是各式各樣現有的遊戲，但有些遊戲卻不進行到底，而是在中間把球漫無目標地扔到空中，笑著、鬧著拿球扔這個、砸那個等等。而現在有人說：這些人這段時間一直在玩一種球類遊戲，從而是按照某些確定的規則來扔每一個球的。

我們不是也有「邊玩邊制訂規則」這樣的情況嗎？而且也有我們邊玩邊修改規則的

情況。

八四 我說過，一個詞的應用並不是處處都由規則限定的。但一個處處都受規則限定的遊戲會是什麼樣子？這個遊戲的規則天衣無縫，不容任何懷疑可乘之隙。我們不能設想要有一種規則來規定如何應用這個遊戲的規則嗎？不能設想一個要由**這個**規則來排除的疑問嗎？……諸如此類。

但這不是說，我們產生疑問是因爲我們可以**設想**一個疑問。我可以合理設想某人每次打開家門前，都懷疑門後挖出了一個大坑，而在進門前查看確實（而且某一次也許證明他懷疑是對的），但我卻並不因此在同樣的情況下產生懷疑。

八五 一條規則立在那裡，就像一個路標。路標不容我懷疑我該走的是哪條路嗎？它是否指示出我走過路標之後該往哪個方向走？是沿著大路還是小徑，抑或越野而行？但哪裡又寫著我應該在什麼意義上跟從路標？是沿著箭頭的方向還是（例如）沿著箭頭的反方向？但若不是一個路標，而是一串相互銜接的路標，或者地上用粉筆做的記號，難道它們只有一種解釋嗎？那麼，我可以說，路標留下某種懷疑的餘地。或更恰當的是說：它有時留下了，有時沒留下。這已不再是一個哲學命題，而是一個經驗命題了。

八六 現在借助一張圖表來進行語言二那樣的遊戲。這次，A給B的是一些書寫符號。B有一張圖表，第一列是遊戲中使用的符號，第二列是建築石料的畫面。A對B顯示這樣一個書寫符號；B在圖表上把它查出來，然後看與它位置對應的畫面。因此圖表是他執行命令時遵循的一項規則。在圖表上查找畫面是透過訓練學會的，訓練的一部分是學生學著用手指在圖表上自左至右水準移動，於是也就學會了畫一系列水平直線。

現在來設想採用了各式各樣的讀表方式。其中一種如上所述，是按照下面的格式：

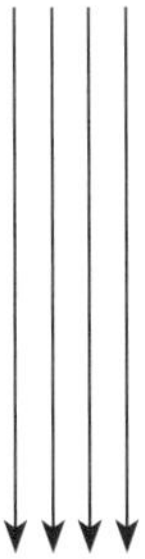

另一種則按照這樣的格式：

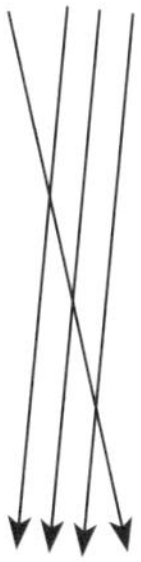

或按照其他格式。

於是，這些格式就成爲圖表的補充，提供如何使用圖表的規則。

但我們就不能想像出進一步的規則來解釋這一規則嗎？另一方面，第一張圖表沒有這些箭頭格式就不完整嗎？其他圖表沒有它們的格式就不完整嗎？

八七　假定我解釋說：「只要曾有這麼一個人帶領以色列人逃離埃及，我在『摩西』名下所理解的，就是那個人，無論他當時叫什麼，無論他做過沒做過其他的事。」但對這一解釋裡的語詞也可能提出類似關於「摩西」的疑問（你稱作「埃及」的是什麼？你稱作「以色列人」的是誰？等等）。我們追問到「紅色」、「黑暗」、「甜」等語詞，這些問題也一樣沒個盡頭。「但若一個解釋不是最終的解釋，它對我的理解又有何助益？那麼解釋就總沒個了結；於是我依舊不理解，而且永遠不理解他的意思是什麼！」彷彿一個解釋若沒有另外一個解釋的支撐，就懸在半空中似的。其實，一個解釋雖可能依附在已經給出的另一個解釋之上，但什麼解釋都不需要另一個解釋，**除非**我們為了避免誤解而要求一個。也許可以說：解釋就是用來消除或防止誤解的——即那種也許不加解釋就會發生的誤解，而不是所有我能設想出來的誤解。

看起來頗像是：每一個疑問都只是把基礎上已有的一個裂隙**顯示出來**；因此我們只有首先把**可以**懷疑的一切都懷疑一遍，然後把所有的這些懷疑都消除掉，才能獲得可靠的理解。

如果一個路標在正常的情況下能發揮它的作用，它就是合適的。

八八　我對人說「你差不多就站在這兒！」這個解釋不是充分有效的嗎？而任何一個別的解釋不也可能無效嗎？

「但難道這個解釋不是不夠精確的嗎？」是的，為何不可以說它「不精確」呢？但我們得先明白「不精確」的含義是什麼。因爲在這裡它的含義並不是「不合用」。讓我們考慮一下，相對於這個解釋，我們把什麼稱爲「精確」的解釋。也許是用粉筆線劃出來的一個區域？這時我們立刻想到線是有寬度的。那麼，粉筆線顏色的邊界要更精確些。但這種精確在這裡還有什麼作用？豈非無的放矢？而且我們還沒有確定什麼才算越過了這條鮮明的界限，用什麼方式、什麼儀器來確定。

我們懂得什麼叫把懷錶調到準確的鐘點，或把它的時間校正準確。但若問道：這個準確是理想的準確嗎？或它與理想的準確有多接近，我們該怎樣回答？當然，我們可以說到另一些測量時間的方式，它們有著不同的準確度，我們會說這些時間度量比懷錶的時間度量更準確。在那一類時間度量方面，「把錶調到準確鐘點」這話就有著不同的，雖然是相關聯的含義，「報時間」則是一個不同的過程等。我對某人說：「你來赴宴應該更準時些，你知道我們準時一點鐘開始。」這難道就眞的談不上**準確性**嗎？就因爲人們可以說：「想想實驗室或天文臺是怎麼確定時間的，**在那裡**你就明白『準確』的含義是什麼了。」

「不精確」其實是貶，而「精確」是褒。但這是說，不精確的不能像較精確的那樣充分達到目的。於是關鍵就在於我們稱爲「目的」的東西。我說出太陽離我們的距離沒有準確到一米，或告訴木匠桌子的寬度沒有準確到千分之一毫米，那是不精確嗎？

從來沒有規定出準確性的唯一理想；我們不知應該如何想像這種理想，除非你自己設定應該把什麼稱作這個理想。但你會發現很難遵守這樣一個設定，遵守一個使你自己滿意的設定。

八九　這些考慮把我們帶到這樣一個問題面前：在何種意義上邏輯是崇高的東西？因爲邏輯似乎有一種特殊的深度、一種普遍的含義。邏輯似乎位於一切科學的根基處。因爲邏輯考察所研究的是一切事物的本質。它要一直探入事物的根基，而不應該爲實際發生的是這是那些操心。它產生出來，不是因爲對自然事實有興趣，也不是由於把握因果關係的需要；而是出自要理解一切經驗事物的基礎或本質的熱望。但並非我們彷彿要爲此尋覓新的事實；而是：不要透過它學習任何**新的東西**正是我們這種探究的要點。我們所要的是對已經敞開在我們眼前的東西加以**理解**。因爲這似乎正是我們在某種意義上不理解的東西。

奧古斯丁（《懺悔錄》，卷十一，第十四節）說：「時間是什麼？沒人問我，我明白；但要想解釋給問我的人，我反而就不明白了。」[16]對於自然科學問題（例如：「氫的比重是多少？」）就不能這樣說。有的事情別人不問時我們明白，一旦要我們解釋時，我們反而就不明白了；而這正是我們必須**留心思索**的東西。（顯然，由於某種原因這也是我們不易留心思索的東西。）

九〇　我們的眼光似乎必須**透過**現象：然而，我們的探究面對的不是**現象**，而是人們所

---

⑯ 奧古斯丁的句子原著引用的是拉丁文。——譯者注

說的現象的**可能性**。也就是說，我們思索關於現象所做的陳述的方式。因此奧古斯丁也在思索關於事件的持續，關於事件的過去、現在或未來的各式各樣的陳述。（這些當然不是關於時間、過去、現在與未來的**哲學**命題。）

因此，我們的考察是語法性的考察。這種考察透過清除誤解來澄清我們的問題；清除涉及話語用法的誤解；導致這類誤解的一個主要原因是，我們語言的不同區域的表達形式之間有某些類似之處。這裡的某些誤解可以透過表達形式的替換來消除；這可以稱作對我們表達形式的一種「分析」，因爲這一過程有時像是拆解一樣東西。

九一 我們的語言形式於是似乎有一種最終分析那樣的東西，從而一個表達式就有**唯一**充分解析的形式。即，我們慣用的表達形式似乎就本質而言是尚未分析的。似乎有某種東西藏在其中，需要加以揭示。做到了這一點，表達就充分澄清了，我們的任務就完成了。

也可以這樣說：把我們的表達更加精確釐清，就可以消除一些誤解；現在我們卻好像在追求一種特定的狀態，完全精確的狀態；似乎這就是我們進行探索的眞正目的。

九二 這表現在對語言、句子、思想的**本質**的追問中。若說我們的探索也試圖理解語言的本質——它的功能、它的結構，那這卻不是那些追問的著眼點。因爲這些追問就本質所看到的，並不是已經敞亮的、經過整理就可以**綜觀**的東西；而是某種表層**下面**的東西。某種內部的東西，某種我們得透過事情才看得見的東西，某種得由分析挖掘出來的東西。

「**本質對我們隱藏著**」：這是我們的問題現在所取的形式。我們問：「**什麼是**語言？」「**什麼是**句子？」對於這些問題要給予一勞永逸、獨立於任何未來經驗的答案。

九三　一個人會說：「句子，那是世界上最尋常的東西。」另一個會說：「句子，那可是個很奇特的東西！」後者不會簡簡單單地查看一下句子是如何產生作用的。因爲我們談論句子和思想時的表達形式擋住了他的路。

爲什麼我們說句子是某種奇特的東西？一方面，因爲它被賦予極大的重要性（這是對的）。另一方面，這一重要性以及誤解語言的邏輯，誘使我們以爲：句子必定有某種非同小可、獨一無二的功能。由於一種**誤解**，我們竟覺得句子在**做著**些奇特的事情。

九四　「句子，好奇特的東西！」這裡已含有把全體表達〔形式〕提高的傾向；在句子**符號**和事實之間假定純粹中介者[17]的傾向；甚至要純化、提高符號本身的傾向。因爲，我們的表達形式把我們送上了獵取奇獸[18]的道路，多方多面地妨礙了我們看清句子符號是在和尋常的東西打交道。

---

⑰ ein reines Mittelwesen，維氏自己譯作a pure (immaterial) entity mediating between〔藉以調解二者的純粹（非物質的）存在者〕。——譯者注

⑱ Chimären，希臘神話中的吐火獸，獅首羊身龍尾，轉喻奇思異想。——譯者注

九五　「思想一定是某種與眾不同的東西。」我們說、我們**意謂**：這件事情是如此這般；這時我們意謂的東西所對應的是個不折不扣的事實——**這件事情是如此這般的**。但這個悖論⑲（它卻具有自明之事的形式）也可以這樣表達：我們能夠**思想**實情之所不是。

九六　其他幻覺從四面八方接到我們所講的這個特殊幻覺上。於是在我們看來，思想、語言似乎是世界的獨特的對應物，世界的畫面。命題、語言、思想、世界，這些概念前後排成一列，每一個都和另一個相等。（但這些詞現在是用來做什麼的呢？應用它們的語言遊戲闕如。）

九七　思想被一個光輪環繞。思想的本質，即邏輯，表現著一種秩序，世界的先天秩序；即世界和思想必定共同具有的**種種可能性**的秩序。但這種秩序似乎必定是**最最簡單的**。它先於一切經驗，必定貫穿一切經驗；它自己卻不可沾染任何經驗的渾濁或不確——它倒必定是最純粹的晶體。這種晶體卻又不是作爲抽象出現的，而是作爲某種具體的東西，簡直是最具體的，就像是世界上**最堅實**的東西（《邏輯哲學論》第5.5563節）。

我們有一種幻覺，好像我們的探索中特殊的、深刻的、對我們而言具有本質性的東西，在於試圖抓住語言的無可與之相比的本質。那也就是句子、語詞、推理、眞理、經驗等概

---

⑲ 我們意謂的事情可能並不存在、尚未存在。——譯者注

念之間的秩序。這種秩序可以說是**超級**概念之間的**超級**秩序。其實，只要「語言」、「經驗」、「世界」這些詞有用處，它們的用處一定像「桌子」、「燈」、「門」這些詞一樣卑微。

九八　一方面很清楚，我們語言裡的每個句子「現在這樣子就挺合適」。⑳即，我們不**求取**什麼理想：好像我們尋常的、含混的句子還沒有完全無可非議的意義，我們還得重新構造一種完善的語言。另一方面似乎也很清楚，要有意義，就得有一種完滿的秩序。於是，在最含混的句子裡也一定藏著完滿的秩序。

九九　人們會說，句子的意義當然可能在某些方面不很確定，但它必須有**唯**一確定的意義。不確定的意義——那其實就是**根本沒有**意義。這就像是：劃一條不鮮明的界線，那其實就是根本沒劃出界線。人們在這裡想的大概是：我說「我把這個人鎖在了屋子裡——只有一扇門還敞開著」。那我等於根本沒有把他鎖起來。他只是假模假樣被鎖在那裡。在這裡，人們也許會傾向於說：「所以你等於什麼都沒做。」一圈圍牆，上面有個洞，等於**根本沒有**圍牆。但眞是那樣嗎？

---

⑳ 這裡譯作「合適」的是in Ordnung，在德文裡和「秩序」（Ordnung）相連。——譯者注

一〇〇　「要是**規則**裡有點含混，那就根本算不上是個遊戲了。」那它就不是遊戲了嗎？「對。也許你願意把它稱作遊戲，但無論如何它不是個完善的遊戲。」即：那它就混有雜質，而我現在感興趣的是經過提煉的東西。但我要說：我們誤解了理想在我們的表達方式中所扮演的角色。即：我們原來是會把它稱作遊戲的，只不過我們被理想矇了眼，因而看不清「遊戲」一詞實際上是怎麼用的了。

一〇一　我們願說，邏輯中不可能有任何含混。我們生活在這樣的想法裡：現實裡「一**定**」有著理想。即使人們仍看不到理想是如何在現實裡的，而且也不理解這個「一定」的本質。我們相信，理想一定藏在現實裡；因爲我們相信已在現實中看到它了。

一〇二　句子的邏輯結構的嚴格清晰的規則，在我們看來，似乎是背景裡的某種東西——隱藏在理解的媒介裡的某種東西。我現在已經看到了這些規則（儘管是透過某種媒介），因爲我的確理解符號，用符號來意謂事情。

一〇三　在我們的思想裡，理想穩如磐石。你無法脫離理想；你終必返回理想。也根本沒有理想之外；外邊沒有氧氣。這都是從哪裡來的？這想法像我們鼻子上架著一副眼鏡，我們要看，就得透過它看。我們簡直從未想到過把這副眼鏡摘掉。

一〇**四**　人們把屬於表述方式的東西加到事物頭上。兩者可能加以比較，這給了我們深刻的印象，於是我們以為這種比較的可能性就是對最一般的事況㉑的感知。

一〇五 我們一旦相信一定會在實際語言裡發現那個秩序、發現理想，我們就對尋常生活中稱為「句子」、「語詞」、「符號」的東西不滿了。

邏輯所處理的句子和語詞應該是純潔而分明的東西。於是我們為**眞正**符號的本質絞盡腦汁。也許它是符號的**意象**？或者是此時此刻我們具有的意象？

一〇六 在這裡很難保持清醒，看到我們必須耽留在我們日常思考的事情上，而不要誤以為我們好像必須描述至精至極的東西；於是又覺得用我們的手段遠不夠描述它們。我們覺得彷彿要我們用手指來修補一片殘破的蜘蛛網。

一〇七 愈細緻地考察實際語言，它與我們的要求之間的衝突就愈尖銳。（邏輯像水晶般的純粹原不是我得出的**結果**，而是對我的要求。）這種衝突變得不可容忍；這個要求面臨落空的危險。我們踏上了光滑的冰面，沒有摩擦，因此在某種意義上條件是理想的，但我們也正因此無法前行。我們要前行；所以我們需要**摩擦**。回到粗糙的地面上來吧！

㉑ Sachlage，參考《邏輯哲學論》3.21：對象在事況中的配置，與簡單符號在命題符號中的配置相應。——譯者注

一〇八 我們的認識是，我們稱爲「句子」、「語言」的東西不具有我前面想像的形式上的統一，而是或多或少具有親緣的家族。但現在邏輯成了什麼樣子呢？它的嚴格性在這裡好像脫膠了。但這樣一來，邏輯不就完全消失了嗎？因爲邏輯怎麼可以失去嚴格性？當然不是因爲我們對它的嚴格性打了折扣，邏輯就會完全消失。只有把我們的整個考察扭轉過來，才能消除這晶體般純粹的**先入之見**。（可以說：必須把考察翻轉過來，然而要以我們的眞實需要爲軸心。）

邏輯哲學談到句子和語詞，和我們日常談到句子和語詞，意義沒什麼兩樣。例如：我們日常說：「這裡寫著一句希臘文」，或「不，它只是看起來像文字，其實是裝飾」……諸如此類。

我們談論的是在空間、時間中的語言現象，而不是某種非空間、非時間的非物。[22]但我們談論語言就像我們在講述下棋規則時談論棋子那樣，這時我們不是在描述它們的物理屬性。

「一個詞到底是什麼？」這個問題類似於「棋子是什麼？」

[22] 維特根斯坦按：只不過人們可能以不同的方式對一種現象感興趣而已。

法拉第在《**蠟燭的化學史**》裡說：水是一種個體物，從不變化。

一〇**九**　說我們的考察不可能是科學考察，這是對的。「與我們的成見相反，我們可以設想如此這般的情況」。無論這句話是什麼意思，這種經驗不會引起我們的興趣（把思想視爲注入生命的東西）。我們不可提出任何一種理論；我們的思考中不可有任何假設的東西，必須丟開一切**解釋**而只用描述來取代之。這些描述從哲學問題得到光照，就是說，從哲學問題得到它們的目的。這些問題當然不是經驗問題；解決它們的辦法在於洞察我們語言是如何工作的，而這種認識又是**針對**某種誤解的衝動進行的。這些問題的解決不是靠增添新經驗，而是靠集合整理我們早已知道的東西。哲學是針對借助我們的語言來蠱惑我們的智性所做的鬥爭。

一一〇　「語言（或思想）是種獨一無二的東西」。這已證明是由語法的欺幻產生出來的一種迷信（不是錯誤！）。

而這種迷信的狂熱又反過來落向這些幻覺、這些問題。

一一一　由於曲解我們的語言形式而產生的問題，有某種**深度**。它們在深處攪擾我們；它們的根像我們的語言形式本身的根一樣，深深扎在我們身上；它們意義重大，重如我們的語言本身。我們問問自己：爲什麼覺得語法笑話具有**深度**？（那的確是一種哲學深度。）

一一二　被我們語言形式吸收的某個譬喻造成一種假象，這種假象使我們不安。「**不是這樣**的！」我們說。「但它**只能是這樣**！」

一一三　「它就是**這樣**的！」我一遍一遍對自己說。我覺得只要能夠目不轉睛地**盯準**這個事實，把它集中在焦點上，我就一定會抓住事情的本質。

一一**四**　《邏輯哲學論》（4.5）：「命題的一般形式是：事情如此這般。」這是人們會對自己重複無數次的那類句子。人們認爲自己在一次又一次地追蹤自然，其實只是沿著我們考察自然的形式兜圈子。

一一**五**　一幅**圖畫**囚禁了我們。我們逃不脫它，因爲它在我們的語言之中，而語言似乎不斷向我們重複它。

一一**六**　當哲學家使用一個語詞——「知」、「在」、「對象」、「我」、「句子」、「名稱」，並試圖抓住事情的**本質**時，我們必須不斷問自己：這個語詞在語言裡——語言是語詞的家，實際上是這麼用的嗎？

我們把語詞從形而上學的用法重新帶回到日常用法。

一一**七**　你對我說：「你懂得這句話吧？那好，那我就是在你所熟悉的那個含義上使用它的。」彷彿含義是一種氛圍，語詞無論被用到哪裡，都隨身攜帶著這種氛圍。

例如，你說「這個在這裡」，這句話對你有意義（你同時指著面前的一件東西），這時你應當問問自己：事實上你是在哪些特定情況下用到這句話的。那這句話就在這些情況下有意義。

一一八　我們的考察是從哪裡獲得重要性的？因爲它似乎只是在摧毀所有有趣的東西，即所有偉大而重要的東西（就像摧毀了所有建築，只留下一堆瓦礫）。我們摧毀的只是搭建在語言地基上的紙房子，從而讓語言的地基乾淨敞亮。

一一**九**　哲學的成果是十足揭示出這種種的胡話，揭示我們的理解撞上了語言的界限撞出的腫塊。這些腫塊讓我們認識到揭示工作的價值。

一二〇　我要對語言（包括詞、句等）有所說，我就必須說日常語言。這種語言是否對我們想說的東西有點太粗糙、太笨重了？**另外構造一種怎麼樣**？眞奇怪，我們竟多多少少用得上我們現有的語言！

在對語言進行解釋的時候，我已經必須使用成熟完備的（而不是某種預備性的或臨時的）語言，這已經顯示，我關於語言只能提供出外部事實。

是啊，但這樣的做法怎麼能使我們滿意呢？但你的問題恰恰是用這種語言做成的；如果確有一問，它們就必須用這種語言表達！

而你的疑慮是些誤解。

你的問題關係到語詞，所以我必須談談語詞。

你說：問題不在於語詞，而在於語詞的含義；而你在這裡又把含義想成是即使和語詞有別也總是和語詞同類的東西。這裡是詞，這裡是含義；這是錢，那是可以用錢買的牛。（與錢和牛對照的是：錢和錢的用法。）

一二一　有人可能以爲：如果哲學又談論「哲學」一詞的用法，那就必須有一種第二層次的哲學。但，並不是這樣；這裡倒很像正音法中的情況，正音法也可以爲「正音法」一詞正音，而這裡並不需要一種第二層次的正音法。

一二二　我們對某些事情不理解的一個主要根源是我們不能**綜觀**語詞用法的全貌。我們的語法缺乏綜觀。綜觀式的表現方式居間促成理解，而理解恰恰在於：我們「看到聯繫」。從而，發現或發明**中間環節**是極爲重要的。

綜觀式的表現這個概念對我們有根本性的意義。它標示著我們的表現形式，標示著我們看待事物的方式。（這是一種「世界觀」嗎？）

一二三　哲學問題具有這樣的形式：「我找不著北」。

一二四　哲學不可用任何方式干涉語言的實際用法，因而它最終只能描述語言的用法。因爲它也不能爲語言的用法奠定基礎。它讓一切如其所是。它也讓數學如其所是，它不能促進任何數學發現。對我們來說，「數學邏輯的首要問題」也是個數學問題，就像任何其他數學問題一樣。

一二五 借助數學或邏輯數學的發現去解決矛盾，這不是哲學的事業。哲學的事業是讓困擾我們的數學狀況、讓矛盾解決之前的狀況變得可以加以綜觀。（而這並不意味著繞開困難。）

這裡的基本事實是：我們為一個遊戲定下規則——一項技巧，而當我們跟從規則的時候，發生的事情卻與我們原來設想的不一樣。於是我們就像被我們自己的規則絆住了。

我們的規則裡的這類羈絆是我們想要弄懂的，即想要加以綜觀的。

這種羈絆有助於我們看清「意謂」這一概念。因為在這些情況中，事情與我們原先所意謂的、所預見的不一樣。出現了矛盾，或在諸如此類的情況下，我們就說：「我意謂的不是這個。」

矛盾的市民地位，或矛盾在市民世界中的地位：這是哲學問題。

一二六 哲學只是把一切擺到那裡，不解釋也不推論。——既然一切都公開擺在那裡，也就沒什麼要解釋的。而我們對隱藏起來的東西不感興趣。

也可以把一切新發現和新發明**之前**的可能性稱作「哲學」。

一二七 哲學家的工作是為了某種特定的目的採集回憶。

一二八　無論誰願在哲學裡提出**論點**，都永不會有人與他辯論，因爲所有人都同意這些論點。

一二九　事物對我們來說最重要的一面，由於其簡單平常而被掩蔽著，你不會注意它，因爲它一直都在你眼前擺著。一個人的研究工作的眞正基礎對他並不矚目。除非有時候恰恰是**這一點**引起了他的**注意**。這等於說：一旦看到了就是最觸目、最有力的東西，我們通常熟視無睹。

一三〇　我們的清楚簡單的語言遊戲並不是爲將來給語言制定規則所做的預備性研究，彷彿它們是向充分的規則走出的第一步，暫不考慮摩擦和空氣阻力。毋寧說這些語言遊戲立在那裡作爲**參照物**，它們將透過相似性以及不相似性來說明我們領會我們的語言是怎樣一種情形。

一三一　爲了使我們的主張不致流於武斷或空洞，我們就得把範本作爲它所是的東西，作爲參照物——就像作爲一把尺擺在那裡；只有這樣做，而不是把範本當作現實**必須**與之相應的成見（這是我們從事哲學時極容易陷入的獨斷主義）。

一三二　我們想在關於語言使用的知識中建立一種秩序：爲了某種特定目的的秩序；許多可能秩序中的一種；而不是**唯一**的秩序。我們將爲了這個目的不斷**突出**我們的日常語言形式容易讓人忽視的種種區別。由此可能會產生一種印象，似乎我們是以改革語言爲己任。

爲了特定的實用目的改革語言，爲了避免實際使用中的誤解而改善我們的術語，這些當然是可能的。但這些不是我們必須處理的事。讓我們操心的那種迷亂發生在語言彷彿是在空轉的時候，而不是它正常工作的時候。

一三三　我們要做的不是用前所未有的方式把語詞用法的規則系統弄得精粹或完善。

我們所追求的清晰當然是一種**完全的**清晰。而這只是說：哲學問題應當**完全**消失。

眞正的發現是——它使我能夠做到只要我願意我就可以打斷哲學研究。這種發現讓哲學得以安寧，從而它不再爲那些使**哲學自身**的存在成爲疑問的問題所折磨。現在毋寧是：我們用舉例來表明一種方法，而這一串例子是可以從中打斷的。一些問題得到解決（困難被消除了），而不是**單獨**一個問題。

並沒有**單獨一種**哲學方法，但確有哲學方法，就像有各式各樣的治療法。

一三**四**　讓我們考察一下「事情如此這般」這個句子。我怎能說這就是句子的一般形式呢？它首先**自己**就是個句子，一個中文句子，有主語、有謂語。但人們是如何使用這個句子的？即怎麼在我們的日常語言裡使用這個句子的？因爲我只能**從日常語言那裡**得到這個句子。

例如，我們說：「他向我說明了他的境況，說事情如此這般，因此他需要預支。」就此而論，可以說「事情如此這般」這個句子可以代表任何說法。這個句子被用作一個句子**格式**；但之所以能用作句子格式，**只**因爲它具有一個中文句子的結構。人們也可以不這樣說，而說「情況是這樣這樣」、「情形這般那般」……諸如此類。也可以乾脆用一個字母、一個變項，像在符號邏輯裡那樣。但誰也不會把字母「p」稱爲句子的一般形式。再說一遍：「事情如此這般」可以被當作一般形式，只因爲它本身就是我們稱爲中文句子的東西。它是一個句子，卻被用作一個句子變項。說這個句子與現實一致（或不一致）顯然荒唐。它卻從而顯示了：我們的句子概念的一**個**特徵——**聽上去是個句子**。

一三**五**　但我們不就對句子是什麼、對我們在「句子」名下所理解的是什麼，有了一個概念嗎？是的；就此而論，我們對在「遊戲」名下所理解的東西也有一個概念。當人們問到什麼是句子——無論我們是回答別人還是回答我們自己，我們都會舉出一些例子，而這些例子就包含著可以稱爲句子的歸納系列的東西。在**這種**方式上，我們具有句子的概念。（比較一下句子的概念和數的概念。）

一三**六**　說到底，把「事情如此這般」當作句子的一般形式相當於這樣定義：凡可以爲眞或爲假的東西就是句子。因爲我也可以不說「事情如此這般」，而說「如此這般的是眞的」（但也可以是「如此這般的是假的」）。然而

「p」是眞的＝p

「p」是假的＝非p

說一個句子是可以爲眞或假的東西等於在說：**在我們的語言裡**我們對之應用眞值函項演算的東西我們稱之爲句子。

句子是可以爲眞或爲假的東西，這意謂著合於「眞」這個概念的，或「眞」這個概念與之相合的，便是句子，於是看上去這個定義似乎已經規定了什麼是一個句子。因此，我們似乎有了可以用來決定什麼是句子、什麼不是句子的東西，即眞與假的概念。和眞之概念**咬合**的（就像咬合一個齒輪），就是句子。

但這是一幅糟糕的圖畫。這彷彿是說「象棋中的王是**唯**一能夠被叫「將」的那顆棋子」。但這不過是說，在象棋裡我們只能將對方的王。正如「只有句子可以是眞的或假的」這句話不過是說：只有對於我們稱爲句子的東西，我們才用「眞」和「假」來作述語。什麼是一個句子，這在一**種**意義上是由句子構造的規則（例如德語句子的構造規則）決定的，在另一個意義上則是由語言遊戲中符號的用法決定的。而「眞」和「假」這兩個詞的用法也可以是這個遊戲的組成部分；這時，「眞」和「假」的用法對我們來說就**屬於**句子而不是「**合於**」句子。就像我們也可以說，叫將**屬於**我們對象棋裡的王的概念（就彷彿是這個概念的一個組成部分）。說「叫將」不合於我們對於小卒的概念，可以是說，要是卒子也可以被將，要是丟了個卒子就算輸棋，這樣的遊戲就沒意思了，或太愚蠢了、或太複雜了，諸如此類。

一三七　我們能不能用「誰或什麼……？」這樣的提問來學習如何確定句子的主語？這裡反而的確說得上主語才「**合於**」「誰或什麼……？」這一問題；㉓否則我們如何會透過這個提問來找出什麼是主語呢？我們在這裡所做的，就像我們要知道字母表中「K」後面的字母是什麼，就順著字母表一直讀到「K」。在何種意義上字母「L」合於從A到K這一系列字母呢？正是在**這種**意義上，我們可以說「眞」與「假」合於句子。我們可以這樣教一個孩子區分句子和其他表達方式：「問問自己能不能在它之後說『是眞的』。如果可以、如果相合，那它就是個句子。」（同樣我們也可以說：問問自己，能不能在它前面放上「事情**如下**：」）

一三八　我理解這個詞的含義，也理解這句話的意思；這個詞的含義不可以合於這個句子的意思嗎？或一個詞的含義合於另一個詞的含義？當然，如果含義就是我們對語詞的**使用**，談什麼「相合」就沒意思了。可聽見一個詞說出一個詞的時候，我們的確**理解**它的

㉓德語詞wer是主格，與賓格wen有別，所以從Wer und was……?（誰或什麼……？）這一提問可以看出問的是主語。——譯者注

含義；我們一下子抓住它，而我們一下子抓住的東西當然不同於延展在時間之中的「使用」！

我一定知道我是否理解一個詞嗎？我不也有時候以爲自己理解一個詞（就像以爲自己理解一種計算方式），後來又認識到自己並不曾理解嗎？（我原以爲我知道什麼叫「相對」運動和「絕對」運動，但現在明白我其實並不知道。）

一三九　例如，對我說「立方體」這個詞，我知道它的含義是什麼。但我這樣**理解**它的時候，這個詞的全部**使用**能夠在我心裡浮現出來嗎？

但另一方面，詞的含義難道不是由它的這些用法規定的嗎？這些規定會不會彼此矛盾？我們這樣一**下子**抓住的東西能夠符合某種用法嗎？能夠合於或不合於某種用法嗎？而一瞬間顯現在我們面前、一瞬間在我們心裡浮現的東西怎麼能夠合於一種**用法**呢？

我們**理解**一個詞時，在我們心裡浮現的究竟是什麼？難道不是圖畫一類的東西嗎？它不能**是**一幅圖畫嗎？

好吧，假定你聽見「立方體」一詞的時候，心裡的確浮現出一幅圖畫。例如：一幅立方體的草圖。在何種意義上這幅圖畫能夠合於或不合於「立方體」這個詞的某種用法？你也許會說：「這很簡單！我心裡浮現出這幅圖畫而我卻指著一個三棱柱之類說，這就是立方體，那麼這個詞的用法就不合於這幅圖畫。」它不相合嗎？我特意選擇了這個例子：很容易想像一種**投影**方法，使得這幅圖畫竟是相合的。

立方體的畫面當然**提示**了一種特定的用法，但我還是能夠以不同的方式使用它。

(a)「我相信在這種情況下正確的詞應該是……」這不是表示一個詞的含義是某種浮現在我們心裡的東西嗎？而這種東西就像一幅圖畫，不多不少正是我們在這種情況下要用的？設想我在「莊重的」、「高貴的」、「驕傲的」、「可敬的」這些詞中挑選一個詞；那不就像我從一個畫冊挑選一幅圖畫嗎？不！我們談到**恰當**的詞，這並不**表示**有某種諸如此類的東西存在。毋寧說，我們之所以說到那種畫面式的東西，倒是因為我們能夠感覺到一個詞是恰當的；因為我們在幾個詞之中做選擇，那情形往往就像我們在相似但不盡相同的畫面間做選擇；因為畫面常常用來代替語詞，或用來圖解語詞。

(b)我看見一幅圖畫：它表現的是一個老人拄著拐杖上一個陡坡。何以是這個？假如他以那個姿勢在往下滑，看上去不可能是一個樣嗎？也許火星人會這樣描述這幅圖畫。我無需解釋**我們**為什麼不這樣描述。

一**四〇** 那麼我所犯的是哪種錯誤呢？這個錯誤是否可以這樣表達：我當時還認為那幅圖畫迫使我以某種特定的方式來使用它呢！我**當時**怎麼可能那樣認為？我當時究竟是怎樣認

爲的？竟有一幅圖畫或類似圖畫的東西可以迫使我們以某種特定的方式來使用它嗎？如果眞是那樣，那我的錯誤就在於把一幅圖畫與另外一幅混淆了？因爲我們也可能傾向於這樣表達自己的意思：我們受到的至多是心理上的強制，而不是邏輯上的強制。於是看起來很像是我們知道這裡會有兩類情形。

我這番討論得出什麼了？它讓我們注意、讓我們回憶起：在某些情況下，我們會把某種不同於原來所設想的做法也稱爲「立方體圖形的應用」。所以，「我以爲這幅圖畫迫使我以某種特定的方式使用它」是由於我只想到一種情形，而未想到另一種情形。「還有另一種解決辦法」就是說：還有其他東西我也願稱之爲「解決辦法」；就是說：我也可以把如此這般的一幅圖畫、如此這般的一個類比用在「解決辦法」上。

這裡本質的東西是要能看到：聽見一個詞，我們心裡浮現出來的可以是同樣的東西，但這樣東西的應用仍可能不同。這個詞是否在兩種應用中都有**同樣**的含義呢？我想我們會說不是。

一四一　如果不僅立方體的畫面浮現出來，而且投影方法也一道浮現，又將如何呢？我如何設想這種情況呢？也許我看見了投影方式的示意圖；例如一幅圖畫，上面的兩個立方體由投影線連接著。但這能從根本上讓我們獲得進展嗎？現在我不是又可以設想這幅示意圖的不同應用嗎？可以；但那麼一種**應用方式**不也能在我心裡**浮現**嗎？能；不過我們需要把**這種**表達法的應用弄得更清楚些。假定我對某人分析各種不同的投影方法，以便他能夠應用這些方法；讓我們問問，在什麼情況下我們會說在他心裡浮現的就是我所意謂的**那個**投射**方法**。

很清楚，我們承認了兩種標準：一方面是時不時浮現在他心裡的圖畫（無論是什麼樣子的），另一方面是他在時間過程中對這個意象的應用。（難道還不清楚嗎？這幅圖畫以幻象的形式在他心裡浮現，這一點絕無本質意義；這幅圖畫鑾可以是他面前的一幅草圖或模型，也可以是他自己當作模型的東西。）

畫面和應用會不會發生衝突？會的。我們用另一種方式使用這幅圖畫，而人們卻預期這樣使用它，因爲人們通常是這樣來應用**這幅**圖畫的。

我要說：我們在這裡有一種**正常的**情形和一些不正常的情形。

一**四二**　只有在正常的情形中，語詞的用法才是明確規定好的；在這種那種情形下該說什麼，我們知之不疑。情形愈不正常，我們該說什麼就愈有疑問。假如事情與實際情況大不相同，例如：假如我們沒有用來表達疼痛、恐懼、高興的特定語詞；假如規則成爲例外而例外成爲規則；或假如兩者的出現差不多一半一半，那我們正常的語言遊戲就茫然失措了。我們用天平來稱乳酪，照天平偏轉多少來定價錢；假如乳酪經常沒有明顯原因就突然脹起來了或癟下去了，這個程序就會失去意義。等我們討論表達式和感覺之間的關係以及諸如此類的時候，我們這裡所講的會變得更加清楚。

我們為了解釋一個概念的含義——我指的是概念的重要性，㉔而必須說到的，往往是些極其普通的自然事實：這些事實由於甚為普通而幾乎從不被提起。

一**四三** 現在我們來考察下面這種語言遊戲：B應根據A的命令按照某種特定的規律寫下一系列符號。

其中的第一個系列，是十進位自然數的系列。他是如何學會理解這個進位法的？先把這個數目系列寫下來，督促他跟著寫。（無需擔心「數目系列」這個說法，它用在這裡沒什麼錯。）學生在這裡已經會有正常的和不正常的反應。起初我們可以手把手教他抄寫從0至9的系列；但唯當他獨立地寫下去，**才可能說他的理解和我們一致**。我們現在可以設想，他的確獨立地抄寫著這些數目，但寫的次序不對，有時這樣，有時那樣，沒個規律。**這裡**就不再有理解的一致性。他也可能在排列次序上（大致正確，但時而）「**出錯**」。這種情形和第一種情形的區別當然是頻率的區別。或者，他犯的是**系統的**錯誤；例如：他抄下的是隔位的數

㉔ Bedeutung，兼有「含義」和「重要性」兩義。——譯者注

字，或把0, 1, 2, 3, 4, 5,……這個系列抄寫成1, 0, 3, 2, 5, 4,……這時我們幾乎想說他誤解我們了。

但請注意：無規律的錯誤和系統的錯誤並沒有鮮明的區別。即，你傾向於稱爲「無規律的錯誤」和「系統的錯誤」的兩種情況沒有鮮明的區別。

也許可能使他戒掉系統的錯誤（如戒掉一種惡習）。或者也可以接受他的抄寫方式，而試著把正常的方式當作他的方式的一種變式、一種變形來教他。而我們的學生的學習能力在這裡同樣可能中止。

一四四 我說「學生的學習能力在這裡**可能**中止」，是什麼意思？我是在傳達我自己的經驗裡的某種東西嗎？當然不是（即使我有過這種經驗）。那我何必說這句話？我也許希望你說：「是的，是可以設想有這種情況。」但我是要設法讓某個人注意到他有能力想像這件事情嗎？我是要把那幅圖畫放在他面前；而他**接受了**這幅圖畫，就在於他現在傾向於以某種不同的方式來考察一件給定的事情：即拿它和某個特定系列的圖畫作比較。我改變了他的**觀看方式**。（印度數學家們：「看看這個圖形。」）

一四五 現在這個學生好好地寫下了從0到9的系列。只有他**經常**寫對了才算，寫了一百次只對一次是不行的。現在我引導他繼續這個系列並且讓他注意第一個系列在個位數上的重現；然後注意它在十位數的重現。（這說的只是：我強調這一點或那一點，在符號下劃線，把一個數字寫在另一個數下面，諸如此類。）終於，他獨立地把這個系列寫下去了；或者他沒有。但是說這個有何用意嗎？**這是**不言自明的呀！當然是；我只是想說：任何進一步的**解釋**的效力都取決於他的**反應**。

但我們現在假定，教師做了一番努力之後，學生把這個系列正確地繼續下去了，就是說，做得和我們一樣了。那我們現在可以說他掌握了這個進位系統。但他必須正確地把這個系列繼續到哪一步我們這麼說才適當呢？顯然，你無法在這裡給出一個界線。

一四六　我現在問：「他把這個系列寫到百位的時候，他是否理解了這個系統？」或者，如果我們的原始語言遊戲裡不該說到「理解」，他要能正確地把這個系列繼續到**什麼程度**，他就接受這個系統了嗎？也許你會回答說：接受這個系統（也不妨說理解這個系統）不在於把**這個**系列寫到**那個**數字，**這**只是理解的應用；理解本身卻是一種狀態，**從那裡**產生出正確的使用。

你眞正想著的是什麼？是不是從一個代數式裡推導出一個數字系列？或是與此相仿的什麼？但那個我們已經討論過了。我們恰恰能夠設想一個代數式不只有一**種**應用；而每一種應用方式本身又可以寫成代數式，但這樣做顯然得不到什麼進展。應用始終是理解的一個標準。

一四七　「但應用怎麼會是一個標準？當**我**說我理解一個系列的規則，我這麼說可不是根據我到現在爲止一直都如此這般地應用這個代數式的**經驗**！我自己每次都知道我意謂的是如此這般的系列，事實上我把這個系列展開到哪一步無關緊要。」

那你的意思是：即使完全不考慮是否記得實際上都曾把這個系列應用到什麼特定的數字上，你照樣知道這個系列的規則的應用。你也許會說：「當然！因爲這個系列是無限的，而我能展開的那個特定系列是有限的。」

一四八 但這個知是什麼？我要問：你都在**哪些時候**知道那種應用？一直知道？日日夜夜？還是只有當你正想著這個系列的規則的時候？即，你知道它的方式與你知道字母表和乘法表的方式一樣？或者你稱爲「知」的是一種意識狀態或活動？例如「想著一件事」那樣的狀態或活動？

一四九 如果說，知道字母表是一種心靈狀態，那麼人們想的是某種心靈器官（也許是大腦）的狀態，我們借這種器官的狀態來解釋這種知的**外部表現**。人們把這樣一種狀態稱爲性向〔Disposition〕。但在這裡來講，心靈狀態不是無可指摘的，因爲這種狀態應當有兩個標準：在器官的作用之外，還有對器官構造的認識。（再沒有比用「有意識的」和「無意識的」這兩個詞來形容意識狀態和性向兩者的對照引起更多混亂的了，因爲這對詞掩蓋了一種語法上的差異。）

(a)「理解一個詞」：一種狀態。一種心靈狀態？——沮喪、興奮、痛苦，我們稱這些爲心靈狀態。做一下這種語法考察：我們說

「他整天都很沮喪。」

「他整天都處於極大的興奮之中。」

「他從昨天起一直處於持續的痛苦中。」

我們也說「從昨天起我理解了這個詞」。那麼是「持續地」？誠然，我們可以講理解的中斷。但在什麼樣的情況下？比較一下：「你的痛苦什麼時候減輕的？」和「你什麼時候停止理解那個詞的？」

(b)假設有人問：你都什麼時候會下棋？所有時候？或只在你走一著棋的時候？那麼走每一步棋的時間裡你都會下整盤象棋？多奇怪，會下象棋只需要這麼短的時間，而下一盤棋的時間卻長那麼多。

一五〇 Wissen〔知〕一詞的語法顯然與können〔能〕」、imstande sein〔處於能做某事的狀態〕這些詞的語法很近。但也與verstehen〔理解、領會、會〕」一詞的語法很近（「掌握」一種技術）。

一五一 但是「知道」一詞也有**這種**用法：我們說「噢，我知道了！」同樣「噢，我可

以了！」「噢，我會了！」

我們來想像這樣一個例子：B看著A寫一系列數字並試圖在數字順序裡發現規則。他忽然發現了，就喊道：「現在我可以繼續下去了！」所以，這種能力，這種理解，是某個瞬間出現的東西。那我們來看一下，這裡是什麼東西出現了。A寫著1, 5, 11, 19, 29這些數字；這時B說他知道怎樣寫下去了。這時發生了什麼呢？發生的可以是各式各樣的事情。例如，當A慢慢地一個一個寫出那些數字的時候，B在試著把不同的代數式套在寫下來的數字上。A寫下了19這個數的時候，B試著$a_n = n^2 + n - 1$這個式子；而下一個數字證實了他的假設。

但也可能：B沒有想到任何公式。他看著A往下寫數字，心情有幾分緊張，各種各樣模糊的想法掠過了他的腦海。最後他問自己：「這裡差數的系列是什麼？」他發現那是4, 6, 8, 10，於是說：現在我會寫下去了。

或者他看了一眼就說：「噢，**這個**系列我知道」於是就寫下去了。例如A要寫的是1, 3, 5, 7, 9這個系列他就會是那樣的。或者他什麼都不說就寫下去了。也許他有一種感覺，可以稱作「這個很容易！」的感覺。（這種感覺可以是，像人在有點吃驚時，輕輕地迅速地吸進一口氣。）

一五二　但我在這裡描述的這些過程就是理解嗎？

「B理解這個系列的規律」當然不僅僅是：B想到了a_n＝……這個式子。因爲很可以想像他想到了這個式子卻沒有理解。「他理解」所含的內容一定多於他想到這個式子。同樣也多於任何一種伴隨著理解並或多或少指稱出理解的特徵的過程或外部表現。

一五三　人們總想把握理解的心靈過程，這一過程似乎隱藏在那些比較粗糙因而落入我們眼簾的伴隨現象後面。這嘗試並未成功；或說得更適當：它還根本算不上眞正的嘗試。因爲，即使假定我發現了在理解的所有那些實例中都有某種東西發生，爲什麼那就應該是理解呢？的確，如果**因爲**我理解了所以我說「現在我理解了」，那麼理解的過程如何能夠隱藏著呢？如果我說它是隱藏著的，那麼我如何知道我要找的是什麼東西呢？我是一團糊塗。

一五四　且慢！要是「現在我理解這個原則了」不等於說「我想到了……這個式子」（或「我說出這個式子」、「我寫下這個式子」等等），那是否可以推出，我在用「現在我理解了……」或「現在我會繼續下去了」這句話描述某個過程，而這個過程伴隨著說出這個公式的過程，或躲在它的後面？

如果在「說出這個公式的後面」一定要有什麼東西的話，那它就是**特定的周邊情況**，這些情況使我在想起公式的時候有道理說：我會繼續下去了。

根本別把理解想成「心靈過程」！因爲這正是把你弄糊塗的講法。而要問問自己：在哪種情形下，在哪些周邊情況中，你想到這個公式的時候會說「我現在知道如何繼續下去了」？

在某種意義上，的確存在著一些標識出理解的特徵的過程（包括心靈過程）；正是在同樣的意義上，理解不是一個心靈過程。

（痛覺減弱、增加，聽見一個曲調、一個句子：心靈過程。）

一五五 因而我要說：當他忽然知道怎麼繼續下去，當他忽然理解了那個規律，他也許有一種特殊的體驗，如果我們問他：「你忽然掌握了那個規律的時候，發生了什麼？」他會描述那種體驗，類似我們上面描述的那樣，但對我們來說，那使得他在這樣一種情況下有道理說他理解了、他知道如何繼續了的東西，乃是他具有這樣一種體驗時所處的周邊情況。

一五六 如果我們也對另一個詞「**讀**」㉕做一番考察，這一點會更加清楚。首先我必須說明這裡所做的考察，沒有把理解所讀到的內容當作「讀」的一部分，讀在這裡是朗讀寫下來或印出來的東西這樣一種活動；但也包括聽寫、抄寫，以及照著樂譜演奏之類。

我們當然極熟悉這個詞在日常生活裡的用法。但對這個詞在我們生活中所產生的作用，以及我們用這個詞進行的語言遊戲，即使粗略地加以描述也夠難的。一個人，比方說一個德國人，在家或在學校接受了我們一般所受的那種教育，透過這種教育學會了讀他的母語。後

㉕ lesen，這個詞我有時譯作「讀」，有時譯作「閱讀」。——譯者注

來他讀書、讀信、讀報、讀其他東西。

以讀報爲例吧！這時發生的是什麼呢？他的目光掠過如我們所說印刷的文字，他唸出來，或只是對著自己唸；有些詞在唸的時候抓住的是印出來的整個形狀；有些詞他的眼睛只抓到前幾個音節；有些詞他一個音節一個音節地唸，有些也許是一個字母一個字母地唸。如果他後來能夠逐字重複或幾乎逐字重複一個句子，那麼即使他讀的時候沒有大聲唸、也沒有對自己唸出來，我們也還是會說他讀了這個句子。他也許注意到了所讀的東西，但也許我們可以說，他只是像個閱讀器似的，我的意思是：大聲地、正確地讀出來，但沒有注意所讀的內容；也許他的注意力是在完全不同的地方（因此若立刻問他，他就說不出剛剛讀的是什麼）。

我們來拿一個初學者和這個讀者比較一下。初學者讀著這些詞，一個詞一個詞吃力地拼讀著。然而，有些詞他可以根據上下文猜出來，或也許他心裡已經事先記住了這段文章的一部分（這些詞句就唸得比較流利）。於是老師說他並不是在眞正地**讀**這些詞（而在某些事例中他只是假裝在讀）。

如果我們想一想**這種**閱讀、這個初學者的閱讀，問自己**閱讀**是什麼，我們將傾向於說：閱讀是心靈的一種特殊的自覺活動。

我們也說：「當然只有這個學生自己知道他是在眞正閱讀，抑或只是在背誦。」（我們以後還將討論「只有**他自己**知道……」這類句子。）

但我要說：我們必須承認，就唸出任何一**個**印刷出來的詞而言，在那個「假裝」在讀這個詞的學生的意識裡，和在那個眞在「讀」的熟練讀者的意識裡，發生的事情可以是同樣的。我們講到初學者和講到熟練的讀者，「讀」這個詞的用法是**不一樣**的。現在我們當然想說：熟練的讀者和初學者在唸那個詞的時候，心中發生的事不可能是一樣的。這種差異如果不是在他們對之有所意識的活動中，那就是在他們心靈的無意識活動中，要麼就在大腦中。因此我們就會說：這裡反正是兩種不同的機制。一定能透過他們內心發生的事來區別讀和沒有讀。但這兩種機制當然只是假設，是模型，用來解釋、概括你所感知到的東西。

一五七　考慮一下下面這種情況。我們用人或另一種生物來當閱讀機器。我們爲此訓練他們。訓練者說他們之中有些已經會讀了，有些還不會讀。以一個此前沒有參加過訓練的學生爲例：讓他看看一個書寫的字，他會怎麼發音，時而「碰巧」，發音大致對頭。旁觀者這時聽見了，說：「他在讀。」但老師說：「不，他不在讀；那只是碰巧。」但假設給了這個學生更多的詞，他仍然反應得正確無誤。過不久，老師說：「現在他會讀了！」但那第一個詞是怎麼回事？老師該說：「我剛才說錯了，他剛才確實在讀」，還是：「他只到後來才眞正開始讀」呢？他是什麼時候開始讀的呢？哪個是他開始讀的第一個詞？這個問題在這裡沒有意義。除非我們下個定義：「一個人『讀』的第一個詞是他第一次正確讀出一系列五十個詞中的第一個」……，或諸如此類。

反過來，如果我們用「讀」來表示對符號轉變爲說出聲音的體驗，那麼說他眞正開始讀的**第一個**詞就會是有意義的。那麼他就可以說，（例如）「到這個詞我第一次感覺到『現在我在閱讀了』」。

再設想閱讀機器的一種不同的情形：有點像自動鋼琴那樣把符號轉變成聲音。這裡有可能說：「只有把機器這樣裝配以後、把這些部件用導線連接起來以後，機器才開始**閱讀**的；它剛才讀的第一個符號是……」

但對於活的閱讀器來說，「讀」意味：以某某方式對書寫符號做出反應。這個概念因此完全無關乎心靈機制或其他機制的概念。老師在這裡也不能這樣說到接受訓練的人：「到這個詞，也許他已經在讀了。」因爲對於他已經在做什麼，無可疑問。學生開始閱讀時所發生的變化是他**行爲舉止**的變化；在這裡講「新狀態下的第一個詞」是毫無意義的。

一五八　但這是否只因爲我們對大腦與神經系統中的過程知道得太少呢？假如我們對這些過程了解得更準確些，我們也許會看到哪些聯繫是透過訓練建立起來的，於是我們可以注視著大腦說：「現在他讀這個詞了，現在閱讀聯繫建立起來了。」一定是這樣的，否則我們怎麼會那麼肯定有這樣一種聯繫呢？它是先天如此？還是或然如此？多高的或然率？還是問問自己：你對這些東西都**知道**些什麼？但若它是先天的，那就是說，它是一種讓我們十分明白的表述形式。

一五九 反覆思考之後，我們會很想說：眞正可以判別一個人的確在**閱讀**的唯一標準是閱讀的自覺行爲，從字母讀出聲音來的自覺行爲。「人自己知道他是在讀還只是假裝在讀！」假設A想讓B相信他能讀西瑞爾文。[26]他心裡默記著一句俄語，看著印刷的西瑞爾文說出這句話，好像在閱讀這些文字。我們在這裡當然要說，A知道自己不是在讀，而且他假裝在讀的時候感覺到的正是他不在讀。因爲當然有不少或多或少指稱著閱讀印刷文字所特有的感覺。回憶這些感覺並不困難：想想生澀的感覺、細看的感覺、讀錯的感覺、通順或不通順的感覺等等。同樣也有指稱著說出熟記的東西所特有的感覺。在上面的例子中，A就不會有任何這類閱讀所特有的感覺，他倒會有一組欺騙所特有的感覺。

一六〇 但設想這樣一個例子：我們讓一個能流利閱讀的人讀一篇他從未見過的課文。他對我們讀著，但卻有一種感覺，好像他是在說著已經熟記的東西（這可以是某種藥物的效果）。在這樣一種情況下，我們會不會說他其實不是在讀呢？從而，我們在這裡會不會讓他的感覺作爲衡量他在不在讀的標準呢？

或者：假設給一個處在藥物影響下的人一組書寫符號，這些符號不必屬於任何現存的文字；他現在按照這些符號的個數唸出些詞來，彷彿這些符號是些字母；而且他還有閱讀的所

[26] 九世紀傳教士西瑞爾發明的字母，現代數種斯拉夫字母的來源。——譯者注

有外在標記和閱讀的感覺。（我們在夢中有過這種經驗，我們醒來後就說：「我當時好像在讀一些文字，其實那根本不是文字。」）在這種情況下，有人也許會說這人是在讀那些符號；另一些人卻說他不在讀。假設他以這種方式把一組四個符號讀作（或解釋爲）OBEN；我們又把同樣的字倒過來讓他看，他讀作NEBO，而且在更多的實驗中始終對這些符號做相同的解釋：這裡我們多半會說：他自己編造了一份特殊的字母表，然後照著它來讀。

一六一　還應該記住：一個人背誦出他本應讀出的東西，另一個人不借助透過上下文來猜測，也不借助默記，而一個字母一個字母地讀每一個詞，這兩種情況之間，有著一連串的過渡。

請你試著從1說到12，然後看著你的錶盤**讀**出這串數字。這裡你稱爲「讀」的是什麼？即：把前一種做法轉變成**讀**，你都做了什麼？

一六二　我們來試試這個定義：閱讀是從原件**推導**出複製品。我稱爲「原件」的，是所讀所抄的那個本文、所記錄的聽寫詞、所演奏的樂譜……諸如此類。例如，我們現在教會一個人每個西瑞爾字母是怎麼發音的，然後把一篇閱讀材料放在他的面前；他讀這篇材料，每個字母都按照我們所教的那樣發音。於是，我們可以說，他借助我們給他的規則，從字形推導出詞的聲音。這也是閱讀的一個清晰的例子。（我們可以說我們教給他了「字母表的規則」。）

但我們爲什麼說他從印刷的語詞**推導**出了所說的語詞？難道我們所知道的不過是：我們教給他每個字母如何發音，然後他大聲把語詞讀了出來？我們也許會回答：這個學生顯示他正在借助我們給他的規則，把印刷的語詞轉變成發音的語詞。我們換一個例子，就會更清楚地看到人們是怎麼**表現**上面這一點的——這個學生現在不再誦讀這篇課文，而是把它從印刷體抄寫成手寫體。因爲在這個例子裡，我們可以用圖表的形式把規則給他：一排是印刷體字母，另一排是手寫體的字母。他不斷查對圖表，這就顯示，他在從印刷體推導出他的手寫體。

一六三　但若他總把A轉寫成B，把B寫成C，把C寫成D，一直到把Z寫成A，那會怎樣呢？這我們仍應說是根據圖表的推導。我們可以說，他現在使用這個圖表根據的是第八六節的第二種格式，而不是第一種格式。

即使用來表示推導方式的箭頭格式沒有任何簡單的規律性，他仍然可以是在按照圖表推導。

但假設他不停留在一種單一的轉寫方式上，而是根據一條簡單規則做出改變：每次他把A寫成N，那他就要把下一個A寫成O，把再下一個A寫成P……。但這個程序和一個無規則的程序之間的界線在哪裡呢？

但這是不是說「推導」一詞其實並沒有含義呢？因爲我們追究下去，它的含義似乎就消解於無形了。

一六四 在一六二節的例子裡，「推導」一詞的含義顯得很清楚。但我們對自己說，這只是推導的一個很特殊的例子，穿著很特殊的外衣；假如我們想認識推導的本質，就必須剝除這外衣。於是我們剝掉那些特殊的遮蓋；然而此時推導本身也消失了。爲了發現眞正的洋薊，我們剝光了它的葉子。一六二節當然是推導的一個特殊的例子；但推導的本質的東西並非隱藏在這個例子的外表下；這個「外表」就是來自推導事例的家族裡的一例。

同樣，我們也把「讀」這個詞用於一群事例的家族。在不同的情況下，我們應用不同的標準來判明一個人是不是在讀。

一六五 我們也許會說，閱讀可是一種很特別的活動！讀一頁書，你自己就明白了；所發生的是某種特殊的事情，某種極富特徵的事情。我讀這一頁時發生的究竟是什麼？我看見印刷的語詞，唸出語詞。當然，這不是全部，因爲我可以看見並唸出語詞卻並不在讀，即使我唸的這些語詞就像這些印刷出來的語詞，按照現存的字母表應當唸的那樣。你說閱讀是一種特別的體驗，那麼你是不是按照人們普遍認可的字母規則來讀，就已經無所謂了。所以，閱讀體驗的特徵是什麼呢？這時我也許想說：「我唸的語詞的聲音是以特殊的方式**到來**的。」例如：假如我編造一些語詞，它們的聲音就不會像這樣到來，話音自己就來了。但這也還是不夠；因爲也可能我茫然看著印出的語句，而語句的聲音就在耳邊響了起來，我卻並不因此就在讀這些話。我還可以加上說，並非像是有什麼東西讓我**想起了**有聲的語詞，有聲的語詞才在我耳邊響起來。例如我不願說：印刷出來的「無」這個詞總讓我想起「無」這個聲音。而是有聲的語詞彷彿是在閱讀之際溜進來的。我簡直不可能看著一個印刷的德文詞而不經歷內在地聽到話音這樣一種特別的過程。

「一種很特別的」（氣氛）這個說法的語法。

人說「這張臉有一種很特別的表情」，並尋找話語來描述它。

一六六　我說在閱讀之際有聲語詞「以一種特殊的方式」到來：但以什麼方式呢？這不是一種虛構嗎？我們來看著單個的字母，注意字母的聲音是怎麼來的。讀A這個字母。好，聲音是怎麼來的？我們簡直不知道該說什麼。現在寫下一個小寫的拉丁字母a。你寫的時候手的動作是怎麼來的？和前一個實驗裡的聲音不一樣嗎？我看著印刷的字母，寫下了手寫體的字母；不知還有其他。現在看著這個符號，同時讓一種聲音出現；再唸出這個聲音。對我出現的聲音是「U」；但我說不出這個聲音**到來**的方式裡有什麼本質的差異。差異在於剛才那種處境有些不同。我已經事先告訴自己要讓一個聲音出現；在聲音到來之前有某種緊張感。我不曾像看到字母U那樣自動地發出U的聲音來。我對那個符號也不像對字母那樣**熟悉**。我似乎相當緊張地看著它，琢磨著它的形狀；這時我想到了一個反寫的Σ，㉗設想你必須把這個符號當作一個常規字母使用；於是你一看到它就習慣地發出一個特定的聲音，比方sh這個聲音。我們不是只能說：一段時間以後，我們看見這個符號，這個聲音就自動發出來嗎？這就是說：我看見它時不再問自己「這是個什麼字母？」當然也不再說：「我要把這個符號念成sh的聲音」，或「這個符號怎麼就讓我想起了sh的聲音」。

（拿這一點和下面這種看法比較一下：記憶意象由於某種特殊的標記而有別於其他的心理意象。）

一六七 現在「閱讀是『一種很特別的過程』」這話還有什麼意思呢？它大概是說：閱讀之際有**唯**一一種我們可以**認得**的特定過程發生。但若我這次讀一個印刷的句子，下次又把它寫成了摩爾斯電碼，這裡發生的眞是相同的心靈過程嗎？但另一方面，讀一頁印刷文字的體驗中，當然有著某種齊一性。因爲這個過程是一個齊一的過程。的確不難明白，這個過程不同於看見亂畫的線條而想到一些語詞。因爲，只要看一行印刷的語詞，就看得到那是極富特徵的，即，那是一幅非常特殊的圖畫：字母都差不多大小，形狀也挺接近，而且不斷重複出現；語詞也大部分一再重複，我們對它們極其熟悉，就像看見熟識的面孔。想一想語詞

㉗ Σ，西格馬，希臘語字母表的第十八個字母。——譯者注

的拼法改變時我們感到的那種彆扭，再想想語詞的拼寫法之爭所激起的更強烈的感情。當然，並不是每一種符號形式都在我們心裡烙印得這麼**深**。例如：邏輯代數中的一個符號可以由隨便什麼別的符號代替，而卻無法激起我們很深的感覺。

請記住：我們熟悉一個詞的外形的程度，一如我們熟悉它的聲音。

一六八　掃一眼印刷的字行也不同於掃一眼一行潦草的字體和一行花體字。（我在這裡講的不是可以透過觀察閱讀者的眼睛的運動來確定的東西。）可以說，眼睛特別順暢地掃過，無阻無礙；而且並不遺漏。同時在意象中不自覺地在說著。我讀德語和讀其他語言、讀印刷的和手寫的、讀各式各樣寫法的，所發生的也不相同。但所有這些之中，什麼對於閱讀是那種本質的東西呢？沒有一個特徵出現在所有這些閱讀的事例之中！（比較一下閱讀通常的印刷體和閱讀全部由大寫字母印刷的語詞，有時候字謎的謎底就是這樣印的。多麼不同的事情！或者從右往左讀我們所寫的。）

一六九　但我們閱讀時難道不覺得字形是以某種方式導致我們唸出聲來的原因嗎？讀一個句子！再看看下面這一行：

從頭到尾看這一行，同時唸一個句子。我們是不是覺得，在讀一個句子時，唸和看見符號是聯在一起的，而在第二個例子中，說和看齊頭並行卻沒有聯繫？

但你爲什麼說我們感覺到了一種因果聯繫呢？因果關係是我們透過實驗確立的東西，例如：觀察某些事件有規律地共生。那我如何能說我**感覺**到了某種要由實驗確立的東西呢？（其實，我們倒不是只透過觀察到有規律的共生來確立因果關係的。）有人也許寧願說，我感覺到這些字母是我爲什麼如此這般讀的**根據**。因爲如果有人問我「你爲什麼**這樣**讀？」，我就用擺在那裡的字母作爲依據。

我會說我用這作爲依據，我會想我用這作爲依據，但什麼叫我**感覺**到我用這作爲依據呢？我會說：我讀的時候感覺到這些字母對我的某種**影響**。但我沒有感覺到那一串隨意的花體字㉘對我說的東西有什麼影響。我們再拿一個單獨的字母和這種花體字比較一下！我在讀i的時候也會說感覺到了它的影響嗎？我看見i時說i這個音和我看見時說i這個音當然是有區別的。這區別可以是：看見這個字母時，我內心可以自動地、甚至違乎所願地聽見i的聲音；我唸出這個字母，比我看著發這個音要來得輕易。這裡是就我**著意**爲之而言的；如果我碰巧在看著記號的時候說了一個包含i這個音的詞，情況當然就不是這

㉘ 本節開始所列的那串符號在早期手稿裡是一串隨意的筆劃和花體字。——譯者注

樣了。

一七〇　假使不是把看字母和看隨意的筆劃相比較，我們就從來不會想到閱讀時我們**感覺**著字母對我們的**影響**。我們做此比較時卻注意到了一種**差異**。我們把它解釋爲受到影響和不受到影響。

如果我們有意地慢慢閱讀——可以說在有意地讓字母**帶領**〔führen，引、導、帶、領〕著自己，爲了看看閱讀之際究竟發生的是什麼，我們就會格外傾向於這種解釋。但這種「被帶領」卻又無非是認眞地看字母，不受其他雜念的干擾。

我們想像自己透過某種感覺而覺察到在字詞的外形，和我們說出的聲音之間有一種類似聯結機制的東西。因爲我談到、體驗到了影響、因果作用、被帶領等等，而這些所說的應當是：我似乎感覺到了某種類似連桿的東西把看見字母和說出字母連結在一起。

一七一　爲了適當地表達我讀一個詞的體驗，我也可以換用別的說法。我可以說，書寫的語詞**提示給**〔eingebe〕我聲音。也可能：閱讀時，字母和聲音形成了**統一體**——像合金似的。（例如，名人的面孔和他們名字的聲音也有類似的融合。我們會覺得只有用這個名字來表達這張面孔才合適似的。）當我感覺到這個統一體時，我可以說，我在這個書寫的詞裡看見了或聽見了它的聲音。

但現在拿一份印刷品讀上幾行，就像你平時沒想著閱讀的概念那樣來讀。然後問問自己讀的時候是否有過那種對統一體、對受影響之類的體驗。別說你在無意識中有過！也別說「切近察看」時自會顯現出這些現象，這種形象說法適足把我們導入歧途。如果我要描述的是一個對象從遠處看起來是什麼樣子，那麼我說這個對象切近察看時可以注意到什麼什麼並不能使描述更加準確。

一七二　我們來想一想被帶領這種體驗！例如，問問自己：被帶領著**行進**是怎樣一種體驗？設想以下的事例：

你在一個遊戲場，眼睛用布蒙著，一個人牽著你走，時而向左，時而向右；你必須隨時準備跟著他的牽引走，又必須當心他突然拉著你跌一跤。

或者：某人強拉著你的手，帶你去一個你不願去的地方。

或者：跳舞時舞伴帶著你；你儘量相隨，以便猜測他的意向，順從他最輕微的推壓。

或者：某人帶你去散步；你們一邊走一邊交談；他往哪裡去你就往哪裡走。

或者：你沿著一條跑道走，好像是讓它帶領著你。

所有這些情況彼此都很相像；但什麼是所有這些體驗的共同之處呢？

一七三　「但被帶領著當然是一種特別的體驗！」對此的回答是：你現在**想的是**被帶領的一種特別的體驗。

我們前面的事例中，有一個說的是某人在寫的時候，受到印刷的文本和圖表的帶領。如果我現在來設想這個人的體驗，我就會想像「一絲不苟」的查找等等。我這時甚至會想像一種特定的面目表情（例如：一個一絲不苟的出納先生的表情）。這幅圖畫裡，小心翼翼是特別重要的；在另一幅圖畫裡，絲毫不讓自己的意志干擾卻是特別重要的。但再想像一件平常人們漫不經心做的事情，某個人卻帶著小心翼翼的表情來做——其實〔豈止表情？〕帶著小心翼翼的感覺又有何不可？那他就是小心翼翼的嗎？設想一個僕人帶著小心翼翼的那些外在標誌，把茶盤和茶盤上的東西都脫手摔在地上。如果我設想這樣一種特別的體驗，那它對我似乎就是被帶領的（或閱讀的）**唯**一體驗。但我現在問自己：你在做著什麼？你在看這些符號，你有這種表情，你細心寫著這些字母……諸如此類。原來那就是被帶領的體驗？我於是會說：「不，那不是！那是某種更加內在、更加本質性的東西。」就彷彿起初所有這些或多或少不夠本質的事情都被某種特別的氣氛籠罩著，而我一加審視，這種氣氛就消散了。

一七四　問問自己你如何「認眞」地畫一條與已知直線相平行的線——另一次**認眞**地畫一條與已知直線成交角的直線。什麼是認眞的體驗？你馬上想到一種特定的表情、姿勢，而你接著又要說：「這恰是一種**特別的**內心體驗。」（當然，這話沒說出任何更多的東西。）

（這裡和意圖、意願的本質問題有關。）

一七五　在紙上隨便畫點什麼。再在旁邊照著畫一個，讓原畫帶領著你。我要說：「當然了，我現在受到帶領。但這時發生了什麼富有特徵的事情呢？如果我說出發生的是什麼，它對我就不再作爲富有特徵的東西出現了。」

但請記住：我被帶領的**那段時間裡**，一切都很簡單，我沒有注意到任何**特別的**東西；但**在那之後**，當我問自己當時發生了什麼的時候，卻似乎有某種無法描述的東西曾在那裡。在那之後，任何描述都不令我滿意。似乎我無法相信我只是看了看，帶著某種表情，畫著一條線。但我**記起**其他東西了嗎？沒有；而我卻覺得，當我對自己說「**帶領**」、「**影響**」之類的詞，那裡似乎一定曾有過其他什麼。我對自己說：「我當時確實是被**帶領**著呀！」於是就出現了關於那個虛無縹緲、無跡可尋的影響的觀念。

一七六　我事後想到這種體驗的時候，我覺得這種體驗裡的本質是「體驗到了受影響」、體驗到了聯繫，這與任何一種單純的現象共時性相對，但同時我又不想把體驗到的現象稱爲「體驗到了受影響」（這裡已含有「意志不是一種**現象**」的觀念）。我想說我經驗到了「因爲」，但我不想把任何現象稱爲「體驗到了因爲」。

一七七　我想說：「我體驗到了因爲。」不是因爲我記得這種體驗，而是因爲當我回想在這種情況下我所體驗到的東西，我是以「因爲」（或者「影響」、「原因」、「聯繫」）這個概念爲中介來看這種東西的。因爲，說我在原件的影響下畫了這條直線當然沒錯：但這不單單在於我畫這條線時感覺到了什麼，在某些情況下，它可以在於我畫了一條與它平行的直線等等；儘管這一點對被帶領這回事也不具有普遍的本質意義。

一七八 我們也說：「你明明**看見**我是被帶領著」那你看見了什麼呢？

我對自己說：「我確實是被帶領著」，這時我也許用手勢表達一個帶領的動作。請你做一下這個動作，好像你帶領著一個人，然後問問自己，這個動作哪一點是在**帶領**。因為你並沒有帶領任何人。但你仍然可以把這個動作稱為「帶領」動作。所以，這個動作，以及這裡的感覺，並不包含著帶領的本質，但你仍不得不使用這個說法。正是帶領的**某一種現象形式**迫使你採用這種表達法。

一七九 我們再回到一五一節的例子。顯然我們不會因為B想到了那個公式就說，他現在可以確切說「我現在知道如何繼續了」，除非經驗顯示在想到或說出、寫下那個公式和實際繼續那個系列之間有一種聯繫。顯然有著這種聯繫。現在人們也許會以為：「我能繼續」這句話說的無非是「我有一種體驗；經驗顯示這種體驗可以引導我把這個系列繼續下去」。但當B說他能繼續時是這個意思嗎？這句話在他的心裡浮現？抑或他準備好了拿這句話來解釋他的意思？

都不是。他想到公式時說「現在我知道如何繼續下去了」，這句話用得正確無誤當然是在某些條件下，例如：他學過代數，以前已經用過這類公式。所有這些條件構成了我們的語言遊戲的舞臺。但這並不意味著，B說的話只是對這些條件的描述的簡寫。想一想我們是怎麼學會用「現在我知道如何繼續下去了」、「現在我能繼續了」這類說法的；想想我們是在什麼語言遊戲家族中學會使用它們的。

我們也可以想像這種情況：B心裡什麼也沒有浮現，只是突然說「現在我知道如何繼續下去了」，也許帶著鬆了一口氣的感覺；而且事實上他的確不靠公式就繼續把這個系列算了下去。在這種情況下我們還是會說，在某些條件下他的確知道如何繼續下去了。

一八〇　**這些話就是這樣用的**。在最後的這個情況以及類似的情況下，把這些話稱作「心靈狀態的描述」完全是誤導。在這裡倒不如把它們稱爲一種「信號」；我們根據他接下去進行的情況來判斷這個信號用得對不對。

一八一　爲了理解這一點，我們還必須考慮下面的事例：B說他知道如何繼續下去了，但他要繼續時又開始遲疑而無法繼續。那麼，我們應該說他剛才說他能繼續是說錯了呢？還是應該說他剛才能繼續，只是現在又不能了？很清楚的，在不同的情況下，我們說的也會不同。（請考慮一下兩種情況。）

一八二　「適配」、「能夠」和「理解」的語法。練習：(1)什麼時候說圓柱體Z裝在空圓柱體H裡正適配？只有當Z恰恰卡入H嗎？(2)有時說Z在某某時候裝在H裡不再適配了。在這個事例裡，用什麼標準評判是在這個時間不再適配的？(3)一件物體當時不在秤上，什麼東西可以被視爲標準來評判這件物體在某一時間改變了重量？(4)昨天我可以背一首詩；今天卻不能背了。在哪些情況下問「我什麼時候不再會背這首詩的？」才有意義？(5)有人問我：「你能舉起這個重量嗎？」我回答：「能。」他接著說「那你來！」而我卻舉不起來。在哪些情況下可以有根有據地說「我剛才說『能』的時候我是能舉起來的，只是現在舉不起來了」？

「適配」、「能夠」、「理解」的通行標準比乍看時要複雜得多。即，用這些詞進行的語言遊戲，以這些詞爲手段的語言交流的使用，要更爲錯綜，它們在我們語言中扮演的角色，和我們所相信的不是一樣的。

（要解決哲學悖論，這種角色是我們必須了解的。下個定義通常不足以解決這些悖論；而宣布一個詞「無法定義」就更不夠了。）

一八三　然而，一五一節的例子中，「現在我能繼續了」和「現在我想起那個公式了」說的是一回事，還是兩回事？可以說，在這類情形下，兩句話的意思一樣（導致一樣的結果）。但一**般來說**，這兩個句子有不同的意思。我們也說：「現在我能繼續了，我的意思是我知道公式了」，就像我們說：「我能走去，我的意思是我有時間」；但我們也說：「我能走去，我的意思是我已經夠健壯了」；或者：「我能走去，就我的腿的情況來說」，這時我是拿行走的**這個**條件和其他條件對照而言的。但我們在這裡必須留心，不要以爲和這個事例的本質相對應存在著全部條件的**總和**（例如：一個人走去的條件總和），如果這些條件都具備了，他似乎就非得走去不可。

一八四　我想記起一個曲調卻記不起來；我忽然說「我現在知道了」並且唱了出來。我忽然知道的時候情形是怎樣的？我不可能一下子把這個曲調**整個**記起來吧！你也許說：「這是一種特別的感覺，好像它現在就在**那裡**」，但它**是**在那裡嗎？假設我開始唱卻又立刻卡住了？但我在那一刻不可以**保證**我知道這個曲調嗎？那麼說，在某種意義上它當時的確在**那裡**！但在什麼意義上呢？若把它從頭唱完或在心裡從頭聽到結尾，你當然會說這個曲調就在那裡。我自然不是在否認「曲調在那裡」這個命題也可以被給予一個完全不同的意義。例如：這個曲調就寫在我手裡的一張紙上。那麼，他「**保證**」、他知道，相當於什麼？當然我們可以說：如果有人確信無疑地說：現在他知道這個曲調了，這時這個曲調（以某種方式）在那一刻整個地出現在他心裡，而這就是「這個曲調整個出現在他心裡」這個說法的一個定義。

一八五　我們現在回到一四三節的例子。這個學生現在根據一般的標準來判斷，掌握了基數的系列。我們再教他寫下另一些基數系列，直到教他根據「＋n」這種形式的命令寫下

0, n, 2n, 3n,

等等形式的系列；於是根據「+二」的命令他將寫下基數系列。我們做了練習，在1000以內的數裡對學生的理解做了測驗。

現在我們讓這個學生寫一個系列（比方是+2）一直寫到1000以上，而到了1000，他寫下的是1000,1004,1008,1012。

我們對他說：「瞧瞧你做的！」他不明白。我們說：「你應該加2；看看你是怎樣開始這個系列的！」他回答說：「是啊，這不對嗎？我還以爲**應當**這樣做呢！」或者假設他指著這個系列說：「但我是在用和以前一樣的方式做呀！」這時再說「但你就看不出來……嗎？」，再重複原來的解釋和例子已經毫無用處了。在這種情況下我們也許可以說：這個人透過我們的解釋理解到了那樣一個命令，可謂本性使然，就像**我們**聽到：「加2直加到1000，加4直到2000，加6直到3000……等等。」

這個例子與下面的例子很相像：一個人本性使然地對別人手指的姿勢做出反應是從指尖向手腕的方向看，而不是從手腕向指尖的方向看。

一八六　「那麼，你歸根到底是說：爲了正確執行『+n』的命令，每一步都需要新的洞見——直覺。」爲了正確執行！在某一特定點上什麼是正確的步驟，這是怎樣決定的？「正確的步驟就是與命令符合的步驟——即同當時命令的**意思**相符合。」那麼你當時給出「+2」的命令，你的意思是他應在1000之後寫下1002，你當時的意思還有他應在1866之後寫下1868，在10034後面寫下10036等等，你的意思是無窮多的這類命題嗎？「不；我當時的意思是，在**每一個**所寫的數字後面，他應該寫下隔了一個數字的第二個數字；由此自然得出了所有那些命題。」但在任何一處從那個句子得出的是什麼？這恰恰是問題所在。換言之，在任何一處我們應該把什麼叫作和那個句子「相符合」（或者說和你當時給予那個句子的**意思**相符合——無論這個意思是些什麼）。說在每一點上都需要一種直覺，幾乎還不如說在每一點上都需要一個新的決定來得更正確些。

一八七 「但我當時給出命令的時候，的確已經知道他應該在1000以後寫下1002。」當然，你甚至可以說你當時的確是這個意思，只不過你不應該讓「知道」和「意思」這些詞的語法引入歧途。因爲你的意思不是你當時想到了從1000到1002的步驟，即使你想到了這個步驟，你也沒有想到其他的步驟。你說「我當時已經知道……」這大致是說：「假如別人當時問我在1000之後應寫什麼數字，我會回答1002。」這一點我不懷疑。這與下面這個假設同類：「假如他當時掉到水裡，我會跳下去救他的。」那麼，你先前的想法錯在哪裡了？

一八八 在此我首先要說：你先前的想法是，命令裡的那個意思已經以自己的方式完成了所有的步驟，就彷彿你的心靠著意謂飛到前面，在你借助某個有形方式完成那些步驟之前，已經先行完成了所有的步驟。

於是你曾傾向於這樣表達：「即使我還不曾在書寫上、口頭上或思想上完成這些步驟，它們眞正說來已經完成了。」彷彿它們以某種獨特的方式事先決定好了、預計好了，就像說單單意謂就能夠對現實做好預計。

一八九　「然而，這些步驟不是由代數公式決定的嗎？」這個問法包含著一個錯誤。我們的確使用「這些步驟是由某某公式決定的」這樣的表達式。我們如何使用它的呢？我們所談的事情也許是，人們透過教育（訓練），從而這樣來使用 $y=x^2$ 這個公式；若把同樣的數目代入 x，大家總是算出同樣的 y 值。或者我們可以說：「這些人經過訓練，得到『加3』的命令，他們在同一點上都採取同樣的步驟。」這一點我們可以這樣來表達：對這些人來說，「加3」的命令完全決定了他們從一個數目到另一個數目的每一個步驟。（相對於接到這個命令不知該做什麼的人，或者相對於得到這個命令後，大家都很有把握，但每個人各行其是。）

另一方面，我們可以拿不同種類的公式和適合於公式的不同用法（不同的訓練）相對照。然後我們把一類特定的公式（及與之相屬的用法）稱爲「給定的 x 值決定 y 值的公式」，把另一種公式稱爲「給定的 x 值不決定 y 值的公式」。（例如 $y=x^2$ 屬於第一種，$y \neq x^2$ 屬於第二種。）於是，「公式……決定 y 值」就是一個關於公式形式的命題，從而我們就必須把「我寫下來的這個公式決定 y 值」或「這裡有一個決定 y 值的公式」這類命題與「公式 $y=x^2$ 由給定的 x 值決定 y 值」這種命題區分開來。這樣一來，「那個公式是不是決定 y 值？」這個問題就等於在問「那個公式是這種公式還是那種公式？」而我們要是問「$y=x^2$ 是一個由給定的 x 值決定 y 值的公式嗎？」不加說明就無法釐清這個問題要問的是什麼。這個問題可能是用來測驗一個學生是否理解「決定」一詞的用法；也可能是道數學題，要求在一個特定的系統中證明 x 只有一個平方值。

一九〇 現在可以說：「公式的意思是什麼，這決定了應該採取哪些步驟。」用什麼標準來決定公式的意思是什麼？是我們一向使用公式的方式，是我們被教會使用公式的方式。

例如，有個人使用一個我們不懂的符號，我們會對他說：「如果你用x!2的意思是x^2，你就得到這個 y 值，如果你的意思是2x，你就得到那個 y 值。」現在問問你自己：人怎麼就能用「x!2」來**意謂**這個或**意謂**那個的？

在這個意義上，意謂什麼就能夠事先決定該採取什麼步驟。

一九一 「我們似乎可以一下子抓住這個詞的全部用法。」就像抓住**什麼**呢？就**不能**在某種意義上一下子抓住用法嗎？在**何種**意義上做不到這一點？然而我們似乎能在一種更直接的意義上「一下子抓住」。但你有一個說明這一點的範本嗎？沒有。呈現到我們面前的只是這個表達方式而已。不同畫面交叉的結果。

一九二　你沒有這個超級事實的範本，卻被引誘去使用一個超級表達式。（我們可以稱之爲哲學的最高級。）

一九三　機器之爲其作用方式的象徵：機器，我首先可以說似乎從一開始就在自身中包含著它的作用方式。這是什麼意思呢？如果我們了解這臺機器，那麼其他一切，即它將造就的各種運轉，似乎已經完全決定好了。

我們這樣說，似乎這些零件只能以這種方式而不會以其他方式運轉。怎麼會這樣呢？難道我們忘了它們可能彎曲、斷裂、熔化嗎？是的，在許多情況中我們根本不考慮這些。我們把一臺機器或者一臺機器的圖紙用來當作一種特定運動的象徵。例如：我們把這樣一張圖紙給某個人，同時就認爲他從中能推導出各個部件的運轉情況（就像我們對某人說，這個數是1,4,9,16……這樣一個數列裡的第25個數，這樣我們也就把這個數告訴他了）。

「機器似乎從一開始就在自身中包含著它的作用方式」是說：我們傾向把機器未來的運轉的確定性，比作已經放好在抽屜裡的東西的那種確定性，我們現在又可以把這些東西拿出來。但我們在預測一臺機器實際上會怎麼工作的時候，我們並不這樣說。這時我們一般並不忘記零件可能變形。然而，如果我們現在考慮的是怎樣才能把機器用作某種特定運轉方式的象徵，我們就會這樣說，因爲機器運轉起來也可能完全是另一個樣子的。

我們可以說，一臺機器，或它的圖紙，是一系列圖畫的第一張，而我們是從這一張學會推導出後面整個系列的。

但若想到這臺機器本來也可能以不同的方式運轉，我們就會覺得作爲象徵的機器所包含的運轉方式一定遠比實際的機器所包含的運轉方式更爲確定。那本來是從經驗上預先確定的運轉，但似乎這還不夠，眞正說來，在一種神祕的意義上，這種運轉必須已經是**現存的**。這一點倒不假，我們是以不同的方式來預先確定作爲象徵的機器的運轉與任何特定的實際機器的運轉的。

一九四　人們什麼時候會認爲機器反正已經以某種神祕的方式包含著它的運轉了？做哲學的時候。是什麼誤導我們這樣認爲？是我們談論機器的方式。例如，我們說：一臺機器**具備**如此這般運轉的可能性，這時我們講的機器是按理想方式固定不移的機器，**只能**以如此這般的方式運轉。運轉的**可能性**，這是什麼呢？它不是運轉，但它似乎也不僅僅是運轉和活動的物理條件，例如：軸承和軸桿之間有個間隙，軸桿在軸承裡卡得不是太緊。因爲雖然經驗告訴我們這是運轉的條件，我們卻也可以設想事情是另一個樣子。運轉的可能性倒應該是像運轉本身的影子那樣。但你見過這樣的影子嗎？我在「影子」名下理解的不是運轉的任何一幅圖畫，因爲這幅圖畫不必正好是**這**一運轉的畫面。然而這種運轉的可能性卻必須是這種運轉而非其他運轉的可能性。（瞧瞧語言的浪頭在這裡捲得多高哇！）

一旦我們問自己如下問題，浪潮就會平息：當我們談論某臺機器的時候，我們是如何使用「運轉的可能性」這個短語的？然而，那些古怪的想法是從哪裡來的呢？好，我現在用一幅運轉的**圖畫**向你顯示運轉的可能性：「所以可能性是某種和實在相像的東西。」我們說：「它還不在運轉，但它已經有可能運轉起來」，「所以可能性是某種非常接近實現的東西」。雖然我們可以懷疑如此這般的物理條件是否使得這樣一種運轉成爲可能，但我們從不爭論這是哪種運轉的可能性：「所以運轉的可能性與運轉本身處於一種獨特的關係之中；這種關係比畫面和實物的關係更緊密」；因爲可以懷疑一幅圖畫是這件實物還是那件實物的畫面。我們說「經驗會告訴我們這是否給了軸桿這種運轉的可能性」，但我們不說「經驗會告訴我們這是不是這樣一種運轉的可能性」；「所以，這種可能性恰好是這樣一種運轉的可能性，這一點並不是一個經驗事實」。

我們留心自己在談論這些事情時的表達方式；但我們不理解這些表達方式，而加以錯誤地解釋。我們從事哲學的時候就像野蠻人、原始人，聽到文明人的說法，做出錯誤的解釋，再從這類解釋得出最離奇古怪的結論。

一九五 「但我的意思並不是我現在（即在抓住用法之時）所做的是**以因果方式**、以經驗方式來確定未來的用法；而是透過某種**奇特的**方式，用法本身在某種意義上是現存的。」「在**某種**意義上」它當然是現存的！你這話裡眞正的錯誤只在「透過某種奇特的方式」這個說法，其他的都對；我們實際上的確使用這樣的句子，只有當人們把它設想爲一個與實際使用有別的語言遊戲，這個句子才顯得稀奇。（有個人告訴我，他小時候聽到裁縫「**會縫衣服**」，覺得很奇怪，他還以為這是說把一條線一條線縫在一起，這樣就可以縫出一件衣裳來。）

一九六　我們沒弄懂語詞的用法，就把它解釋成在表達一種稀奇的**活動**。（就像把時間想作一種稀奇的媒介，把心靈想作一種稀奇的存在物。）

一九七　「彷彿我們可以一下子抓住一個詞的全部用法。」我們的確說我們是這樣做的。即：我們有時的確用這樣的話來描述我們是怎麼做的。所發生的事情卻根本沒有令人驚訝、感到稀奇的東西。唯當我們被誘導去認為未來的發展必定以某種方式已經現存於抓住用法這回事裡面而它並不現存在那裡，這才變得稀奇。因為我們說：我們無疑懂得這個詞，而另一方面，它的含義就在於它的用法。好，我現在肯定想下棋，而象棋之為象棋全在於它的整套規則。那麼，不到我**下過了**棋我就不知道我當時想玩的是什麼遊戲嗎？抑或所有的規則都包含在我產生意向這一步之中？是經驗教會我有了這種意向之後通常會跟著發生這一種遊戲嗎？那麼我就不可能十分肯定自己當時打算做的是什麼嗎？如果這是胡話，那麼在有所打算這一步和打算做的事情之間存在著什麼樣的超固定聯繫？「咱們來下盤棋」這話的意思和象棋的全部規則之間的聯繫是在何處形成的？好，在象棋遊戲的規則表裡、在棋藝課上、在下棋的日常實踐中。

一九八　「但一條規則怎麼能告訴我在**這個**地方必須做的是什麼呢？無論我怎麼做，經過某種解說都會和規則一致。」不，不應這樣說。而是：任何解說都像它所解說的東西一樣懸在空中，不能爲它提供支撐。各種解說本身不決定含義。

「那麼無論我怎麼做都和規則一致嗎？」我這麼問：一條規則的表達，譬如一個路標與我的行動有什麼關係？這裡有什麼樣的聯繫？好，可以是這樣：我被訓練對這個符號做出某種特定的反應，而我現在就是這樣反應的。

但你這樣只提供了一種因果聯繫；只說明了我們現在照著這個路標走是怎麼來的；你沒有說明這個「遵循符號」眞正是怎麼回事。不然；我也已經提示出，唯當存在著一種穩定的用法，一種習俗，才說得上一個人依照路標走。

一九九　我們稱爲「遵從一條規則」的事情，會不會是只有一個人能做，在他一生中只能做一**次**的事情？這當然是對「遵從規則」這個表達式的語法注解。

只有一個人只那麼一次遵從一條規則是不可能的。不可能只那麼一次只做了一個報告、只下達了或只理解了一個命令。遵從一條規則、做一個報告、下一個命令、下一盤棋，這些都是**習慣**（風俗、建制）。

理解一個句子即意謂著理解一種語言。理解一種語言就是說：掌握一種技術。

二〇〇　當然可以設想，有一個部落不知遊戲爲何物，卻有兩個人坐在棋盤兩端，在那裡一步一步下棋；甚至具備所有的心靈伴隨現象。**我們**假如看見了，我們會說他們在下棋。但請你現在設想根據某些規則把下棋轉換爲一系列我們通常不會和**遊戲**聯繫在一起的行爲，例如：轉換爲尖叫和跺腳。那兩個人現在不是按照我們所習見的形式下棋，而是叫啊！跺啊！不過，根據適當的規則，這些活動是可以轉換爲一盤棋的。我們現在還會說他們在玩一種遊戲嗎？又有什麼道理那樣說呢？

二〇一　我們剛才的悖論是這樣的：一條規則不能確定任何行動方式，因爲我們可以使任何一種行動方式和這條規則相符合。剛才的回答是：要是可以使任何行動和規則相符合，那麼也就可以使它和規則相矛盾。於是無所謂符合也無所謂矛盾。

我們依照這條思路提出一個接一個的解釋，這就已經顯示這裡的理解有誤；就彷彿每一個解釋讓我們至少滿意了一會兒，但不久我們又想到了它後面跟著的另一個解釋。我們由此要表明的是，對規則的掌握不盡是〔對規則的〕**解說**；這種掌握從一例又一例的應用表現在我們稱之爲「遵從規則」和「違反規則」的情況中。

於是人們想說：每一個遵照規則的行動都是一種解說。但「解說」所稱的卻應該是：用規則的一種表達式來替換另一種表達式。

二〇二　因此「遵從規則」是一種實踐。**以爲**〔自己〕在遵從規則並不是遵從規則。因此不可能「私自」遵從規則，否則以爲自己在遵從規則就與遵從規則成爲一回事了。

二〇三　語言是道路的迷宮。你從這一**邊**來，就認得你的出路；你從另一邊來，到的是同一個地點，卻認不得你的出路了。

二〇**四**　在現有情況下，我可以發明一種從來沒有人玩過的遊戲。但若人類從未玩過任何遊戲，竟可能也有個人發明出一種遊戲來嗎（那當然是指從來沒有人玩過的遊戲）？

二〇**五**　「但這正是**意向**之爲心靈活動的奇特之處：它無需習俗、技術的存在。例如：可以設想兩個人在一個沒有其他遊戲的世界裡下棋，哪怕他們只是剛開始下，接著就被打斷了。」

但象棋不是由它的規則定義的嗎？而這些規則如何現存在打算下棋的人心裡的？

二〇**六**　遵從一條規則類似於服從一道命令。我們透過訓練學會服從命令，以一種特定的方式對命令做出反應。但若一個人**這樣**，而另一個人**那樣**對命令和訓練做出反應，那該怎麼辦？誰是對的？

設想你來到一個陌生的國度進行考察，完全不通那裡的語言。在什麼情況下你會說那裡的人在下達命令、理解命令、服從命令、抗拒命令？

共同的人類行爲方式是我們藉以對自己解釋一種未知語言的參照系。

二〇**七**　讓我們設想在那個國家裡，人們從事著一般的人類活動，看上去也顯然使用著一種清晰的語言。細看他們從事各種活動，他們的做法是可以理解的，在我們看來是「合乎邏輯的」。但我們想要學習他們的語言時，卻發現那是不可能的。這在於，他們所說的、他們的聲音、和他們的行動之間並沒有合乎規則的聯繫；然而，這些聲音仍不是多餘的，因爲如果我們堵住一個人的嘴，後果會和在我們這裡的後果一樣：沒有那些聲音，他們的行動就會陷入混亂。

我們是否應該說這些人有一種語言，諸如命令、報告等等呢？

比照我們稱之爲「語言」的，這裡還缺少合乎規則的特性。

二〇八　那麼我是在用「合乎規則」來解釋什麼叫「命令」、什麼叫「規則」嗎？我又如何對某人解釋「合乎規則」、「一致」、「一樣」的含義呢？對一個只會講法語的人，我會用相應的法語語詞解釋這些詞彙。但對一個還不具備這些**概念**的人，我會透過**例子**或透過**練習**來教他使用這些詞。這時我教給他的東西並不比我自己知道的少。

教他的時候，我就會指給他看一樣的顏色、一樣的長度、一樣的形狀，會讓他指出這類東西，做出這類東西等等。我會指導他，讓他在聽到相應的命令後「照原樣」把某些裝飾圖案繼續畫下去。也指導他把一些級數展開。例如把．　．．　．．．這樣展開．．．．　．．．．．　．．．．．．。

我示範，他跟我的樣子做；我透過同意、反對、期待、鼓勵等各種表現來影響他。讓他做下去，讓他停下來等等。

設想你目睹這場教學。這裡沒有哪個詞是用那個詞本身去解釋的；沒有什麼邏輯迴圈。連「以此類推」、「以此類推以至無窮」這些表達式也是用這種教學法解釋的。在種種方法中也可以包括使用某種姿勢。意味著「就這樣做下去」或「以此類推」的姿勢所產生的作用，相當於用手指著一個東西或一個地點所產生的作用。

我們應把作爲省略記號的「等等」和**不是**省略記號的「等等」加以區別。「以此類推以至無窮」就**不是**省略記號。我們寫不出 π 的所有位數，這並不像數學家有時認爲的那樣——是人類的一種缺陷。

有時所教的東西限於已經給出的例子，這種教學不同於「**舉一反三**」這類[29]教學。

二〇九　「但難道理解不是超出所有的例子嗎？」一個非常奇特的表達；當然超出啦！

但就這些？難道就沒有一個更深入的說明？或者，難道就不必對這種說明有更深的理解？我自己有一種更深的**理解**嗎？比起我在說明裡提供的，我**有**更多的理解嗎？那麼，我的理解要更多些這種感覺又是從哪裡來的呢？

這是不是有點像我把一個沒有界劃出來的東西解說成了超出任何長度的長度？

---

[29] 或譯「超出給定例子的教學」，這樣就和下文連得更緊些。不過原文裡先用的是hinausweisen，下文用的是weiterreichen。——譯者注

二一〇 「但你眞的把你自己的理解都向他說明了嗎？難道你不是讓他去**猜**最重要的東西嗎？你給他舉例，但他得去猜這些例子指向何處，猜你的意圖。」我能對自己說明的我也都對他說明了。「他去猜我的意思是什麼」卻會是說：我說明的種種不同解說都浮現在他眼前，他在其中猜一個。在這種情況下他可以問我；而我可以回答他，而且我也會回答他。

二一一 「無論你怎麼教他繼續把裝飾圖案畫下去，他**怎麼**知道他自己將怎樣繼續下去？」那**我**又怎麼知道？這說的要是：「我有沒有根據？」那麼答案是：我的根據很快就會用完。接著我將行動，沒有根據。

二一二 當一個讓我害怕的人命令我繼續這個系列，我做得很快、很有把握，而缺乏根據一點也不令我困擾。

二一三 「但這個系列的開端顯然可以有各種各樣的解釋（例如：透過某些代數表達式），這樣你最初必須在這些解釋中選擇出一**種**。」完全不是！在某些情況下，可以有懷疑。但這不是說我的確懷疑過，甚至不是說我當時能夠懷疑。（和這聯繫在一起的，要說說一個過程的心理「氣氛」。）

當時只有直覺能消除這種懷疑？如果直覺是一個內在的聲音，我如何知道我應該怎麼服從它？我怎麼知道它不是在誤導我？因爲它如果能正確引導我，它也就能誤導我。（直覺，畫蛇添足而已。）

二一**四** 如果必須靠直覺才能展開1,2,3,4……這個系列，那麼要展開2,2,2,2……這個系列也必須靠直覺。

二一**五** 但至少，相同是：**相同**。難道不是嗎？

就相同而言，我們似乎有一個錯不了的範本：一個東西和它自身相同。我將說：「這裡不可能有不同的解說。他在眼前看見一個東西，他也就看見了相同。」

那麼，兩個東西相同，是否就像一個東西那樣相同呢？而我又該怎樣把一個東西所顯示的應用到兩個東西上呢？

二一**六** 「一物與自身相同一。」沒有更好的例子來說明一個無用的命題了，但它仍然和想像的某種把戲有關。這就像我們在想像中把一個東西塞到它自己的外形裡，看見它正好吻合。

我們也可以說：「每個東西都自相吻合。」換個說法：「每個東西都合乎自己的形狀。」這時我們看著一樣東西，想像那裡原是空白的，而它現在恰恰嵌入這處空白。

這個墨跡與白色的周界「吻合」嗎？——但如果墨跡所在之處原本是個窟窿，而現在墨跡剛好嵌在裡面，那麼**它看上去就正好是這個樣子**。「它吻合」這個表達並不單單描述這一圖形。不單單描述這一**情境**。

「每個色塊都與它的周界正好吻合」是多多少少經過特殊化的同一律。

二一七 「我怎麼能夠遵從一條規則？」如果這不是在問原因，那麼它就是在問我**這樣**來遵從這個規則的道理何在。

如果我把道理說完了，我就被逼到了牆角，亮出我的底牌。我就會說：「反正我就這麼做。」

（記住：我們有時要求解釋並不是爲了解釋的內容，而是爲有個解釋的形式。我們的要求是建築學上的要求，房檐裝飾般的解釋，並不支撐什麼。）

二一八 這種想法是從哪裡來的？——一個系列的開頭部分彷彿是一條鐵軌的可見部分，而鐵軌一直延伸，漸不可見直到無限。好，我們可以不想規則而想想鐵軌。無限長的鐵軌相當於規則的無限應用。

二一九 「眞正說來，所有的步驟[30]都已完成」是說：我別無選擇。規則一旦封印上特定的含義，它就把遵循規則的路線延伸到無限的空間。即使眞這樣延伸到無限，那對我又有什麼幫助？

不然，你必須在象徵的意義上理解我的描述，它才有意義。我本應該說：對我來說是這樣的。

---

[30] 規則的應用，公式的展開等等。——譯者注

我遵從規則時並不選擇。

我**盲目地**遵從規則。

二二〇 但那個象徵性的命題目的何在？它本來要突顯的應是以因果方式決定和以邏輯方式決定之間的區別。

二二一 我的象徵性表達眞正說來是對規則使用的神話式描述。

二二二 「這條線向我提示應該怎麼進行。」但那當然只是一幅圖畫。假如我判定它讓我覺得這樣或那樣，好像它自己不負責任似的，那我就不會說我把它視爲規則來遵從。

二二三 我們不感到總要等著規則點頭示意（面授機宜）。相反地，我們並不眼巴巴地等著規則又要告訴我們些什麼；它始終告訴我們同樣的東西，我們就照它告訴我們的去做。

我們對接受我們訓練的人說：「你看，我始終是這樣做的；我……」

二二四 「一致」這個詞和「規則」這個詞**同出**一族，它們是堂兄弟。我教給一個人如何使用其中一個詞，他也就學會了另外一個詞的用法。

二二五 「規則」一詞的用法和「同樣」一詞的用法交織在一起（正如「命題」的用法和「眞」的用法）。

二二六　假設某個人根據$2x-1$這個系列寫下1,3,5,7……這個系列。[31]現在他問自己：「但我做的一直是同樣的，還是每次做的都不一樣？」

一個人日復一日答應說：「明天我來看你」。他每天說的都一樣，還是每天說的都不一樣？

二二七　「假如他每次做的都**不一樣**，我們就不會說：他在遵從規則。」這麼說有意義嗎？**毫無**意義。

二二八　「對於我們，一個系列**只有一副**面孔！」好吧！然而是哪一副呢？代數式的面孔？還是一段數列的面孔？抑或這個系列還有另外一副面孔？「但所有的都已經在那裡面了！」然而，這卻不是對該系列中某一段做出的斷言，或對我們在這一段裡面窺見的某種東西的斷言；這裡表達的是：我們怎樣**做**，只看規則怎樣開口，而不再訴諸其他任何引導。

二二**九**　我相信自己在系列的一段中精緻入微地察覺到了某種藍圖，察覺到了一個與眾不同的特徵，只需再加上「等等」字樣就可以達到無限。

二三〇　「這條線讓我覺得我應該怎麼進行」，這只不過轉述了：讓這條線成為我該怎

---

[31] MSS上作：假設某個人根據x^2+1這個系列寫下1,3,5,7……這個系列。——英譯者注

麼進行的**最後**仲裁者。

二三一　「但你明明看見……！」好，這恰是受到規則驅迫的人的典型表達。

二三二　假設有條規則讓我感覺到我應該怎麼遵從它；就是說，當我的目光跟著這條線走的時候，就有一個內在的聲音對我說：「這麼畫！」遵從某類靈感和遵從一條規則，這兩種過程有什麼區別？因爲它們確實不一樣。在遵從靈感的情形下，我**等待**指示。我將無法教給別人怎麼遵從那條線的「技術」。除非是說我教給他某一類傾聽方式、某一類感受性。但那樣的話我當然就無法要求他像我那樣來遵從那條線了。

這些都不是我根據靈感行動的經驗和遵從規則行動的經驗；而是語法注釋。

二三三　也可以設想以這種方式來教某種算術。在這裡，孩子們能夠各以自己的方式進行計算，只要他們傾聽內心的聲音並遵從它。這種計算就像一種作曲。

二三**四**　難道我們就不可能像我們實際所做的那樣進行計算（大家做的都一致），而做每一步都覺得受規則引導就像受魔法引導，也許還奇怪我們怎麼做得都一致呢？（這種一致性大概要感謝神靈。）

二三**五**　日常生活裡稱爲「遵從規則」的做法有一種面相學，而你從我們上面的討論中只看到所有那些屬於面相學的東西。

二三六　計算天才得到了正確的結果卻說不出怎麼得到的。我們該不該說他們並不計算呢？（各種事例形成的一個家族。）

二三**七**　設想某人照下面的方式用一條線作爲規則：他拿著一副圓規，使圓規的一腳在規則線上移動，另一腳則跟著規則線移動。沿著規則線這樣行進的時候，他時時改變圓規的張角，看上去他極精確地做著這件事，一直看著規則線，彷彿它規定著他的做法。而我們認眞觀察他這樣做，卻看不到圓規張角的增減有任何規律性。我們無法從他那裡學到他跟從規則線的方式。在這裡也許我們實際上會說：「那條原線似乎讓他悟出了他該怎麼進行。但它不是規則。」

二三**八**　要讓我覺得規則事先就產生出了它的所有後果，它對我就必須是**不言自明**的。就像把這種顏色叫作「藍色」一樣不言自明。（「這對我來說是理所當然的標準。」）

二三**九**　他聽見「紅色」的時候怎麼會知道該挑選什麼顏色？很簡單，聽到這個詞，浮現出來的是什麼顏色的圖像，就挑選什麼顏色。但他怎麼會知道「浮現出來的圖像」是哪種顏色的圖像呢？爲此需不需要一個進一步的標準呢？（當然有這樣的事：聽到……一詞時浮現出來的是哪種顏色就選中那種顏色。）

「『紅色』意味著我聽到『紅色』一詞時浮現出來的顏色。」這或許是個定義，這話不曾解釋透過語詞來指稱是**怎樣**一**回事**。

二四〇 人們（例如在數學家之間）並不對是否遵從了規則爭吵。例如，人們並不為此動手打起來。這屬於我們的語言據以產生作用（例如：做出某種描述）所賴的構架。

二四一 「那麼你是說，人們的一致決定什麼是對？什麼是錯？」人們**所說的內容**有對有錯；就所用的**語言**來說，人們是一致的。這不是意見的一致，而是生活形式的一致。

二四二 透過語言進行交流不僅包括定義上的一致，而且也包括（無論這聽起來多麼奇怪）判斷上的一致。這似乎要廢除邏輯，其實不然。

描述度量方法是一回事，獲得並陳述度量的結果是另一回事。但我們叫作「度量」的，也是由度量結果的某種穩定性來確定的。

二四三 一個人可以鼓勵自己、命令及服從自己、責備及懲罰自己，他可以自問自答。我們甚至可以設想一些人只對自己講話；他們一邊做事一邊自言自語。一個研究者觀察他們，悉心聽他們談話，最終有可能把他們的語言翻譯成我們的語言。（於是他就可能正確預言這些人的行動，因為他也聽得見他們下決心、做決定。）

但是否也可以設想這樣一種語言：一個人能夠用這種語言寫下或說出他的內心經驗、他的感情、情緒等等，以供他自己使用？用我們平常的語言我們不就能這樣做嗎？但我的意思不是這個，而是：這種語言的語詞指涉只有講話人能夠知道的東西；指涉他的直接的、私有的感覺。因此另一個人無法理解這種語言。

二四四　語詞是怎樣**指涉**感覺的？這似乎不成爲一個問題；我們不是天天都談論感覺，稱謂感覺嗎？但名稱怎麼就建立起了和被稱謂之物的聯繫？這和下面的是同一個問題：人是怎樣學會感覺名稱的含義的？以「疼」這個詞爲例，這是一種可能性：語詞和感覺的原始、自然表達聯繫在一起，取代了後者。孩子受傷哭了起來；這時大人對他說話，教他呼叫，後來又教他句子。他們是在教孩子新的疼痛舉止。

「那麼你是說『疼』這個詞其實意味著哭喊？」正相反，疼的語言表達代替了哭喊而不是描述哭喊。

二四五　這麼一來我竟能夠要借助語言插入疼痛的表現和疼痛之間呢？

二四六　在什麼意義上我的感覺是**私有的**？那是，只有我知道我是否眞的疼；別人只能推測。這在一種意義上是錯的；在另一種意義上沒意義。如果我們依正常的用法使用「知道」這個詞（否則我們又該怎麼用！），那麼我疼的時候別人經常知道。不錯，但還是不如我自己知道得那麼確切！一個人一般不能用「我**知道**我疼」這話來說他自己（除非是在開玩笑之類）。這話除了是說我有疼痛[32]還會是說什麼呢？

---

[32] Ich habe Schmerz，我通常譯作「我疼」、「我在疼」，但有時爲了表明這個德文用語的結構而譯作「我有疼痛」，雖然中文沒有這樣表達的。例如：在這裡就這樣譯，以便和下文「我有這些感覺」對應。——譯者注

不能說別人僅只從我的行爲舉止中得知我的感覺，因爲我不能用得知自己的感覺這話說到我自己，我有**這些感覺**。

正確的是：說別人懷疑我是否疼痛，這話有意義；但不能這樣說我自己。

二四七 「只有你自己能知道你有沒有那種意圖。」我可以這樣說；這時我是在向你解釋「意圖」一詞的含義。這句話於是就是說：我們是**這樣**使用這個詞的。

（而「知道」在這裡是說：表達不確定性沒有意義。）

二四八 「感覺是私有的」這個命題可以和「單人紙牌是一個人玩的」相比較。

二四九 嬰兒的笑不是假裝的。我們這種假定也許過於草率？我們的假定基於哪些經驗？

（像別的語言遊戲一樣，說謊是逐漸學會的。）

二五〇 爲什麼狗不會假裝疼？是牠太誠實了嗎？能教會一條狗假裝疼嗎？也許可以教會牠在某些特定場合雖然不疼卻好像疼得吠叫。但牠的行爲總還是缺少正當的周邊情況以成爲眞正的僞裝行爲。

二五一 我們說：「我想像不出反過來是什麼樣子的」或者「不是這樣還能是什麼樣子呢？」例如：有人說，我的意象是私有的，或者，只有我自己知道我是否感到疼，諸如此類，這些說法都意味著什麼？

「我想像不出反過來是什麼樣子的」，在這裡當然不是說：我的想像力達不到。我們用這些話防止自己把實際上是語法句子的東西因爲其形式而誤認爲經驗句子。

但我爲什麼說：「我想像不出反過來是什麼樣子的」？爲什麼不說：「我想像不出你說的那東西」？

例如：「每根棍子都有長度。」這大致是說：我們把某種東西（或**這種**東西）稱爲「一根棍子的長度」；而不把任何東西稱爲「球體的長度」。那我現在能想像「每根棍子都有長度」了？我想像的就是一根棍子，如此而已。只不過，這幅圖畫和這個命題聯繫在一起所扮演的角色，完全不同於某幅圖畫和「這張桌子和那張桌子長度相同」這個句子聯繫在一起時所扮演的角色。因爲在這裡我明白什麼叫作形成一幅相反的畫面（而且不必是想像的畫面）。

但屬於語法句子的畫面所能顯示的只是被稱爲「棍子長度」的東西。而關於棍子長度的相反畫面會是什麼呢？

〔關於一個先天命題的否定的評注。〕

二五二　「這個物體具有廣延。」我們可以回答說：「毫無意義！」卻又傾向於回答「當然！」爲什麼呢？

二五三　「別人不可能有我的疼痛。」哪些是**我的**疼痛？這裡什麼是同一性的標準？琢磨一下，講到物理對象，是什麼使得我們能說「這兩個一模一樣」，例如：說「這把椅子不是你昨天在這裡見到的那把，但與那把一模一樣」。

只要說「我的疼與他的疼一樣」有**意義**，那麼我們兩人也就可能有一樣的疼痛。（甚至可以想像兩個人在同一的、不僅是相應的部位感到疼痛。例如暹羅連體嬰就是這樣。）

我曾看到有人在討論這個題目時拍著自己的胸膛說：「但別人就是不可能有**這個**疼痛！」對此的回答是：透過強調「這個」一詞，並不就爲同一性的標準提供了定義。倒不如說，這種強調只是向我們擺明了這樣一種標準是通行的，但現在不得不再向我們提醒一下。

二五四　例如用「同一」來代替「一樣」也是哲學裡的一個典型策略。彷彿我們談的是含義的細微差別，問題只在於找到某些語詞切中微妙之處。然而，唯當我們的任務是從心理學角度準確地表述我們爲什麼總被誘惑去採用某一特定的表達方式，那才成爲哲學的問題。當然，我們在這樣一種情形下「被誘惑去說」的東西並不是哲學；而是哲學的原料。例如，一個數學家就數學事實的客觀性和眞實性所傾向於說的東西，就不是數學的哲學，而是哲學須得予以**診治**的東西。

二五五 哲學家診治[33]一個問題；就像診治一種疾病。

二五六 那該怎麼看待描述我的內在經驗並只有我自己能夠理解的語言呢？我**如何**用語詞指稱我的感覺？像我們通常所做的那樣？那麼我的感覺語詞就和我自然表現的感覺**連結在一起**了？這樣的話我的語言就不是「私有的」。別人也能夠像我一樣理解這種語言。但假使我沒有這種感覺的任何自然表現，而只具有感覺，那會怎麼樣呢？現在我單單把一些名稱和這些感覺聯繫在一起，[34]在描述中使用這些名稱。

二五七 「假使人類不表現出疼痛（不呻吟、不扭歪了臉等等）會怎麼樣？那就不可能教給一個孩子使用『牙疼』這個詞。」好，我們假設這個孩子是個天才，自己給這個感覺發明了一個名稱！而他現在用這個詞的時候當然不可能讓別人理解。那就是他理解這個名稱卻不能向任何人說明它的含義了？但什麼叫作他「爲他的疼痛取了個名稱」？爲疼痛取名稱，他是怎麼做成這件事的？無論他是怎麼做的，他有什麼樣的目的呢？當人們說「他給予了他的感覺一個名稱」，他們忘了：語言中已經準備好了很多東西，以便使單純命名具有一種意義。如果我們說得上某人給這種疼痛取了個名稱，那麼「疼痛」這個詞的語法在這裡就

---

[33] 這裡譯作「診治」的是behandeln，其較廣的意義是「處理」。——譯者注

[34] assoziieren，也作聯想。但從二五八節可知這個詞和verbinden混用。——譯者注

是準備好了的東西；它指示出這個新詞所駐的崗位。

二五八 我們來想像下面的情況。我將爲某種反復出現的特定感覺做一份日記。爲此，我把它與符號E聯繫起來，凡是有這種感覺的日子我都在一本日曆上寫下這個符號。我首先要注明，這個符號的定義是說不出來的。但我總可以用指物定義的方式爲自己給出個定義來啊！怎麼給法？我能指向這感覺嗎？在通常意思上這不可能。但我說這個符號，或寫這個符號，同時把注意力集中在這感覺上，於是彷彿內在地指向它。但這番儀式爲的是什麼？因爲這看上去徒然是儀式！定義的作用卻是確立符號的含義。而這恰恰透過集中注意力發生了；因爲我借此給自己印上了符號和感覺的聯繫。「我把它給自己印上了」卻只能是說：這個過程使我將來能**正確**回憶起這種聯繫。但在這個例子裡我全然沒有是否正確的標準。有人在這裡也許希望說：只要我覺得似乎正確，就是正確。而這只是說：這裡談不上「正確」。

二五九 私有語言的規則就是關於規則的**印象**？用來衡量印象的天平卻不是關於天平的**印象**。

二六〇 「我相信這又是感覺E。」你纔可以相信你相信這一點！

那麼，在日曆上記下符號的人**什麼都沒有**記錄下來嗎？不要理所當然地以爲，一個人記下符號，例如：在日曆上就記錄了某種東西。因爲一項記錄有一種功能；而這個「E」到現在還什麼功能都沒有。

（人可以對自己說話。如果沒有其他任何人在面前，說話的人都是在對自己說嗎？）

二六一　我們有什麼根據把「E」稱爲**感覺**的符號呢？「感覺」是我們共同語言裡的詞，而不是只有我才理解的語言裡的詞。因此這個詞的使用就需要有大家都理解的理由。它不必是一種**感覺**；他寫下「E」的時候他有**某種東西**——我們說不出更多的；這種說法也無補於事。「有」和「某種東西」也屬於共同語言。於是一個人從事哲學最後會弄到這個地步：他只還能夠要發出一個含混的聲音。但這樣一種聲音只有在我們仍需加以描述的某個特定的語言遊戲裡才是一種表達。

二六二　人們可能說：誰爲語詞給出了一個私有定義，他現在就必定內在地**決定要**如此這般使用這個詞。他怎麼決定這樣做？我應該假定他發明了這種使用的技巧還是發現了已經現成準備好了的技巧？

二六三　「但我內在的確能夠下決心將來要把這個稱爲『疼痛』。」「但你是不是也能肯定自己已經下了決心呢？你肯定只要把注意力集中在你的感覺上，就足以達到這個目的嗎？」奇怪的問題。

二六四　「你一旦知道這個字詞指稱什麼，你就理解它了，你就了解它的整個用法了。」

二六五 我們來設想一張圖表，有點像字典，但只在我們的想像中存在。人們可以靠字典來論證X一詞應該譯作Y。但若我們只在想像裡查這張表，還該不該稱爲論證？「那好，那它就是一種主觀論證。」但論證卻在於人們可以訴諸某個獨立的裁定者。「但我的確可以從一個記憶追溯到另一種記憶。例如：我不知道我當時是否正確地記下了火車的發車時間，於是我在記憶裡喚起列車時刻表裡相關畫面以便檢驗。這裡的情況不是一樣嗎？」不是，因爲這種活動必須實際上喚起**正確的**記憶。假使時刻表的意象畫面是否正確本身就不能得到驗證，它又怎麼能夠擔保第一個記憶的正確性呢？（就好像有人買了好幾份今天的同一種晨報來向自己確保報上所說屬實。）

在想像中查圖表，並不是查圖表，就像對想像的實驗的結果的想像並不是實驗結果。

二六六 要知道現在幾點鐘，我可以看錶。但要**猜測**現在是幾點鐘，我也可以看一個錶的錶盤；爲了同樣的目的我還可以把指針撥到我覺得是正確的位置上。所以，鐘錶的畫面能夠以不只一種方式來確定時間。（在想像中看表。）

二六七 假設我設想建一座橋，我首先以設想的方式進行了橋梁材料的承重試驗，要借此來論證橋梁的設計規模。這當然會是關於人們稱爲論證橋梁規模的設想。但我們也會稱之爲橋梁規模設想的論證嗎？

二六八　爲什麼我的右手不能把錢贈送給我的左手？我的右手蠻可以把錢交給我的左手。我的右手可以寫一張贈送函而左手可以寫一張收據。但再往後的實際後果卻不會是贈送的後果。左手從右手拿到了錢，我們會問：「好，接下來呢？」一個人給予自己一個私有的語詞定義，我的意思是，他對自己說出一個詞，同時把注意力集中在一種感覺上，我們也可以問他同樣的問題。

二六九　請記住，一個人不理解一個詞，這事情是有一定的標準來判明的：這個詞對他什麼都沒說，他不知道拿這個詞能做什麼。也有「他以爲理解了這個詞」的標準：把某種含義和這個詞聯繫在一起，但那不是正確的含義。最後，還有他正確理解了這個詞的標準。在第二種情況下可以談得到某種主觀的理解。別人都不理解而我卻「**似乎理解**」的聲音可以稱爲一種「私有語言」。

二七〇　現在我們來設想把符號「E」記在我的日記本上會有什麼用法。我注意到這樣的經驗：每次我有一種特別的感覺，血壓計就向我顯示我的血壓升高。於是無需儀器的輔助，我也可以說我的血壓升高了，這是一個有用的結果。在這裡，我對那個感覺識別得**正確**與否似乎完全無所謂。假設我在識別這種感覺時經常弄錯，這也毫無關係。這已經顯示，當時認爲我弄錯了的假設徒有其表。（就彷彿我們轉動一個把手，它看上去可以用來啓動機器上的什麼東西；其實它只是個裝飾，與機器的機制毫無關聯。）

我們在這裡有什麼根據把「E」稱作某種感覺的名稱？根據也許是在這個語言遊戲中使用這個符號的方式方法。爲什麼說它是一種「特定的感覺」，即每次都一樣的感覺呢？是啊，我們已經假設好了我們每次寫的都是「E」啊。

二七一 「設想有個人，他不能把『疼痛』這個詞**所意謂的東西**保持在記憶裡，因而一再把別的東西稱作『疼痛』，但他對這個詞的用法仍然和疼痛的通常徵候和前提一致！」亦即他像我們大家一樣使用這個詞。這裡我要說：一個齒輪，我們能轉動它，但其他部分都不跟著動，那這個齒輪就不是機器的一部分。

二七二 私有經驗的本質之點其實不是每個人都擁有他自己的樣本，而是沒有人知道別人有的也是**這個**，還是別的什麼。於是就可能假設——儘管這是無法證實的，人類的一部分對紅色有一**種**感覺，另一部分有另一種。

二七三 「紅」這個詞又是怎麼樣的呢？我是否應該說它指稱著某種「面對我們大家」的東西，每個人除了這個詞其實還應該有一個詞來指稱他**自己**對紅色的感覺？或者是這樣：「紅」這個詞指稱著某種我們都認識的東西；此外還對每個人指稱著某種只有他自己才認識的東西？（或者更好的說法是：它**指涉**某種只有他自己認識的東西。）

二七四 不說「它指稱」（bezeichnen）而說「它**指涉**」（beziehen）私有的東西當然

無助於我們掌握「紅」這個詞的功用;但對探究哲學時的某種特定體驗,「指涉」從心理學上說是個適切的表達。彷彿我在說出這個詞的同時瞥一眼自己的感覺,好像為了對自己說:我的確知道我用這個詞意謂的是什麼。

二七五 看著藍天,對你自己說「這麼藍的天!」你自發地說這話的時候不懷有哲學意圖、不會覺得這個顏色印象只屬於你。你也會不加思量地對別人發出這樣的感歎。你要是指著什麼說這話,那你指的就是天空。我的意思是:你沒有「指向你自己」的感覺;而人們反思「私有語言」的時候,這種感覺卻經常伴隨著「為感覺命名」。你也想不到你其實不應該用手,而只應該用注意力指向顏色。(想一想什麼叫作「用注意力指向某種東西」。)

二七六 「但我們注視一種顏色、為這種顏色印象命名的時候,我們不是至少意謂某種相當確定的東西嗎?」那倒真的很像我們從所見的對象上面剝下一層薄膜那樣剝下顏色**印象**來。(這本該引起我們的懷疑。)

二七七 但人們怎麼可能被誘導去認為我們有時用一個詞意謂大家都認識的顏色,有時又意謂**我此刻**獲得的「視覺印象」呢?這裡怎麼竟可能有什麼誘惑嗎?在這兩種情況下我不是用同樣方式來調動對顏色的注意的。我意謂(我願說)單屬於我自己的顏色印象的時候,我沉浸到這個顏色裡,頗像我對某種顏色「百看不厭」的時候。因此,在看一種鮮明的顏色的時候,或者在看一種給人以深刻印象的色彩組合的時候,比較容易產生這種體驗。

二七八　「我知道綠色在**我**看起來是怎樣的」這話的確有意義！誠然；你設想的是這個句子的哪種用法？

二七九　設想有人說：「我當然知道我個子有多高！」同時把手放到頭頂上來標誌這一點！

二八〇　有人畫了一幅畫以表明他是怎麼想像一個舞臺場景的。現在我說：「這幅圖畫有雙重功用；它向別人傳達的是畫面或語詞通常傳達的那些東西，但對傳達者來說，它此外還是另一類表現（或傳達？）：對他來說，它是他想像的畫面，而它不可能對其他任何人是這樣的畫面。這幅圖畫給他的私有印象對他述說著他當時所想像的東西；而這幅圖畫不可能在同樣的意義上對別人述說著他當時想像的東西。」如果表現或傳達這些語詞在前一種情況下用得對頭，那我又有什麼道理在第二種情形下也說表現或傳達？

二八一　「但你說的最後不就等於，例如，沒有**疼痛的行爲**就沒有疼痛？」它等於：只有說到活人，說到和活人相類似的（和活人有類似行爲的）生物，我們才能說：它有感覺、它看見、它瞎、它聽見、它聾、它有意識，或無意識。

二八二　「但在童話裡，連瓦罐也能看能聽呢！」（誠然；然而它還**能**說話呢！）「但童話只不過杜撰出並非實際的事情；它說的卻不是無意義的話。」不是這樣簡單。

說一只瓦罐會講話，這是不眞呢？還是無意義呢？在哪些情況下我們會說一只瓦罐在講話，對此我們能否形成一幅清楚的圖畫？（即使一首詩無意義，其無意義的方式仍和小孩咿呀呀的那種無意義不一樣。）

誠然；我們說到無生命的東西有疼痛，例如：在和布娃娃玩的時候。不過，疼痛概念的這種用法是次級用法。讓我們來設想一下人們**只**有說到無生物才說疼痛，**只**對布娃娃才生出憐憫，那會是怎樣的情形！（孩子們玩火車遊戲，這個遊戲是和他們對火車的知識聯繫在一起的。但在一個不知火車爲何物的部族，那裡的孩子也可能從別人那裡學會玩這種遊戲，卻不知道這遊戲模仿著某種東西。可以說，這遊戲對這些孩子的**意義**和對我們的**意義**是不一樣的。）

二八三　某些生物、某些物體，能有所感覺，**單說這個想法**，我們竟是從哪裡得來的？我受的教育是這樣把我引導到這個想法的嗎？我被教會把注意力集中在我內部的感覺上，然後把這個觀念轉移到在我之外的客體上？我認識到在我內部有某種東西，我可以稱之爲「疼痛」而不和別人對這個詞的使用相矛盾？我不把我的觀念轉移於石頭、植物等等。

難道我不能設想我有劇烈的疼痛，並且在疼痛持續的時候變成了石頭嗎？的確，要是我閉上眼睛，我怎麼知道我沒有變成一塊石頭？如果發生了這樣的事情，在何種程度上**石頭**會有疼痛？在何種程度上可以說到一塊石頭疼痛？爲什麼疼痛在這裡竟還要有一個承受者！

能夠說石頭有靈魂，而**這靈魂**有疼痛嗎？靈魂和石頭何干？疼痛和石頭何干？只有說到像人那樣行爲舉動的，我們才能說「它**有**疼痛」。因爲說疼痛，我們必定在說到身體，或者，如果你願意，必定在說到身體所**具有**的靈魂。而身體是怎麼能**具有**靈魂的？

二八四　用心看著一塊石頭，並且設想它有感覺！人們對自己說：人怎麼竟想得出把**感覺**加到**物體**上？那簡直也可以把感覺加到一個數字頭上了！現在來看著一隻蠕動的蒼蠅，這困難立刻消失了，就彷彿疼痛在這裡始有**駐足之處**，而在這之前的一切，對疼痛來說都太**光滑**了。

同樣，在我們看來，一具屍體對疼痛也全然無路可通。我們對待活物和死物的方式不同。我們的所有反應都不一樣。如果有人說：「這些不同不可能單單在於活物如此這般活動著而死物則不然」，那麼我要提醒他，這裡有「從量變到質變」的一例。

二八五　想想對面部表情的辨認。或想想對**面部表情**的描寫，它不在於給出面孔的尺寸！再想想一個人怎麼能夠不在鏡子裡看著自己的臉就模仿別人的表情。

二八六　但說**身體**有疼痛不是很荒唐嗎？爲什麼人們在其中感到荒唐？在何種程度上不是我的手感到疼，而是我感到我的手疼？

感到疼痛的是**身體**嗎？這裡的爭議是什麼？該怎麼解決這爭議？爲什麼在通行的說法

裡，感到疼痛的**不是**身體？好，大致是這樣——一個人手疼，說疼的不是**手**（除非是寫「疼」字），人們並不對手說安慰的話，而是安慰受疼的人；人們這時注視著這個人的眼睛。

二八七 我是如何**對這個人**充滿同情的？同情的對象是哪一個？是怎麼顯示出來的？（我們可以說，同情是確信另一個人有疼痛的一種形式。）

二八八 我化爲石頭而我的疼痛持續著。假使我弄錯了，而這不再是疼痛！但在這裡我不可能弄錯；懷疑我有沒有疼痛毫無意義！亦即，如果有人說「我不知道我現在有的是疼痛呢？還是什麼別的東西？」，我們大概會認爲他不知道「疼痛」是什麼含義，會向他解釋。怎樣解釋呢？也許透過表情，或者用針刺他一下，說：「你瞧，這就是疼。」對語詞的這種解釋，和其他任何解釋一樣，他可能理解得正確或錯誤，也可能根本不理解。在這裡像在別處一樣，他怎麼理解的，要看他將怎麼使用這個詞。

例如：現在他說：「噢！我知道什麼叫『疼痛』了；不過我不知道我現在有的**這個**是不是疼痛。」這時我們只好搖搖頭，把他的話當作一種稀奇的反應，不知拿這種反應怎麼辦才好。（有點像我們聽到一個人認眞說：「我記得很清楚，我出生前不久曾相信……」）

這類懷疑的表達不屬於語言遊戲；但若現在把表達感覺的人類行爲排除在外，那麼似乎就**容許**我重新懷疑了。我在這裡要說的是，人們之所以會把感覺當作與其所是不同的東西，其來源在於：如果我設想正常的語言遊戲沒有了感覺的表達，我就需要一種識別感覺的標準；於是我們就可能弄錯。

二八九 「當我說『我疼』，無論如何我**在我自己面前**擺明了這麼說的理由。」㉟這是什麼意思？是不是：「假如另一個人能夠知道我稱爲『疼』的是什麼，他就會承認我這個詞用得正確？」

用一個詞而沒有正當理由（ohne Rechtfertigung）不意味著用得不正確（Unrecht）。

二九〇 我所做的當然不是透過標準來識別我有同一的感覺，我是在使用同樣的表達。但這並不**結束**語言遊戲；它開始語言遊戲。

但難道不是要從感覺、從我所描述的感覺開始嗎？這裡也許是「描述」這個詞在戲弄我們。我說「我描述我的心態」，說「我描述我的房間」。我們必須回憶一下語言遊戲之間的各種差異。

二九一 我們稱爲「**描述**」的，是服務於某些特定用途的工具。想想擺在機械師面前的機器圖紙、剖面圖、標有比例尺的正視圖。把描述設想爲事實的語詞畫面，這是會產生誤導

㉟ 或：對自己是負責任的。——譯者注

作用的：人們大概只想到這些圖畫掛在我們牆上的那個樣子；圖畫似乎僅僅按照一件物體看起來是什麼樣子、有什麼性質把它描摹一番。（彷彿這些圖畫是閒擺在那裡的。）

二九二　不要總以為你從事實裡解讀出了你的話語，以為你根據規則把事實臨摹到了話語裡！因為即使是那樣，你在把規則應用於特殊事例時，也照樣得不到引導。

二九三　如果就我自己而言，我說我只是從自己的情況知道「疼」這個詞的含義是什麼，那麼就他人而言我不也必須**這樣**說嗎？但我怎能就這樣不負責任地從**這種**事例來進行概括呢？

現在設想每個人都對我說，就他而言他只是從自己的情況知道疼是什麼！假設每個人都有一個盒子，裡面裝著我們稱之為「甲蟲」的東西。誰都不許看別人的盒子；每個人都說，他只是透過看**他的**甲蟲知道什麼是甲蟲的。在這種情況下，很可能每個人的盒子裡裝著不一樣的東西。甚至可以設想這樣一個東西在不斷變化。但這些人的「甲蟲」一詞這時還有用途嗎？眞有用途，這個用途也不是用來指稱某種東西。盒子裡的東西根本不是語言遊戲的一部分；甚至也不能作為**隨便什麼東西**成為語言遊戲的一部分：因為盒子也可能是空的。是的，我們可以用盒子裡的這個東西來「約分」，無論它是什麼東西，它都會被消掉。

這是說：如果我們根據「對象和名稱」的模型來構造感覺表達式的語法，那麼對象就因為不相干而不在考慮之列。

二九四　如果你說，他看見眼前有一幅私有圖畫，那就是他正在描述的畫面；那你還是假定了他眼前有的是什麼。這是說，對這幅圖畫，你可以做出，甚或正在做出更切近的描述。如果你承認你完全想不出他眼前的東西究竟會是什麼，那麼，什麼又誤導你仍然要說有某種東西在他眼前呢？這不就像我這樣說到一個人：「他**有**某種東西，但那是錢、是債務、還是空錢包，我就不知道了。」

二九五　「我只從我**自己的**情況知道……」究竟會是什麼樣的命題？經驗命題？不是。語法命題？

於是我設想每個人說到自己時都說：他只從自己的疼痛知道疼痛是什麼。並非人們眞的說這話，甚至也不是（被問到時）準備這樣說。然而，**假使**每個人都這樣說了，那它可能是某種呼喊。即使它沒有傳達任何東西，這種呼喊卻仍是一幅圖畫；而我們爲什麼不該願意把這樣一幅圖畫喚到我們心裡來呢？試著設想用一幅寓言式的圖畫代替這話。

我們探究哲學的時候向自己內部看，這時我們得以看到的往往正是這樣一幅圖畫。這不折不扣是我們的語法的一幅圖畫式表達。不是事實；而彷彿是加以圖解的慣用語。

二九六　「不錯，但還是有某種東西伴隨著我疼痛的叫喊！我就是因它之故才叫喊的。而這種東西才是重要的，並且是可怕的。」只是我們要把這個告訴誰？在什麼場合透露？

二九七　當然，鍋裡的水在沸騰，蒸汽就從鍋裡冒出來；蒸汽的畫面也是從鍋子的畫面裡冒出來的。但若有人要說畫面的鍋裡一定也有什麼在沸騰，又如何是好？

二九八 我們那麼喜歡說「**這**才是重要的東西」，這時我們自說自話地指向感覺，而這已經顯示我們多麼傾向於說些什麼都沒有傳達出來的東西。

二九九 當我們沉溺於哲學思考的時候，我們無可轉圜地說如此這般，不可抗拒地說如此這般，這並不是說被迫做出某種**假定**，或直接洞見到了或知道了某種事態。

三〇〇 人想說，用「他疼」這話所做的語言遊戲不僅包括行爲的畫面，而且也包括疼痛的畫面。或者，不僅包括行爲的範本，而且也包括疼痛的範本。說「疼痛的畫面隨著『疼痛』這話進入了語言遊戲」是一種誤解。疼痛的意象不是一幅圖畫，在語言遊戲裡，這個意象也不能由我們稱之爲畫面的那類東西取代。疼痛的意象在某種意義上是進入了語言遊戲；只不過不是作爲畫面。

三〇一 意象不是畫面，但畫面可以與它對應。

三〇二 以自己的疼痛爲範本來想像別人的疼痛並非易事，因爲我必須根據我**感覺到的**疼痛來想像我**沒有感覺到的**疼痛。這可不是單單在想像中把疼痛從一個部位轉移到另一個部位，例如：把手上的疼痛轉移到臂上。因爲我要想像的不是我感覺到他身體的某個部位上的疼痛。（這也是可能的。）

疼痛的行爲舉止可以指向一個疼痛的部位，但遭受著疼痛的人才是那個表現著疼痛的人。

三〇三　「我只能**相信**別人有疼痛，但我若有疼痛我就**知道**。」是的；我們可以決定不說「他有疼痛」而說「我相信他有疼痛」。但如此而已。這裡看來像個定義或像關於心靈過程的陳述的東西，其實是用一個探究哲學時似乎更中肯的說法替換了另一個說法。

試一試在某種實際情況下去懷疑別人的恐懼，或別人的疼痛！

三〇**四**　「但確有疼痛的疼痛舉止和沒有疼痛的疼痛舉止之間是有區別的，這你總會承認吧？」何止承認？還會有什麼更大的區別？「你卻再三得出結論說感覺本身子虛烏有。」不然，它不是某種東西，但也並非烏有！結論只是：凡關於某種東西無可陳述，在那裡烏有就彷彿和這「某種東西」作用相同。我們只是在抵制要在這裡強加於我們的語法。

別認爲語言始終以單一的方式產生作用，始終服務於同樣的目的：傳達思想不管這些思想所關的是房屋、疼痛、善惡，或任何其他東西；唯當我們徹底和這種觀念決裂，上述悖論才會消失。

三〇**五**　「但你總不至於否認，例如，我們在記憶時，有一個內在過程發生。」爲什麼會得到我們想否認什麼的印象？當人們說「這時的確有一個內在過程發生」時，他們希望繼續說：「你的確**看見**了。」而人們用「記憶」這個詞意謂的，正是這個內在過程。以爲我們想否認什麼，這種印象是這樣引發的：我們不理睬「內在過程」的畫面。我們所否認的是：內在過程的畫面給了我們使用「記住」一詞的正確觀念。是的，我們是說這幅圖畫以及由此而來的種種想法妨礙了我們如其所是地看到這個詞的用法。

三〇六　我倒是爲什麼要否認有心靈過程呢？但「在我內部現在正有記憶的心靈過程……」所說的無非：「我現在記起了……」否認心理過程等於說否認記憶；否認任何人記起過任何東西。

三〇七　「難道你不是一個僞裝的行爲主義者嗎？難道你歸根到底不是在說，除了人類行爲之外，一切全是虛構嗎？」我若在談論虛構，那我談的是語法上的虛構。

三〇八　關於心靈過程和心靈狀態的哲學問題以及行爲主義的哲學問題是如何產生的？第一步是完全不爲人所注意的一步。我們談論種種過程和狀態，卻一任其本性懸而不決！我們以爲，也許將來終會對它們知道得更多些。但正由此我們把自己固著在某種特定的考察方式上。因爲我們對什麼叫作更切近地熟知某個過程有了一個特定的概念。（變戲法的關鍵步驟已經完成，而正是這一步我們以爲最清白無疑。）那個比喻原要讓我們的思想變得可以把握，在這裡卻破碎了。於是我們就必須否認尚未加以研究的媒介裡的尚未加以理解的過程。於是我們似乎已經否認了心靈過程。但我們當然不想否認這些。

三〇九 你的哲學目標是什麼？指示蒼蠅飛出捕蠅瓶的出路。

三一〇 我對一個人說我疼。他對我的態度是相信、不相信、半信半疑等等。我們假設他說：「不會那麼厲害吧！」這不是證明了他相信在疼痛的表現背後有某種東西嗎？他的態度是他的態度的一種證明。請你不僅設想用本能發出的聲音和表情來替代「我疼」這句話，而且也設想用這些來替代「不會那麼厲害吧！」這個回答。

三一一 「還有什麼區別比這更大！」就疼痛而言，我認爲我可以用私有方式向自己展示這種區別。但一顆碎牙齒和沒碎的牙齒之間的區別我卻可以展示給任何人。但爲了這種私有展示，你根本無需給自己弄出疼痛來；**想像**一下疼痛就足夠了，例如：把臉扭曲一些。你是否知道你這樣對自己展示的是疼，而不是某種面部表情之類呢？你又怎麼知道在沒有向自己展示之前你將會向自己展示什麼呢？這種私有展示是一種幻覺。

三一二 再說，牙齒的例子和疼痛的例子不是很相似嗎？因爲一例中的視覺相應於另一例的痛覺。我怎麼能向自己展示痛覺，就怎麼能向自己展示視覺。

讓我們設想這種情形：我們周圍事物（例如：石頭、植物）的表面上有一些斑點和區域，一旦接觸我們的皮膚就產生疼痛（也許是這些表層的化學性質所致。不過這我們無需知道），於是我們會說到葉子上的疼斑，就像我們現在說到某種特定植物上的紅斑一樣。我想，對這些斑點及其形狀的感知對我們將會是有用的，從這些斑塊我們可以推論出這些事物的某些重要屬性。

三一三 我可以展示疼痛，其方式一如我展示紅色、展示直和曲、展示樹和石頭。我們恰恰**把這稱爲**「展示」。

三一**四** 如果我想考察我此刻頭疼的狀態，以便弄明白有關感覺的哲學問題，這就表明了一種根本性的誤解。

三一**五** **從未**感覺過疼痛的人能夠理解「疼痛」這個詞嗎？要經驗來告訴我然或不然嗎？我們說「除非感覺過疼痛，否則無法設想疼痛」，這我們何從知道？怎樣才能決定這話是眞是假？

三一**六** 爲了弄清「想」這個詞的含義，我們在想的時候盯著自己看；我們觀察到的竟會是這個詞的含義是什麼！但這個概念不是像這樣使用的。（這就像我不懂象棋，卻想透過仔細觀察某盤棋的最後一步琢磨出「將死」一詞的含義是什麼。）

三一**七** 令人誤入歧途的比較：喊叫，疼痛的表達——句子，思想的表達。似乎句子的目的是讓一個人了解另一個的內部狀態如何：只不過，這裡彷彿說的是他思想器官裡的狀態而不是他腸胃裡的。

三一**八** 當我們邊想邊說或邊想邊寫，我的意思是像我們平常做的那樣——通常不會說我們想得比說得快；在這裡，思想似乎不和表達**分離**。但另一方面，我們也談論思想的迅速：思想閃電般掠過腦海；問題一下子變得清楚了等等。因此大概可以問問：在閃電般地思想之際所發生的，和並非不假思索地說話之際所發生的，可是一樣的事情——只是極其迅速？於是就彷彿在前一種情況下，鐘錶的發條是一下子鬆開的，而在後一種情況下，發條由語詞卡著，一步一步鬆開。

三一**九** 我可以在同樣的意義上閃電般地整個看見或理解一個思想，就像我可以用不多幾個字甚或幾個線條記錄下這個思想。

什麼使得這個記錄成爲這個思想的概要？

三二〇 閃電般的思想和說出來的思想的關係，大概像代數公式和我從中推演出來的數字系列的關係。

例如：給我一個代數函數，我肯定我將能夠演算出自變數1，2，3……直到10時這個函數的值。我們可以稱這種肯定「有充足的根據」，因爲我已經學會演算這類函數等等。在另一些情況下，我的肯定會沒有根據，而用成功的演算作爲理由。

三二一 「一個人恍然大悟時發生的是什麼？」這個問題問得很糟糕。若問的是「恍然大悟」這一表達式的含義，答案就不在於指向某個我們稱爲「恍然大悟」的過程。這個問題可能意味著：恍然大悟有哪些跡象？恍然大悟所特有的伴隨心理現象是哪些？

（沒有理由假定一個人會感覺到他面部的表情活動，或某種情緒活動所特有的呼吸變化，及諸如此類。即使他一旦把注意力集中到這些東西上他就感覺得到這些。）〔姿勢。〕

三二二　這種描述回答不了表達式含義的問題，這一點誘導我們推論說理解恰恰是一種特殊的無法定義的體驗。但人們忘了，必定引起我們關注的是這樣的問題：我們怎樣**比較**這些體驗；我們把什麼確立爲所發生的體驗是否相同的標準？

三二三　「我知道怎樣繼續下去了！」是個感歎句；它相應於一個自然的聲音，一個振奮的閃念。從我這種感覺當然推不出我試著繼續下去的時候我不再會被卡住。在有些情況下我會說：「我當時說我知道如何繼續下去了，**那時**我的確知道。」例如：出現了未曾預見的擾亂，我們就會這樣說。但這不能只是我未曾預見到我後來會被卡住。

還可以設想一個人再三有一種似是而非的頓悟，喊道：「現在我明白了！」而此後所做的卻從未證明這一點。他會覺得眼前閃現著一幅圖畫，但一眨眼又把畫面的含義忘掉了。

三二**四**　我肯定能把這個系列繼續下去，就像我肯定只要我一鬆手這本書就會掉在地上；假如我在展開這個系列的時候，沒有明顯的原因就突然被卡住了，這令我驚訝的程度，正不亞於這本書懸在空中而不落到地上；我們在這裡面對的都是歸納問題。這樣說對不對呢？對此我將回答：對**這種**肯定，無疑我們同樣不需要任何根據。什麼能比成功爲肯定無疑提供更好的理由呢？

三二五　「在我有了這種經驗以後，例如：看見了這個公式以後，我確信我將能繼續下去，這種確信單純是以歸納為根據的。」這說的是什麼？「火會燒傷我，這種確信是以歸納爲根據的。」這是在說我自己推論道「我總是被火燒傷，因此火現在還會燒傷我」？抑或從前的經驗是我確信的**原因**而不是其根據？從前的經驗會是確信的原因嗎？這取決於我們藉以考察確信現象的假說體系、自然規律的體系。

我們的信心有沒有理由？人們把什麼當作有理由的，顯示出他們怎麼思想、怎麼生活。

三二六　**這**理所當然，**那**不合情理。[36]但理由之鏈是有盡頭的。

三二七　「人能不講話而思想嗎？」什麼是**思想**？難道你從不思想？難道你不會觀察自己，看到這裡發生的是什麼？這該是挺簡單的。這裡你不必像是在等待一個天文事件出現，到時候再匆匆做一番觀察。

三二八　好，我們還把什麼稱作「想」？我們學會使用這個詞是作什麼用的？我說我想過了，這時我一定說對了嗎？這裡會有哪一**種類**的錯誤？有沒有那些情況，我們在那裡會問：「我剛才做的，眞是在想嗎；我是不是弄錯了？」某人在思考的進程中進行一次測

---

[36] 直譯：這在預期之中，那出乎意外。——譯者注

量：如果在測量時他不對自己說話，他就打斷了思想嗎？

三二九 當我用語言思想時，語詞表達式之外並不再有「含義」向我浮現；而語言本身就是思想的載體。

三三〇 想是一種說嗎？有人會說它是把思索著的說和不假思索的說區別開來的東西。於是它似乎是說的伴侶。一種過程，它也許還可以伴隨其他事情，甚或獨自行進。

請說這句話：「這支筆夠頓的。得了，就是它吧！」先思索著說；然後不假思索地說；然後不假語詞而只想這個思想。現在，在寫作過程中，我可能會試試筆尖，做個苦臉，然後帶著無可奈何的表情寫下去。也可能在進行測量的時候，我的做法會讓看著我測量的人說：我想到了，不借助語詞，兩個東西都和第三個大小一樣，所以它們兩個也就一樣。但這裡構成思想的不是某種活動，彷彿說出來的話只要不是不假思索的，這話就必定有這種活動伴隨著。

三三一 想像一下那些只能出聲地想的人！（正如有些人只能出聲閱讀。）

三三二 伴隨著心靈過程說出句子，這種情況我們的確有時稱之爲「想」，但我們並不用「思想」來稱這種伴隨者。說一個句子並想著這個句子；有所理解地說這個句子！好，現在不說這個句子，而只做剛才你理解著說它的時候用來伴隨這個句子的事情！（帶著表情唱這支歌。現在不要唱，只重複那表情！在這裡可以重複某種東西，例如：身體的擺動、較慢和較快的呼吸等等。）

三三三　「只有已經確信不疑的人能這樣說。」他這樣說的時候，確信是怎樣幫助他的？確信可是在話語的表達邊上排著？（抑或它被話語的表達蓋住了，就像低聲被高聲蓋住，結果就好像用話語表達確信的時候，我們倒不再聽得見它了？）若有人說「爲了根據記憶來唱一個調子，必須先在心裡聽見這個調子，跟著它唱」，又該如何？

三三**四**　「那你其實是要說……」。我們用這個說法把某人從一種表達形式引向另一種表達形式。人們被引誘使用這樣的畫面：他其實「要說的」，他「意謂的」，在我們說出來以前就已經現成擺在他心裡了。可以透過各式各樣的方式，使得我們放棄一個表達而用另一個來代替。考察一下數學問題的解答和問題提法的動機和來由之間的關係，將有助於我們明白這一點。「用直尺和圓規三等分一角」這個概念，設想一個人嘗試三等分；另一方面，設想已經證明了這是不可能的。

三三**五**　我們努力尋找，例如：在寫信的時候，正確地表達我們思想的語詞之際，發生的是什麼？這種說法把上述過程與翻譯和描述的過程等量齊觀：思想就在那裡（可說先已經在那裡），我們只是在尋找思想的表達式。在種種情況下這幅圖畫或多或少相宜。但什麼又不會在這裡發生！我沉溺於一種情緒，於是表達式**就來了**。或者，一幅圖畫在我眼前，我試著描述它；或者，我想到了一個英語表達式，而我要想出相應的德語表達式；或者，我做出一種表情，自問：和這種表情相應的是哪些詞語呢？……諸如此類。

若有人問：「你在有表達式之前有沒有思想？」我們須回答什麼？又該怎麼回答這個問題：「在表達式之前就已存在的思想是由什麼組成的？」

三三六 這裡的情況和下面的情況相似：有人認爲，人們簡直無法用德語或拉丁語既有的特別詞序來想一個句子。人們必須先想這個句子，然後再把這些詞安排到那種古怪的次序上去。（一個法國政治家曾寫道：法語的特點之一在於法語裡的語詞是按照人們思想這些語詞的次序排列的。）

三三七 但在句子一開始我的意圖不就在於句子的整體形式嗎？所以還沒說出句子之前它就已經在我心裡了！既然在心裡了，它通常就不會有另一種詞序。但我們在這裡再次構造了一幅引起誤解的「意圖」畫面——這個詞的用法的畫面。意圖鑲嵌在處境、人類習俗和建制之中。若沒有象棋技術，我就不可能有下棋的意圖。我之所以能事先有句子形式的意圖，是因爲我會講德語。

三三八 只有學會了「說」〔sprechen〕才能「有所說」〔sagen〕。因此，**想**有所說，就必須掌握一種語言；但顯然，可以想說卻不說。就像一個人也可以想跳舞卻不跳。

人們對此進行反思的時候，心靈就去亂抓跳舞、言談等等的意象。

三三**九**　思想並不是什麼無形的過程，給予言談生命和意義，而我們可以把它從言談上剝下來，就像魔鬼把笨人[37]的影子從地上撿走。但什麼叫「不是無形的過程」？是不是我知道有某些無形的過程，只不過思想不是其中之一？不然，我剛才想用原始的方式來解釋「思想」一詞的含義，窘迫之中拿來「無形的過程」一語應付。

但當人們要區別「想」這個詞的語法和「吃」等等語詞的語法時，也可能會說「思想是個無形的過程」。只不過這麼說倒讓這兩個含義的區別顯得**太細小**了。（就像人們說：數字是實在的對象，而數是非實在的對象。）一種不合適的表達方式是沉陷在混亂裡的可靠辦法。就彷彿它阻塞了擺脫混亂的出路。

三**四**〇　一個詞怎麼產生作用，猜是猜不出來的。必須審視它的用法，從中學習。困難卻在於排除阻擋我們這樣學習的成見。那可不是**笨人的**成見。

三**四**一　可以把不假思索而說，和不是不假思索而說，比作不假思索地演奏一段音樂，和不是不假思索地演奏。

三**四**二　威廉·詹姆士爲了說明沒有語言的思想是可能的，曾引用聾啞人巴拉德先生的

---

[37] Schlemiehl，即Peter Schlemihl，德國詩人Chamisso小說中的人物，通常引爲「沒有影子的人」。——譯者注

回憶，其中寫道，他在童年時，甚至在會講話之前，就產生了關於上帝和世界的思想。這說的能是什麼呢？巴拉德寫道：「就是在那幾次愉快的小旅行期間，在我開始學習初級的書面語言的兩三年之前，我開始問自己：世界是怎麼形成的？」我們要問：你肯定這話正確地把你不借語詞的思想翻譯成了話語嗎？爲什麼冒出來的是這個問題？這個問題通常似乎並不存在。我要不要說作者的記憶欺騙了他呢？我甚至不知道我會不會說**這個**。這些回憶是一種奇特的記憶現象，我不知道能從這些回憶中對敘述者的過去得出些什麼樣的結論。

三四三　我用來表達我的回憶的語詞是我的回憶反應。

三四四　可以設想人們從來不講聽得見的語言，但在內部、在想像中，對自己講一種語言嗎？

「假使人們始終只在內部對自己講話，他們所做的說到底不過是把他們今天有時做的事情變成**持續**做的事情而已。」那麼這是很容易想像的了；所需的只是完成從某些到全體的簡單過渡。（與此相似：「無盡長的一排樹，不過是一排**到不了**盡頭的樹。」）一個人對自己講話，這事的標準是他對我們所說的東西以及他的其他行爲；只有說到在通常意義上**能講話**的人，我們才說他對自己講話。我們並不這樣說一隻鸚鵡；不這樣說一架留聲機。

三四五　「有時發生的也可以始終發生。」這是個什麼樣的命題？與下面這個命題相似：若F(a)有意義則(x)·F(x)有意義。

「如果可能有一個人在一盤棋裡犯錯，那麼就可能所有人在所有棋局裡都做出錯誤舉動。」於是我們受到誤導，在這裡誤解我們的表達式的邏輯，不正確地描繪我們語詞的用法。

命令有時不被服從。但若命令從不被服從，那會是什麼樣子？「命令」這個概念就會無的放矢。

三四六　但我們就不能設想上帝突然給了一隻鸚鵡理解力，於是牠對自己講起話來嗎？但這裡的要點在於，爲了設想這樣的事情我已求助於對某種神靈的設想。

三四七　「但我至少從我自身知道什麼叫作『對自己講話』。假使我被剝奪了發聲講話的器官，我仍能在我自身中對自己講話。」

如果我只從我自身知道，那麼我就只知道我這樣稱呼的是什麼，而不知道另一個人這樣稱呼的是什麼。

三四八　「這些聾啞人都只學過手勢語言，但每一個都在內部對自己講一種有聲語言。」這你難道不理解嗎？我又怎麼知道我理不理解？！我能拿你告訴我的這個（如果它眞的告訴了什麼）做什麼？理解的整個觀念在這裡聽上去就可疑。我不知道我該說我理解還是不理解。我要回答說：「它是個中文句子；**看似**完全妥當，即在要用它做點什麼之前；它和其他句子有聯繫，這種聯繫使我們不容易說我們當眞不知道它告訴了我們什麼；但所有不曾由於探究哲學而變得麻木不仁的人都察覺到這裡有點不對勁。」

三四九 「但這個假設肯定是有意義的！」是的，這話和這幅圖畫在通常情況下有一種我們所熟悉的應用。但若我們設想一種這話在其中無可應用的情況，那我們就第一次意識到原彷彿一絲不掛的話和畫面。

三五○ 「但若我假設某人有疼痛，那我乾脆就是假設他有的和我經常有的是一樣的東西。」這卻沒有領我們多走一步。就像我說：「你知道什麼叫『這裡是五點鐘』；而且你也知道什麼叫『太陽上是五點鐘』。這就是說：這裡五點鐘的時候，那裡的鐘點和這裡的鐘點一樣。」用一**樣**來解釋，在這裡行不通。因爲，我雖然知道可以把這裡的五點鐘和那裡的五點鐘稱爲「一樣的時間」，但我卻不知道在何種情況下人們會講到這裡和那裡有一樣的時間。

同樣，說假設他有疼痛就是假設他有的和我有的一樣，也不是什麼解釋。因爲**這**一部分語法我足夠清楚：**如果**人們說：爐子有疼痛和我有疼痛，人們就會說爐子有和我一樣的體驗。

三五一 我們卻總想說：「無論他有痛覺還是我有痛覺，無論我怎麼獲知他有還是沒有，痛覺就是痛覺。」我可以承認這一點。現在假使你問我：「那麼，我說爐子有疼痛，你就不知道我意謂的是什麼嗎？」我可以回答：這話可以把我引向各種意象；但沒有再多的用處了。聽到「那時太陽上是下午五點整」這話，我也可以想像某種東西，例如：一臺指著五點的擺鐘。但應用於地球的「上」和「下」這個例子會更好些。我們在這裡對「上」和「下」的含義都有十分明晰的意象。我看得明明白白，我在上面，地球在我下面！（別唾棄這個例子。雖然小學老師已經教給我們只有蠢人才說這樣的話。但掩埋一個難題要比解決它容易得多。）須得思忖一番我們才明白，在這個例子裡我們不能以一般方式來使用「上」和「下」。（例如，我們可以說地球那一邊的人在我們這一半地球的「下面」，但這時必須承認他們用同樣的說法說到我們也是正確的。）

三五二　這裡我們的思想對我們耍了一個奇特的把戲。我們這裡是要引用排中律說：「要麼他眼前浮現了這樣一幅圖畫，要麼沒浮現；沒有第三種可能！」我們在哲學的其他領域裡也碰到這種古怪的論點。「π無限展開時要麼會出現7777這組數，要麼不會出現，沒有第三種可能。」這就是說：「上帝看到了，但我們不知道。」但這是什麼意思？我們使用一張圖畫；畫面上是一個可見的系列，一個人看見全部系列，另一個人沒有。這裡排中律說：這幅圖畫看起來一定要麼**如此**，要麼**那般**。所以這委實不言自明——什麼也沒有說，而是給了我們一幅圖畫。問題於是應該是：現實和這幅圖畫是一致？還是不一致？這幅圖畫**似乎**決定了我們要做什麼、要找什麼、要怎樣找，但它並沒決定，因爲我們恰恰不知道怎麼應用這幅圖畫。我們在這裡說「沒有第三種可能」或「不會有第三種可能！」這說法表達出來的是，我們無能把目光從這幅圖畫上移開；這幅圖畫看上去一定已經包含了問題及其解答，同時我們卻**感覺到**並非如此。

同樣，人們說「他要麼有這種感覺，要麼沒有」。這時在我們眼前首先出現一幅圖畫，它似乎已經決定了**不可能誤解**這些說法的意思。人們要說：「現在你知道是怎麼回事了。」而他看了畫面仍不知道的恰就是這個。

三五三 詢問證實一個命題的可能性及其方式，只是以一種特殊形式詢問：「你是什麼意思？」其回答則是對該命題的語法的一種貢獻。

三五四 當語法游移在標準和徵兆之間時，這產生一種假象，似乎只有徵兆存在。例如，我們說：「經驗告訴我們，氣壓錶下降時會下雨，但經驗又告訴我們，我們有某些溼冷感覺或有如此這般的視覺印象時會下雨。」討論後一種說法時人們提出，這些感官印象可能欺騙我們。但他們在這裡不想一想，如此這般的感官印象會讓我們恰恰誤以爲要下雨，這個事實是依附在某種定義上的。

三五五 問題不在於我們的感官印象會哄騙我們，而在於我們如何理解它們的語言。（而這種語言像任何其他語言一樣，依附在約定之上。）

三五六 人們傾向於說：「在下雨，或者不在下雨，至於我怎麼知道的、至於有關這事的資訊我是怎麼得到的，是另一回事。」但我們就這樣來提出問題：我把什麼稱作「正在下雨的資訊」？（抑或我還獲得了僅只關於這個資訊的資訊？）究竟是什麼把這個「資訊」指稱爲關於某事的資訊？我們的表達形式不是在這裡把我們引入歧途了嗎？「我的眼睛向我提供了『那邊有把椅子』的資訊」不是一個引入歧途的譬喻嗎？

三五七　我們不說一條狗**有任何可能**對自己講話。這是因爲我們非常熟悉牠的靈魂嗎？就算我們可以這樣說：看到了一個生物的行爲舉止就看到了牠的靈魂。但說到我自己，我也因爲我如此這般行爲舉止才說我對自己講話嗎？我**不是**基於對我的行爲舉止的觀察這樣說的。但只因爲我如此這般行爲舉止，這話才有意義。那麼，難道不是因爲我**意謂**這話，這話才有意義？

三五八　但給予句子意義的難道不是我們的**意謂**嗎？（這裡自然還包括我們不能意謂一個無意義的語詞串。）而意謂是心靈領域裡的東西。但它也是某種私有的東西！它是不可捉摸的某種東西；只能和意識本身相提並論。

人們怎麼會覺得這有點可笑呢？它就彷彿是我們的語言的一個夢。

三五九　機器會思想嗎？它會疼嗎？該把人體叫作這樣一臺機器嗎？它可是極接近於這樣一臺機器啊！

三六〇　但機器當然不會思想！這是一個經驗命題？不是。只有說到人，以及和人相似的東西，我們才說他思想。我們還這樣說布娃娃，當然還有精靈。把「思想」一詞當作工具來看看它！

三六一　椅子正在思考……

在哪裡想？在它的某個部分？還是在它的體外；在它周圍的空氣裡？抑或不在**任何地方**？那麼，在這把椅子的內在語言和它旁邊那把椅子的內在語言之間有什麼區別呢？那麼，人的情況又如何：他在哪裡對自己講話？除了這個人在對自己講話這種地點規定之外，難道不再需要任何其他的地點規定？怎麼一來，這個問題就似乎沒有意義？而同時，椅子在**哪裡**和自己講話這個問題卻似乎索求一個回答。原因是：我們想知道椅子在這裡會是怎樣被比擬成一個人的；例如，它的頭是不是在椅背的頂端？諸如此類。

在心裡對自己講話是個什麼樣子；這時發生的是什麼？我該怎樣解釋？就照你如何教會一個人「對自己講話」這句話的含義那樣做。我們從小就學會了這個含義。只不過，沒有人會說，教會我們的人告訴了我們「這時發生了什麼」。

三六二　我們倒覺得，老師在這種情況下不曾直接對學生說出這一含義，而是把它**提示**給學生；但學生最後卻學得爲他自己提供出正確的指物定義。我們的錯覺就在這裡。

三六三　「我想像些什麼，當然就有些什麼**發生**了！」好，有些什麼發生了，然後爲何弄出些聲響來？大概是爲了傳達發生的事情。但人們究竟怎麼傳達某件事情的？我們什麼時候說一個人在傳達一件事情？什麼是「傳達」的語言遊戲？

我想說：你把「人們能向一個人傳達些什麼？」這件事看得太過不言自明了。這是說：我們太習慣於在談話中透過語言傳達，以至於我們覺得傳達的整個要義似乎在於另一個人把握到了我的話的意義——心靈裡的某種東西，就彷彿意味著把這個意義裝進了他自己心裡。至於他隨後再拿所傳達的做點什麼，則不再直接和語言的目的相干。

人們想說「『傳達』的作用在於：他**知道了**我疼，傳達產生出這種心靈現象；別的一切都無關傳達的要義。」至於「知道」是種什麼奇特的現象，這可以以後再說。心靈過程本來就奇特嘛。（彷彿有人說：「鐘錶向我們顯示時間。至於**什麼**是時間，則懸而未決。而人們爲何要知道時間？在這裡已不相干了。」）

三六四　某人在心裡計算。設想他把得數用於建橋梁或造機器。你要說他**其實**未加計算就獲得這個數字？這個數字像夢一般從天而降？但那時一定有過計算，是算出來的。因爲他**知道**他做了計算以及怎麼做的計算；除了計算就沒辦法解釋怎麼獲得了正確的結果。但我這麼說又如何？「**他覺得**他似乎做了計算。爲什麼結果正確就該有個解釋？他一言不發、一字不寫就能計算，這還不夠不可思議嗎？」

在想像中計算在某種意義上不如在紙上計算實在嗎？它是**實實在在**的心算。它和在紙上計算相似嗎？我不知道該不該把這稱作相似。一片白紙，上面畫了些黑線條，這和人體相似嗎？

三六五　Adelheid和主教下的是一盤**實在的**象棋嗎？當然。他們並非只在假裝下棋——在戲劇中那是可能的。但，例如：這盤棋卻沒有開始！當然有，否則它就不成其爲一盤棋。㊳

三六六　心算不如在紙上計算實在嗎？人們也許傾向於這樣說；但人們也可能採取正相反對的觀點，這時他對自己說：紙啊、墨水啊，都只是來自我們感官資料的邏輯建構罷了。

「我用心算把……乘過了」我不**相信**這種陳述嗎？但那眞是一種乘法嗎？它不僅僅是「一種」乘法，而且是**這種乘法**——心算的乘法。這就是我迷失的地方。因爲我現在要說：那是和紙上的乘法相應的某種心靈過程。於是「這一心靈過程和紙上的**這**一過程相對應」這話就有意義了。這時再談論符號的意象依照某種摹寫方式可以表現符號本身就有意義了。

㊳ Adelheid和主教下棋的故事出自歌德的戲劇《鐵手騎士葛茲》。「這盤棋沒有開始」可參照二九七節所說的燒開水鍋的畫面。——譯者注

三六七 意象畫面就是當某人描述其意象時所描述的畫面。

三六八 我向一個人描述一個房間，然後讓他根據我的描述畫一幅**印象主義的畫**，以表明他理解了我的描述。我在描述中說椅子是綠色的，現在他畫成深紅色；我說「黃」的地方，他畫成藍色。這就是他從這個房間獲得的印象。而我現在說：「完全正確；房間看上去就是這樣。」

三六九 我們想問：「一個人心算的時候，那是什麼樣子？發生的是什麼？」在某個特例中答案可以是「我先把17與18相加，然後減去39……」。但這並沒有回答我們的問題，**這樣一種**方式並不曾解釋什麼叫作心算。

三七〇 必須問的不是「什麼是意象」，或具有意象的時候發生的是什麼，而是「意象」一詞是怎麼用的。但這不是說我要談論的只是語詞。因爲，若說我的問題談論的是「意象」這個詞，那麼在同樣的程度上追問意象本質的問題談論的也是「意象」這個詞。而我說的只是，這個問題不是可以透過指向什麼東西得到解釋的，無論對於具有意象的那個人還是對於別人都是這樣；這也不是可以透過對任何過程的描述得到解釋的。第一個問題[39]所

---

[39] 即意象本質的問題——什麼是意象的問題。——譯者注

詢問的也是一種語詞解釋；但它引導我們期待一種錯誤的回答方式。

三七一　**本質**在語法中道出自身。

三七二　考慮一下這個說法：「語言裡唯一和自然必然性關聯的東西是一種任意的規則。這種任意的規則是我們能從這種自然必然性抽出來注入一個句子的唯一的東西。」

三七三　某種東西是哪一類對象，這由語法來說。（神學之爲語法。）

三七四　這裡極難不把事情描繪成彷彿有某種人的**能力**不及的東西。彷彿那裡有個對象，我從中抽取描述，但我沒有能力把它顯示給任何人。我所能提出的最好建議是，我們屈從於使用這幅畫面的誘惑：然而，接著來探究這幅畫面的**應用**是什麼樣子的。

三七五　怎麼教一個人默讀？怎樣知道他什麼時候能默讀了？他自己如何知道他是在做老師要求他做的？

三七六　我在心裡對自己唸字母表，另一個人默默地對他自己唸字母表，什麼是我和他所做的一樣的標準？也許可以發現這時我的喉頭和他的喉頭所發生的事一樣。（同樣，當我們兩個想的一樣、希望的一樣等等，我們的喉頭也可能發生同樣的事。）那麼我們是否曾靠指著喉頭或腦子的過程學會了「默默對自己說如此這般」這話的用法呢？對應於我和他對聲音a的意象的不也很有可能是不同的生理過程嗎？問題是：我們如何比較意象？

三七七　邏輯學家也許認爲：一樣就是一樣，人怎麼就相信兩種東西一樣，是個心理學問題。（高就是高，人們有時**看見**高度、有時**聽見**高度，這屬於心理學。）

兩個意象一樣，標準是什麼？一個意象是「紅」的，標準是什麼？對我來說，要是別人有這個意象，標準就是：他的所說所爲；要是我有這個意象，標準就是：根本沒有。而對「紅」行得通的，對「一樣」也行得通。

三七八　「在我判斷我的兩個意象一樣之前，我必須意識到它們是一樣的。」但這件事發生的時候，我又怎麼知道「一樣」一詞描述的是我的意識？唯當我能夠用別的方式表達我的意識，而且有另一個人能夠教給我這裡該使用「一樣」一詞才對。

因爲，如果我使用一個詞需要講出其中的道理，那這個道理對別人也是有效的道理。

三七九　我先認出了它是**那個東西**；然後才記起來我把它稱爲什麼。想一想，在哪些情況下這樣說是對的？

三八〇　我如何認出這是紅的？「我看見它是**這個**，而我知道這個叫作『紅』。」這個是什麼呢？！什麼樣的答案對這個問題是有意義的？

（你一再把舵打向一種內在的指物定義。）

我無法把任何規則應用到從所見之物到語詞的**私有**過渡。在這裡，這些規則當真懸在空中；因爲它們的用法機制闕如。

三八一　我怎麼認出這種顏色是紅的？一種回答會是：「我學會了中文。」

三八二　聽見這話我就形成了這個意象，我如何論證是這樣呢？

但有誰曾向我展示過藍顏色的意象並告訴我那就是藍顏色的意象？

「這個意象」這話的含義是什麼？怎麼指向一個意象？如何兩次指向一樣的意象？

三八三　我們不分析現象（例如：思想）而分析概念（例如：思想的概念），因而就是分析語詞的應用。於是我們所做的可能顯得像唯名論。唯名論者的錯誤是把所有語詞都解釋成了**名稱**，因此並不眞正描述語詞的用法，而是彷彿爲這樣一種描述提供了一張紙面上的匯票。㊵

三八四　你隨著語言一起學到了「疼痛」這個**概念**。

三八五　問問你自己：可以設想一個人從不筆算、從不口算，卻學會了心算嗎？「學」卻是說：造就能做某事的本領。問題只在於：把什麼當作某人能做這事的標準。但也可能有某個部落只知心算不知其他演算法嗎？這裡必須自問：「那將是什麼樣子的？」因而我們必須把這個描繪爲一種邊界事例。這樣又會產生一個問題：我們在這裡還願不願意應用「心

㊵ 應理解爲沒有相應支付能力的匯票。——譯者注

算」的概念？抑或在這類事例中這個概念已經失去了它的目的？因爲各種現象都被另一個範本吸引過去了。

三八六　「但你爲什麼這麼不信任自己？你平時卻一直知道什麼叫『計算』。所以，如果你說你在想像中算過了，那你就會是算過了。假如你沒算過，你就不會這樣說。同樣，如果你說你在想像中看見了紅色的東西，那它就會是紅色的。你平時很清楚什麼是『紅的』。再說：你並不總依賴於與別人一致；因爲你經常告訴人說你看見了某種東西，而別人誰都沒看見。」但我挺信任自己的，我不假思索地說我在心裡算過了，我能想像出這種顏色。困難不在於我懷疑我是否眞的能想像出紅色的東西。**而在於**：我們能夠直接指出或描述出我們所想像的顏色；把意象投射到現實中並無絲毫困難。那麼，它們是否太過相像乃至會被混淆？但我也能直接從一幅畫像上認出某個人來。但我因此就能這麼問嗎——「這種顏色的正確意象看起來是怎樣的？」或者「它是什麼性質的東西？」這我**學**得到嗎？

（我無法接受他的證詞，因爲這不是**證詞**。它只告訴我他**傾向於**說些什麼。）

三八七　**深刻的**景貌容易消隱。

三八八　「這裡我沒看見紫色的東西，不過，你給我一個顏料箱，我就可以從裡面指出紫色來。」人如何**知道**到時候他能把紫色指出來，就是說，他如果看見就能認出這種顏色？

我如何從我的**意象**知道這種顏色實際看起來是什麼樣子？

我如何知道我將能做某件事？即，我現在所處的狀態是我能做那件事的狀態？㊶

三八九 「意象一定比任何畫面都更像它的對象。因爲，無論我把畫面作得多像它所表現的東西，它總還可以是其他什麼東西的畫面。但意象的本性就在於它是**這一個**的意象而不是其他任何東西的意象。」於是竟可以進一步把意象視作一種超級圖像了。

三九〇 我們能夠想像石頭有意識嗎？如果能，爲什麼也許那只不過證明了意象對我們毫無意趣呢？

三九一 也許我也能設想（儘管這不容易），我在街上看到的每一個人都經受著可怕的疼痛，但都巧妙地掩飾起來了。重要的是我在這裡必須設想一種巧妙的掩飾。就是說，不單單設想我對自己說：「他的靈魂在疼；但這和他的肉體有什麼相干！」或「疼痛說到底無需顯示在肉體上！」而且要設想，我這樣設想的時候，我做的是什麼？我對自己說的是什麼？我怎麼看著街上的人？例如我看著一個人，自忖「人這麼疼的時候一定很難笑得出來」，以及諸如此類的很多東西。我彷彿在扮演一個角色，做得彷彿別人在疼。而我這樣做

㊶ 德文imstande和im Zustande兼有「處在某種狀態中」和「能」的意思。這裡先說können（能），接著轉換爲in dem Zustande（處於該狀態）。——譯者注

的時候，人們會說，我是在想像……

三**九**二　「當我設想他疼，我心裡眞正發生的只是……」而另一個人說：「我相信我可以設想他疼而**不同時**想到……」（「我相信我可以不借語言來想。」）這不會帶來收穫。這種分析搖擺於自然科學和語法之間。

三**九**三　「如果我設想一個笑著的人實際上在疼，那我就不是在設想疼痛的行爲舉止，因爲我看到的正好相反。那麼，我設想的是什麼呢？」我已經說出了我設想的是什麼了。我不必同時設想我感覺到疼痛。「但做這個設想之際發生的究竟是什麼呢？」我們在什麼地方（哲學以外）使用「我可以設想他在疼」或「我設想……」或「你設想一下……！」這些話呢？

例如，我們對要在戲裡扮演某個角色的人說：「你在這裡必須設想這個人在疼，但他掩飾這疼」。我們不再給他任何指示，不對他說**實際上**該做什麼。因此，連剛才那種分析在這裡也用不上。我們只是觀看設想這種場景的演員。

三**九四**　在什麼樣的情況下我們會問一個人：「你設想這個的時候，心裡實際上都發生了些什麼？」我們這時都期待什麼樣的回答？

三**九五**　一件事物**能不能設想**，這一點在我們的探討中扮演的是什麼角色，頗不明朗。

即，在何種程度上它爲一個命題具有意義提供了保證？

三九六 聽到一句話後是不是根據它勾畫一幅畫面，這對理解一句話無關緊要；聽到一句話時是否爲自己想像點什麼也並不更重要些。

三九七 人們在這裡也可以不說「能不能設想」，而說：能不能以一種特定的表現方式加以表現。從這種表現當然**可能**引向通往進一步使用的可靠道路。另一方面，一幅畫面也可能強加於我們卻毫無用處。

三九八 「然而，我設想某種東西乃至實際上**看到**某些對象的時候，我畢竟有某些我的鄰人所沒有的東西。」我明白你的意思。你是要四處看看，說：「唯**我**有**這個**。」說這話做什麼呢？一無所用。但不也可以說：「這裡說不上『看見』，於是也說不上『有』；說不上主體，因此也說不上『我』？」難道我不能問：你說到的東西，你說只有你有，在什麼意義上你**有**它？你擁有它嗎？你甚至沒**看見**它。你不是必須說沒有人有它吧？而這一點也很清楚：如果你從邏輯排除了另一個人得到某種東西的可能性，說你有這種東西也就失去了意義。

但你所講的那個東西是什麼呢？不錯，我剛才說過我心裡知道你意謂的是什麼。但那是說，我知道人們怎麼把握這個東西？怎麼看見它？怎麼彷彿借眼光手勢來意謂以指稱它。我知道在這種情況下人們怎麼前瞻四顧，以及其他。我相信人們可以說：你說的是（例如：你這時坐在房間裡）「視覺房間」。這個「視覺房間」是沒有擁有者的房間。我不可能擁有它，一如不可能在這裡面走來走去，或看著它、或指著它。它不屬於我，就像它也不可能屬於別的什麼人。或者說，並不因爲我說到它和說到我坐在其中的物質房間本身，都要用一樣的表達形式，它就屬於我。描述物質的房間不必提及擁有者，它甚至也不一定有擁有者。但視覺房間卻不**可能**有擁有者。也許可以說：「因爲它裡裡外外都沒有主人。」

設想一幅風景畫，在虛構的風景裡有一所房子。有人問：「這房子是誰的？」一種可能的回答是：「坐在屋前長凳上的農夫的。」不過，這個農夫卻走不進他的房子……，諸如此類。

三九九　也可以說：視覺房間的擁有者一定是和視覺房間本質相同的東西；但他不在房間裡，同時也沒有個「房間外」。

四〇〇　我們彷彿揭示出了「視覺房間」，其實是發現了一種新的說話方式，一個新的比喻，甚至可以說，一種新感覺。

四〇一　你把一個新看法解釋成了看見一個新對象。你把自己採取的一個語法步驟解釋爲：你觀察到的準物理現象。（想一想「感官材料是不是宇宙的構成材料？」這類問題。）

但我的說法「你採取了一個『語法』步驟」，不是無可指摘的。你首先是發現了一種看事物的新方式。就像你發明[42]了一種新的畫法、或一種新節奏、一種新曲式。

四○二 「我的確說了『我現在有如此這般的意象』，但『我有』這話只是爲了**別人**的符號；意象世界**完整地**表現在對意象的描述中了。」你的意思是：說「我有」就像說「注意！……」你大概想說它其實應該換個方式來表達。最簡單的，大概是用手做個表示，然後開始描述。在眼前這類情況下，我們不贊成普通語言的各種說法（它們卻各自做著份內的事），那是因爲我們的頭腦裡這時坐定著一幅和普通表達方式的畫面相衝突的畫面。而我們卻想說：我們的表達方式並不是像事實實際上所是的那樣來描述它們。彷彿「他疼」這個句子不僅在這個人不疼的情況下是假的，而且會在其他方式上是假的。彷彿這種表達形式〔天然〕說的就是某種假的東西，儘管這個句子——既然找不到更好的句子——斷定著眞實的內容。

因爲唯心論者、唯我論者和實在論者之間的爭論看起來就是**這樣**。一派人攻擊正常的表達形式，彷彿是在攻擊一個斷言；另一派人保衛這種表達形式，彷彿他們是在強調每個有理性的人都承認的事實。

四○三 假如我把「疼」這個詞專用於我從前一向稱爲「我疼」、別人稱爲「維特根斯

---

[42] 這裡「發現」和「發明」所對應的德文分別是gefunden和erfunden。——譯者注

坦疼」的情況，而其他情況裡則不再有「疼」這個詞，但只要提供一個記號，用它來補償由此而產生的空缺，[43]那對別人倒也沒什麼不公平。其他人照樣得到同情，得到醫生的治療。說：「但是別人有的和你有的是同樣情況！」當然也並**不足以**成爲反對我們用這種方式來表達的理由。

但我會從這種新的表述方式中得到什麼？什麼也沒有。但唯我論者提出他的觀點，也不是希圖任何實際利益啊！

四〇四 「我說『我在疼』時，並不指著一個正在疼的人，因爲在某種意義上我不知道是**誰**在疼。」可以爲這種說法提供某種理由。因爲首要之處是：我不曾說如此這般的人在疼，而是說「我在……」，這麼說的時候，我並不是在提任何人的名字。正如我疼得**呻吟**並不是在提任何人的名字。雖然別人根據呻吟看得出誰在疼。

知道「**誰在疼**」究竟說的是什麼？這是說，知道這間屋子裡的哪個人在疼：坐在那邊的那個人，或站在角落裡的那個，或那邊那個金髮的大個子等等。我說這些有什麼用意嗎？我是要表明人的「**身分認證**」有極爲不同的標準。

那麼是哪一個標準決定了我該說「**我**」在疼呢？哪個都不是。

---

[43] 即由於把「疼」這個詞作此專用而另發明一個詞來用在通常說「疼」的地方。——譯者注

四〇五 「反正你說『我在疼』，是要讓別人注意到一個特定的人。」回答也許是：不然，我只是要讓他們注意我。

四〇六 「但你要用『我在……』這話把**你**和**別人**區別開。」在所有情況下都可以這麼說嗎？甚至當我僅僅在呻吟的時候？即使我的確「要區分」我和別人——我是要區分L. W.這個人和N. N.[44]這個人嗎？

四〇七 可以設想一個人呻吟著：「有人在疼，我不知道是誰！」於是我們趕忙去幫他，幫那個發出呻吟的人。

四〇八 「但你並不懷疑是你還是別人在疼！」——「我不知道是我還是別人在疼」。這句話是一個邏輯積，其中的一個因數是：「我不知道我是否在疼」而這不是一個有意義的句子。

四〇九 設想有幾個人圍成一圈，我也在其中。其中的一個人，有時是這個，有時是那個，被接在一個電機的電極上，但我們都看不見。我觀察別人的臉部表情，試圖看出我們之中誰剛剛受了電擊。有一次我說：「現在我**知道**是誰了；正是**我**自己。」在這個意義上我也

---

[44] L. W.指維特根斯坦自己，N. N.指隨便某個人，例如：張三、李四。——譯者注

可以說：「現在我知道誰感覺到了電擊；正是我自己。」這會是一種奇特的表達方式。但若這裡假設，即使別人遭到電擊，我也會感覺到電擊，那麼「我現在知道誰在……」這種表達方式就完全不適用了。它不屬於這個遊戲。

四一〇 「我」不是一個人的名字，「這裡」不是一個地方的名字，「這個」也不是一個名稱。但它們與名稱聯繫在一起。名稱透過它們得到說明。的確，不使用這類語詞是物理學的一個特徵。

四一一 考慮一下這些問題如何應用，怎樣解決：

(1)「這些書是**我的**書嗎？」

(2)「這腳是**我的**腳嗎？」

(3)「這身體是**我的**身體嗎？」

(4)「這個感覺是**我的**感覺嗎？」

這些問題的每一個都有實際的（非哲學的）應用。

問題(2)：設想我的腳被麻醉了，或癱瘓了。在某些情形下，這個問題可以透過確定我的這隻腳是否感到疼來解決。

問題(3)：一個人可能會指著鏡子裡的影像這樣問。但在某些情形下，一個人也可能會摸著身體提出這個問題。在另一些情形下，這和問「我的身體看起來是**這個樣子**嗎？」意義相同。

問題(4)：**這個**感覺究竟是哪個感覺？即：人們在這裡是怎麼使用指示代詞的？和第一個例子之類不是一樣的！這裡出現了混亂，又一次是因爲人們以爲注意一種感覺就是指向這種感覺。

四一二 人們感覺到在意識和大腦過程之間有一道不可逾越的鴻溝，而這種感覺怎麼並沒有參與到對日常生活的各種考察之中呢？這種類別差異的觀念和一種輕微的眩暈聯繫在一起，我們變邏輯戲法時會出現這種眩暈。（我們考慮集合論的某些定理時，同樣的眩暈會攫取我們。）在我們的這個例子裡，這種感覺什麼時候出現？例如：在這種時候我以某種方式把注意力集中到我的意識上，驚訝地說：這應該是大腦過程產生的！這時我彷彿在緊緊抓住自己的額頭。但說「把我的注意力集中到我的意識上」會是什麼意思？這眞是再奇怪不過的事了！我用這種說法所說的（因爲日常生活裡的確沒人用這種說法），是看的一種。我目不轉睛地凝視前方，但不凝聚在任何特定的點或物上面。我雙目大睁，眉頭不皺（若是某種對象引起我的興趣，我大多會皺起眉頭）。我的凝視不閃現這種興趣。我目光「茫然」；也許**類似於**一個人陶醉在天光雲影之中。

請細心想想：我作爲一個悖論說出來的這個句子（**這**是大腦過程產生的！）一點也不自相矛盾。我說出這話的時候可能正在做一個實驗，其目的在於顯示我所看見的光照效果是由刺激大腦的某一部位產生的。但在我說出這個句子的場合，這個句子卻不具有日常的、不自相矛盾的意義。而且我的注意力也不合於實驗時應有的那一種。（否則我的目光就會是「專注的」而不是「茫然的」。）

四一三 這裡我們有個內省的實例，從類似的事例裡，威廉．詹姆士得出結論說：「自我」主要由「頭上的以及頭與喉嚨之間的特殊運動」組成。詹姆士的內省所顯示的不是「自我」一詞的含義（如果「自我」指的是「人」、「他自己」、「我自己」之類），也不是對自我這種東西的分析，而是一個哲學家對自己說「自我」一詞並要分析其含義的時候，這個哲學家的集中注意力的狀態。（從中可以學到許多東西。）

四一四 你以爲你一定是在織一匹布：因爲你坐在紡車旁，即使它是空的並做著織布的動作。

四一五 我們提供的其實是人的自然史的評論；但不是奇聞異見，而是一些沒有人懷疑過的論斷，它們沒引起評論，只因爲它們始終擺在人們眼前。

四一六 「人們一致說他們看見、聽見、感到等等（儘管有些人盲，有些人聾）。因此人們證明自己具有**意識**。」但這多奇怪呀！我說「我具有意識」，我當眞把這話告訴誰呢？我爲何對自己說這個，別人又怎麼來理解我？「我看見」、「我聽見」、「我清醒地意識到」這類說法在現實中的確有它們的用法。我對醫生說「現在我這只耳朵又聽得見了」；我對一個以爲我昏迷的人說「我的意識又恢復了」等等。

四一七 那麼，我是否觀察自己並且發覺我在看或我又恢復了意識呢？爲何竟要說到觀察！爲什麼不直截了當地說「我發覺我又恢復了意識」？但這裡爲何要說「我發覺」？爲什麼不說「我又恢復了意識」？但「我發覺」這話在這裡不是表明我在注意我的意識嗎？通常並非如此。而在的確如此的時候，「我發覺……」這句話卻不是說「我又恢復了意識」，而是說「我的注意力現在集中到了這一點上」等等。

但難道不是一種特定的經驗導致我說「我又恢復了意識」嗎？哪種經驗？在**哪種**情形下我們這樣說？

四一八 我有意識是不是一個經驗事實？

但人們不是說到人才說他有意識，而說到木、石，就說它們沒意識嗎？另一種情況會是什麼樣子？會不會人就都沒有意識了？不會，在這個詞的普遍意義上不會。但，比如我就會沒有意識，正如我現在事實上有意識。

四一九 在哪種情況下我會說某個部落有個**酋長**？而這個酋長當然有**意識**。他當然不可以沒有意識而是酋長！

四二〇 但難道我無法設想我周圍的人，儘管他們的行爲方式一如既往——都是機器人，都沒有意識？如果我現在獨自在我的房間裡，這樣設想，我會看見人們目光凝滯（有點像發呆時那樣）做著某些事情，這想法也許有點嚇人。但試試在尋常交往之際，例如：走在大街上的時候，堅持這種想法！你對自己說：「那邊的孩子都只是些機器人；他們活蹦歡跳，卻都是自動裝置發動的。」要麼這些話對你而言如同什麼都沒說，要麼會在你心裡產生某種嚇人的感覺，或諸如此類的感覺。

把一個活人當成機器人，就像把一個形象看作邊界事例或另一個東西的變體，例如：把一個窗格看作卐字符。

四二一 我們覺得把物質狀態和意識狀態混在一**起**報告顯得乖悖：「他深感痛苦，輾轉不寧。」這很平常；那我們爲什麼覺得乖悖呢？因爲我們想說，這句話說到的既有可觸的又有不可觸的。但若我說：「這三個支架爲建築物提供了穩定性」，你覺得不舒服嗎？三和穩定性可觸嗎？請把句子視爲工具，把句子的意義視爲其使用！

四二二 我相信人有靈魂，我相信的是什麼？我相信這種物質包含兩個碳環；我相信的是什麼？在這兩個例子中，前景都有一幅圖畫，意義卻遠遠在背景裡；即：不容易綜觀畫面的應用。

四二三 **無疑**，所有這些事情都在你心裡發生。不過現在讓我來理解我們使用的表達式。畫面在那裡。在特殊的例子裡畫面是有效的，這我不想爭辯。不過現在我還要理解畫面的應用。

四二四　畫面在**那裡**；而我也不想爭辯它**正確**與否。但**什麼**是它的應用？試把目盲的畫面想作心靈裡的黑暗或盲人腦海裡的黑暗。

四二五　在無數情況下，我們努力去發現一幅圖畫，一旦發現了，其應用就彷彿不召自來，於是我們已經有了一幅擺脫不掉的畫面，如影隨形，但並不幫助我們擺脫困難；困難在這裡剛剛開始。

例如，我問：「我應該怎樣設想把**這個**機械放入**這個**機架？」一幅按比例縮小的圖紙也許可以作爲回答。然後人們可以對我說：「你瞧，它是**這樣**進去的」；甚或可以說：「有什麼可奇怪的？你在**這裡**看見的是什麼樣子，它在那裡就是什麼樣子。」後者當然並沒有提供更多的解釋，而只是要求我琢磨出如何應用已經給予我的那幅圖畫。

四二六　喚起一幅圖畫，似乎就**毫無歧義地**確定了意義。和這幅圖畫的典範用法相比較，實際應用似乎是變得不大純粹的東西。這裡的情況和集合論的情況相仿：表達方式似乎是爲上帝剪裁的，他知道我們無法知道的東西；他看得見整個無限系列並且窺見到人類意識內部。當然對我們來說，這些表達形式就像一件法衣，我們纔可以穿上它，但拿它做不了什麼，因爲我們是沒有給予這套服飾意義和目的的實際威權的。

在實際使用表達式的時候，我們彷彿繞彎子穿小巷；同時，筆直寬闊的大路就在眼前，但我們當然用不上，因爲它永久關閉了。

四二七 「我對他講話的時候，不知道他腦子裡在發生什麼。」人們在這裡想的不是大腦的過程，而是思想的過程。應當認眞對待這幅圖畫，我們當眞想看到他腦子裡面。而我們的意思卻無非是我們通常說「我們想知道他在想什麼」這話的意思。我要說：我們有這幅生動的圖畫、以及這種用法；這種用法似乎與這幅圖畫相矛盾，表達著心理的東西。

四二八 「思想，如此稀奇的東西」，但我們思想時並不覺得它稀奇。我們思想時也不覺得思想神祕，而只有當我們彷彿反省著說：「那怎麼可能？」我們才覺得思想神祕。思想剛才怎麼可能處理這個對象**本身**？我們覺得我們似乎是用思想把實在捕進了網裡面。

四二九 思想和現實一致、和諧，這在於：當我錯誤地說某種東西是**紅的**，那種東西儘管如此卻不是**紅的**。而當我要對某人解釋「那不是紅的」這句話裡的「紅」字，我這時指的是某種紅的東西。

四三〇 「將一把尺放在這個物體上；它並不說物體如此這般長。我倒要說，尺本身是死的，它絲毫成就不了思想才能成就的。」就彷彿我們想像活人的本質是他的外形，於是我們用一塊木頭做了這樣一個外形，看到這塊死氣沉沉的東西一點也不像活人而感羞慚。

四三一 「命令和執行之間有一道鴻溝。它必須由理解填平。」
「只有透過理解，這個命令才叫作：『我們必須做這個』。命令，那不過是些聲音、是些墨水說說罷了。」

四三二 符號**自身**似乎都是死的。**是什麼**給了它生命？它在使用中有了**生命**。它在使用中注入了生命的氣息？抑或**使用**就是它的生命？

四三三 我們給出一道命令，也許最終的東西即命令所願的東西，看起來仍沒有表達出來，因爲在命令和它的執行之間始終有一道鴻溝。我想讓某人做一個特定的動作，比方說舉起手臂。爲了使這一點清清楚楚，我把這個動作先做一遍。這幅圖畫似乎毫無歧義；直到我們問：他怎麼知道**他應該做這個動作**？一般說來，他怎麼知道應該怎麼使用符號？無論我給他的符號是什麼？於是我會用進一步的符號來補充這個命令，指著我，再指著他，做出鼓勵的姿勢等等。這裡就像是命令開始結巴了。

就彷彿符號在透過沒有把握的手段嘗試著在我們心裡喚起理解。但若我們終於理解了符號，我們是借什麼符號理解的呢？

四三四 人們想說，姿勢**試圖**提供範本，但是做不到。

四三五 若問：「句子怎麼一來就有所表達了？」回答可以是：「你難道不知道嗎？但

你使用句子的時候明明看見了。」這裡毫無隱瞞。

句子怎樣一來就做到了？你難道不知道嗎？這裡毫無隱瞞。

「你明明知道句子怎麼一來就做到了，這裡毫無隱瞞。」對這樣的回答，人們會反駁說：「不錯，但一切都飛馳而過，而我想要的就像是把它攤開看個仔細。」

四三六 這裡很容易陷進探究哲學的死胡同，以爲面臨的困難在於我們須得描述難以捕捉的現象，疾速滑走的當下經驗，或諸如此類。這時我們覺得一般語言似乎太粗糙了，似乎我們不是在和日常所講的那些現象打交道，而是在和那些「稍縱即逝的現象」打交道，「這些現象在瞬息生滅的同時產生出與日常所講的那些現象近似的現象」。（奧古斯丁：「多少時間前」、「花了多少時間」等等是些最明白、最尋常的話，但其意義又深深隱藏著，發現其意義實爲新事。）[45]

四三七 一個願望似乎已經知道什麼東西將滿足它或會滿足它；一個命題、一個思想似乎已經知道什麼東西將會使它爲眞，即使那東西根本不存在！尙不存在的東西的這種**規定作用**從何而來？這個專斷的要求從何而來？（「堅不可摧的邏輯必然性。」）

---

[45] 引自《懺悔錄》卷十一第二十二節。——譯者注

四三八　「計畫之爲計畫，總是某種未被滿足的東西。」（就像願望、預期、推測等等。）

我這裡的意思是：預期未被滿足，因爲它預期某種東西；信念、看法未被滿足，因爲看法即是認爲某件事情是如此這般，認爲某件在「認爲」活動之外的實在的事情是如此這般。

四三九　在何種程度上可以把願望、預期、看法等等稱爲「未被滿足的」？我們不滿足的原始圖像是什麼？它是一個空洞嗎？人們會把這樣的東西說成是未被滿足的嗎？這難道不也是個譬喻嗎？我們稱爲不滿足的東西難道不像是諸如饑餓之類的感覺嗎？

在一個特定的表達系統中，我們可以用「滿足」和「不滿足」這些詞描述一個對象。例如：我們可以規定把一個中空的圓柱體稱爲「未被滿足的圓筒」，把充塞它的實心圓柱體稱爲「使它得到滿足的東西」。

四四〇　說「我要一個蘋果」並不是說：我認爲一個蘋果將平息我的不滿足感。**後一個**命題表達的不是願望，而是不滿足。

四四一　出於天性，透過特定的訓練、教育，我們在特定境況中習於把願望表達出來。（**願望**本身當然不是這樣一種「境況」。）在我的願望滿足之前，我知不知道我願望的是什麼，這個問題根本就不可能出現在這個遊戲中。某件事打消了我的願望並不意味著它實現了願望。假如當時我的願望被滿足了，我當時也許不會覺得滿足。

另一方面，人們也這樣使用「願望」一詞：「我自己也不知道我願望的是什麼。」（「因爲願望對我們自己把所願掩蓋起來了。」）

若有人問：「我在得到之前，我知道我要的是什麼嗎？」那該怎麼樣？如果我學會了說話，那麼我是知道的。

四四二　我看見一個人端著槍瞄準，於是說「我預期著槍聲」。槍響了。這是你預期的；那麼那個槍聲也就以某種方式曾在你的預期之中嗎？抑或你的預期只是在別的方面和出現的事情相一致；聲響並不包括在預期之中，而是在預期得到滿足之際作爲偶然之物附加上來的？但這不對，不出現槍聲我的預期就得不到滿足；槍聲滿足了預期；它不像是我所預期的客人帶來的第二個客人那樣，附加於預期的滿足。一起發生卻不在我預期之中的就是偶然之物、就是命運送來的附加物嗎？那麼什麼又不是附加物呢？那麼和槍響相連的某種東西已經出現在我的預期之中啦？——那麼當時什麼是附加的？——那麼我當時不曾預期放槍這整件事情嗎？

「槍聲沒有我預期的那麼響。」「那麼在你的預期中就有更響亮的槍聲嗎？」

四四三　「你設想的紅和你在眼前看見的紅，不是同樣的東西；那你怎麼能說這就是你當時設想的呢？」但這裡的情況和「這裡有個紅斑」及「這裡沒有紅斑」這兩個句子不相類似嗎？這兩個句子裡都出現了「紅」字；所以這個字指示的不可能是某種紅東西擺在眼前。

四四四 也許有人覺得，「他來」這話在「我期待[46]他來」這個句子裡和在「他來了」這個斷言句裡具有不同的含義。但假使是這樣，我怎麼能夠講到（他來了會使）我的期待實現呢？如果我要用指物定義等方式來解釋「他」和「來」這兩個詞，那麼對這兩個詞同樣的解釋，對這兩句話同樣適用。

但也許有人會問：他來，那是個什麼樣子？門開了，有人走進來；我期待他來，那是個什麼樣子？我在屋裡走來走去，時不時看錶。……諸如此類。但此一和彼一沒有絲毫相似之處啊！那我們怎麼能用同樣的話來描述這兩件事呢？但也許我在走來走去之際說：「我期待他會走進來」。好，現在有相似之處了。但這是哪一類相似啊？

四四五 預期和實現在語言裡相接觸。

四四六 這樣說會是挺可笑的——「一件事情發生時和它不發生時看起來是不一樣的。」或者「一塊紅斑在那裡時和不在那裡時看起來是不一樣的——但語言從這種區別中加

---

[46] 這裡譯作「預期」和「期待」的都是erwarten，這個詞的討論參見五七七。——譯者注

以抽象，因為無論紅斑是否在那裡，語言都說到一塊紅斑。」

四四七 這裡的感覺似乎是：一個否定句既然要否定一個命題，就必須在某種意義上使它成爲眞的。

（否定命題的斷言包含著被否定的命題，但不包含對被否定的命題的斷言。）

四四八 「如果我說我昨夜**沒**做夢，那我必定知道在哪裡尋找這個夢；即：『我做夢了』這個句子應用於實際情形時可能是假的，但不可能是沒意義的。」那麼，這是不是說你覺察到了某種東西，就像說覺察到了一個夢的提示，它使你意識到一個夢本來會占據的位置？

或者，如果我說「我胳臂不疼」，就等於說我有一個疼痛感的影子，它似乎提示著疼痛可能發生的部位？

在何種意義上此刻不疼不痛的狀態包含著疼痛的可能性？

如果有人說：「『疼痛』這個詞要有含義，那麼疼痛出現的時候就必須能夠把疼痛本身識認出來。」那可以回答說：「這並不比識認出沒有疼痛更爲必要。」

四四九 「但難道我不是一定知道我疼的時候那是什麼樣子嗎？」人們擺脫不開那種想法：使用一個句子就在於依每一個詞設想出某種東西。

人們沒考慮到：我們用語詞**計算**、操作，逐漸把語詞翻譯成這樣的圖畫或那樣的圖畫。

人們彷彿以爲，向我訂購一頭牛，這樣的書面指示總須伴隨著一頭牛的意象，否則訂單就會失去意義。

四五〇 知道某人的樣子：能夠設想它，但也能夠**模仿**它。爲了模仿它就必須設想它嗎？模仿它不是像設想它一樣有說服力嗎？

四五一 我命令某人「設想這裡有個紅圓圈！」這是怎樣的呢？而我現在說：理解這個命令就叫作知道它得到執行是什麼樣子的，或甚至說：能夠設想它得到執行是什麼樣子的……？

四五二 我要說：「假如一個人能夠看見預期的心靈過程，他就一定能看見**所預期的是什麼**。」但事情也是這樣的：誰看見了預期的表達，就看見了所預期的是什麼。人們還能以什麼別的方式在什麼別的意義上看見它呢？

四五三 誰感知到我的預期，誰就一定直接感知到我預期的**是什麼**。即：不是從所感知的過程來**推斷**它！但說某人感知到預期，這話沒有意義。除非這是說他的聽覺感知到了預期的表達或諸如此類。至於說到預期者自己，說他感知到預期而不說他在預期，那就是對表達式的愚蠢扭曲了。

四五四 「一切都已經在……之中了。」 ⟶ 這個箭頭怎麼一來就**有所指**了？它在自身中不是似乎已經帶著自身之外的什麼東西了嗎？「不！能有所指的不是無生命的線條，只有心靈的東西、只有含義，能有所指。」這話也對也不對。箭頭只有在應用之中、只有在有生命的東西對它的應用之中才有所指。

這種指向**不**是唯心靈才能表演的戲法。

四五五　我們要說：「當我們有所意謂，那這裡就沒有（無論哪一種）無生命的圖畫，而是我們彷彿在走向某個人。」我們走向所意謂的東西。

四五六　「一個人有所意謂，那是他自己在意謂」；同樣，是他自己在運動。一個人自己奔跑，因此不能又觀察奔跑。當然不能。

四五七　是的：意謂就像走向某個人。

四五八　「一個命令命令其執行的結果。」那麼在有執行的結果之前，命令就知道它了嗎？但這是個語法命題，它說的是：如果一個命令是「做這般那般」，那麼人們就把「做這般那般」稱爲執行這個命令。

四五九　我們說「這個命令所命令的是**這個**」，並且這麼做了；但也說「這個命令所命令的是『我應當……』」。我們有時把命令轉變爲一個命題，有時轉變爲一個示範，有時轉變爲一個行動。

四六〇 能否這樣來論證某一行動是在執行一個命令：「你說『給我送一朵黃花來』」，在這個命令之下這朵花給了我一種滿足感；於是我就把它拿來了」？這時不就必須回答說：「但我沒有要你拿一朵你聽到我的話以後將給予你那樣一種感覺的花來啊！」

四六一 那麼在何種意義上命令預期或預示其執行？是靠它現在命令了後來得到執行的**那**一事情？但這一定是說「命令了後來可能得到執行、也可能沒得到執行的事情」。這等於什麼也沒說。

「但即使我的願望不曾決定發生的將是什麼，它畢竟可以說決定了一個事實的主題，無論這個事實是否滿足這個願望。」彷彿讓我們感到奇怪的不是有人知道未來；而是他（無論是對是錯）竟能夠預言。

就彷彿只要做了預言，無論這預言是對是錯，都已經預收到了未來的影子；而同時這預言對未來一無所知，而且說到底也只能是一無所知。

四六二 他不在這裡，我可以尋找他；他不在這裡，我卻無法吊死他。

有人可能要說：「如果我在找他，他也就一定在某個什麼地方。」要這麼說，那他總在某個什麼地方，哪怕我找不到他，甚至哪怕他根本不存在。

四六三 「你是在找**這個人**嗎？但你當時甚至不可能知道他在不在那裡！」但在數學上尋找某種東西時，倒**眞的**會發生這個問題。例如，我們可以問：當時怎麼竟想得到去尋找角的三等分？

四六四 我要教的是：把不曾昭然若揭的胡話轉變成爲昭然若揭的胡話。

四六五 「預期的本性就是，無論發生什麼，它都和預期要麼一致，要麼不一致。」那麼，事實是否由預期或正或反地確定了呢？即，無論發生的是什麼，所發生之事滿不滿足期待，這一點是不是確定了呢？若這麼問，回答一定是：是的，除非預期的表達是不確定的；例如，它包含不同可能性的選言判斷。

四六六 人爲什麼思想？思想有什麼用？人爲什麼根據**計算**製造鍋爐，而不聽任偶然性來安排爐壁的強度？根據計算造出來的鍋爐不會那樣經常爆炸，只不過是經驗事實罷了！一旦被火燒，再怎麼也不肯把手放進火裡；同樣，人再怎麼也不肯不經計算就製造鍋爐。但由於我們對原因不感興趣，我們將說：人類事實上思想，例如，人要製造鍋爐，就以這種方式進行。那麼這樣製造出來的鍋爐會不會爆炸呢？當然也會啊！

四六七 那麼，人思考是因爲思考合算？是因爲他想到了思想有利可圖？

（人養孩子，因爲養孩子合算？）

四六八 如何才能琢磨出：人**爲什麼**思想？

四六九 然而我們可以說思想划得來。例如：自從我們不再根據感覺，而是根據某些計算來決定爐壁的強度，或自從我們讓一個工程師的每一步計算都由第二個工程師加以檢驗，鍋爐爆炸現在就比以前少了。

四七〇 那麼，人思想**有時**的確是因爲思想划得來。

四七一 往往當我們把「爲什麼」的問題壓下來，我們才意識到那些重要的**事實**；這些事實後來才在我們的探索中引向答案。

四七二 在我們害怕所預期之事的事例中也許可以最清楚地看到自然齊一性〔Die Gleichförmigkeit des Geschehens〕這一信念的本性。任什麼都不能引誘我把手伸進火裡去，儘管我**只在過去**燒傷過。

四七三 火會燒傷我，這一信念與火會燒傷我，這一恐懼同類。

四七四 我把手放進火裡，火就會燒傷我：這就是確定性。

即，我們在這裡看到了確定性意味著什麼。（不只是「確定性」這個詞意味著什麼，而且也是確定性本身具有什麼。）

四七五 有人問到某個假設的根據，我們就想起了這些根據。這裡的情況和人們回過頭來思考什麼會是某個事件的原因一不一樣呢？

四七六 應當把害怕的對象和害怕的原因區別開來。

因而，一張讓我們害怕或讓我們歡喜的面孔（害怕或歡喜的對象），並不是這些感情的原因，而是，我們可以說，它們的方向。

四七七　「你爲什麼相信熱爐盤會燙傷你？」你這個信念有根據嗎？你需要根據嗎？

四七八　我根據什麼認爲我的手指接觸到桌子時會感覺到阻力？根據什麼相信這支鉛筆刺進我手裡我不會不疼？我這樣問，會有成百的根據冒出來，互相之間幾乎不讓對方說話。「我自己經驗過無數次了；我也無數次聽說過類似的經驗；要不是這樣，那簡直……；諸如此類。」

四七九　「你根據什麼而這麼認爲？」這一問題可能意味著：「你是根據什麼而推導出這種看法的（你推導過嗎）？」但也可能意味著：「你事後能爲這種看法向我提供什麼根據？」

四八〇　那麼，我們實際上只能把某種看法的「根據」，理解爲一個人在形成這種看法之前對自己說的話。他實際上進行過的演算，但**怎麼能**根據先前的經驗來設想後來會發生什麼呢？如果這樣問，答案是這樣的：對這類設想，我們究竟有什麼關於其依據的一般概念呢？我們恰恰是把這樣列舉以往的事情，稱爲它將來會發生的依據。你要是對我們所做的這樣一種遊戲感到奇怪，那我就引用某種以往經驗的**後效**（引用燒傷過的孩子怕火這一事實）。

四八一 誰要是說列舉以往之事無法使他相信這裡的「使相信」㊼將來會發生某種事情，我就不懂他了。可以問問他：那你要聽到些什麼呢？要舉出什麼你才會將之稱爲相信將來會發生某件事情的依據呢？你究竟把什麼稱爲「有說服力」呢？你期待怎樣一種說服你的方式呢？如果依據不是**這個**，那依據又是什麼呢？如果你說依據不是這個，那你一定能夠舉出在什麼情況下我們肯定可以正當地說如此這般乃是我們設想的依據。

請牢記：依據在這裡並不是依照邏輯從中推論出所信之事的命題。

但也不像人們會說的那樣：信念比知識需要的還少。因爲這裡談的不是如何接近於邏輯推論。

四八二 「這是個可靠的依據，因爲它使那件事很可能發生。」這種表達方式把我們引入歧途了，我們在這裡彷彿進一步說出了某種關於依據的東西，論證了是什麼使得依據成爲依據；然而，說這個依據使這事很可能發生無非是說這個依據符合於可靠依據的某個特定尺度，但這個尺度卻並不依據什麼！

㊼ 和下文的「說服」等都是überzeugen的譯文。——譯者注

四八三　可靠的依據是**看來可靠**的依據。

四八四　有人希望說：「可靠的依據之所以可靠，只因爲它**實際上**使事情很可能發生。」就像說因爲它對事件實際上產生了影響；因此它彷彿是經驗上的影響。

四八五　透過經驗做論證，這是有盡頭的。若沒個盡頭，它就不是論證了。

四八六　那裡有把椅子，這是從我獲得的感官印象**推論**出來的嗎？從感官印象怎麼能推論出一個**命題**來呢？那麼，是從描述感官印象的命題推論出來的嗎？不然。但我不是從印象從感覺資料推斷那裡有把椅子嗎？我根本沒做什麼推斷！不過有時我有做。例如：我看著一張照片說「那裡一定有過一把椅子」，我甚至也說：「我從所看到的，推斷那裡有把椅子。」這是個推斷，但不是邏輯推斷。推斷是向斷言的過渡；因此也是向與斷言相應的行爲的過渡。我不僅在話語上「獲取結論」，而且也在行動上「獲取結論」。[48]

我獲得這些結論有道理嗎？這裡把什麼稱作有道理？「有道理」一詞是怎麼使用的？請描述一些語言遊戲！從這些語言遊戲中也可以看出有道理是多麼重要。

四八七　「我從屋裡出去，因爲你命令我這樣做。」

---

[48] Konsequenzen，既是「結論」也是「後果」。——譯者注

「我從屋裡出去，卻不是因爲你命令我這樣做。」

這個句子描述了我的行爲和他的命令之間的聯繫抑或建立起這種聯繫？

能不能問：「你怎麼知道你這樣做是因爲這個，或不是因爲這個？」若回答竟是「我覺得是這樣」呢？

四八八 我怎麼判斷它是不是這樣？根據間接證據嗎？

四八九 問問你自己：在什麼場合，爲什麼目的，我們這樣說？

哪些行動方式伴隨這些說法？（想想問候語！）在哪些場景裡用到它們？爲什麼用到它們？

四九〇 我怎麼知道是**這條思路**導致了我的這個行動？好，這是一幅特殊的圖畫：例如在一個試驗性的探索中，透過計算導向了進一步試驗。它看起來是**這樣的**。好，我現在就可以描述一個例子了。

四九一 並非「沒有語言我們就不能交流」。而是，沒有語言我們就不能以如此這般的方式影響別人、不能建造街道和機器……等等。而且，不使用話語和文字，人就不能交流。

四九二 發明一種語言，可以是說爲特定目的依據自然法則（或同自然法則一致）發明一種設施；但它還有另一種意思，類似於我們說到發明一種遊戲時的意思。

我在這裡陳述的是關於「語言」一詞語法的某些東西：透過把它與「發明」一詞的語法聯繫起來。

四九三　我們說：「公雞用鳴啼聲把母雞呼喚過來了」。但這種說法其根本不就是已經在和我們的語言相比了嗎？如果我們設想鳴啼聲透過某種物理作用，導致了母雞的運動，景貌不就完全改變了嗎？

但若現在來演示「到我這裡來」這話以什麼方式對受話人產生作用，在一定條件下，其最後結果是他的腿部肌肉受到刺激而活動起來等等，那個句子這樣一來就對我們喪失了其爲句子的特性了吧？

四九四　我要說：我們稱爲「語言」的，**首先**是我們尋常語言的建制、字詞語言的建制；然後才是和這種建制類似的東西，或和這種類似的東西有可比性的東西。

四九五　我顯然可以靠經驗來確定一個人（或動物）對一個符號，像我要求的那樣做出反應，而對另一個不這樣反應。例如：一個人看到符號「→」時向右走，見到符號「←」時向左走；而他對符號「0—|」就不像對符號「←」那樣做出反應。

我其實用不著虛構而只須考慮一下實際情況，例如，我只能用德語來指揮一個只學過德語的人。（因爲我現在把學習德語視爲設置一種回應某種特定影響的機制；至於別人是學會這種語言的，還是有可能天生就有一種構造，能和通常學會德語的人對德語句子做出同樣的反應，對我們可以沒什麼區別。）

四九六 語法不說明語言必須如何構造才能達到其目的，才能如此這般對人產生作用。語法只描述符號的用法，而不以任何方式定義符號的用法。

四九七 可以把語法規則稱作「任意的」，如果這說的是：語法的**目的**無非是語言的目的罷了。

若有人說「我們的語言假如沒有這樣的語法，就不能表達這些事實」那他應該問問自己，「**能**」在這裡是什麼意思。

四九八 我說，「把糖拿給我」和「把牛奶拿給我」這些命令有意義而「牛奶我糖」這種組合沒意義，但這不是說：說出這串語詞毫無效果。如果說它的效果是別人對著我目瞪口呆，我卻並不因此把它稱爲請對我目瞪口呆的命令，即使這正是我要造成的效果。

四九九 說「這種語詞組合沒有意義」，就把它排除在語言的領域之外，並由此界定了語言的範圍。但劃一條界線可以有各式各樣的緣由。我將籬笆用一道粉筆線或用隨便什麼圍起一塊地方，其目的可能是不讓人出去，或不讓人進來；但它也可能是遊戲的一部分，例如：這條界線是要讓玩遊戲的人跳過去的；緣由還可能是提示某人的地皮到此爲止，而另一個人的從此開始等等。所以，我劃了一條界線，這還沒有說明我劃這條界線爲的是什麼。

五〇〇 說一個句子沒意義，卻不是彷彿說它的意義是沒意義的。而是某種語詞組合被排除在語言之外，停止了流通。

五〇一 「語言的目的是表達思想。」這麼說，每個句子的目的都是表達一個思想。那麼，像「下雨了」這樣的句子表達的是什麼思想？

五〇二 意義問題。比較：

「這個句子有意義。」「什麼意義？」

「這串語詞是一個句子。」「什麼句子？」

五〇三 我給某人下命令，給予他符號就**足夠**了。我從不會說：這只是一些詞，我必須深入到語詞背後。同樣，我問某人一個問題，而他給了我一個答案（即符號），我就滿意了——那本是我所期待的，而不會提出異議說：那不過是個答案罷了。

五〇四 但人若說：「我怎麼知道他意謂的是什麼？我看見的不過是他的符號」，那我就說：「**他**該怎麼知道他意謂的是什麼，他所有的也不過是他的符號而已。」

五〇五 我在能夠照命令行動之前必須先理解這個命令嗎？當然，否則你就不知道該做什麼！但從知到行卻又是個快速的進展！

五〇六　一個心不在焉的人聽到「向右轉！」的命令時向左轉了，接著一拍額頭說：「噢，是向右轉」，轉到了右邊。他一下子想起什麼了？想起了一個解釋？

五〇七　「這句話我不只是說說而已，這句話是有所意謂的。」我們琢磨我們有所意謂地說話（而非說說而已）時心裡都發生些什麼，於是覺得似乎有什麼東西和這些話語連結著，否則話語就會空轉。就彷彿話語一直連結到我們心裡。

五〇八　我說一個句子：「天氣很好」；但這些詞是些任意的符號，那麼讓我們用abcd來代替它們。但我讀到後者，卻無法直接把它和上面的意義聯繫起來。我可能說，我不習慣說「a」而不說「天」，說「b」而不說「氣」。但我這麼說並不意謂我不習慣於從「a」立刻聯想到「天」，而是意謂我不習慣**在用「天」的地方**使用「a」——即不習慣在「天」的含義上使用「a」。（我沒有掌握這種語言。）

（我不習慣用華氏刻度來測量溫度。因此這種溫度計對我而言什麼都沒「說」。）

五〇九　我們問某人：「在什麼意義上這些話是對你看見的東西的描述？」他回答說：「因爲我用這些話**意謂**的就是這個。」（例如他正在看一片風景。）爲什麼「我**意謂**這個」這樣的回答根本不是回答？

怎樣用話語來**意謂**眼前所見的東西？

假設我說「abcd」並且以此意謂「天氣很好」。即我在說出這些符號之際，所具有的體驗通常只有那些經年累月在「天」的含義上使用「a」、在「氣」的含義上使用「b」的人才具有的體驗。那麼「abcd」就是在說「天氣很好」嗎？

什麼該是我曾具有**這種**體驗的標準呢？

五一〇 嘗試一下：**說**「這裡冷」而**意謂**「這裡暖和」。你能嗎？你這時所做的是什麼？只有一種方法來做這個嗎？

五一一 究竟什麼叫作「揭示出一個命題沒有意義」？什麼叫作「如果我用這話有所意謂，這話當然是有意義的」？我用它來意謂？我用它意謂**什麼**？有人想說：有意義的句子是我們不僅可以說，而且也可以想的句子。

五一二 彷彿可以說：「字詞語言允許無意義的字詞組合，但意象語言卻不允許無意義的意象。」那麼，繪圖語言也不允許無意義的繪圖嗎？請設想我們要照一些繪圖來製作立體模型。這時候，有些繪圖有意義，有些則沒意義。我想像一些無意義的字字詞組合，那是怎麼回事呢？

五一三 考察一下這些表達形式：「我的書的頁數和方程式$x^3+2x-3=0$的根相等。」或：「我有n個朋友而$n^2+2n+2=0$。」這個句子有意義嗎？這無法直接看出來。從這個例子可以看到，這麼一來，某些東西就可以看起來像一個我們理解的句子，但其實卻沒有意義。

（這爲「理解」和「意謂」概念投下一道光亮。）

五一四 一個哲學家說，他理解「我在這裡」這個句子，理解用這個句子意謂著什麼？想著什麼？即使他根本不考慮這個句子是怎麼使用的，在什麼場合使用的。我說「玫瑰在黑暗中也是紅色的」，你就在眼前的黑暗中當眞看見了這種紅色。

五一五 兩幅黑暗中的玫瑰的圖畫。一幅全黑；因爲看不見玫瑰。另一幅，玫瑰的細節全畫出來了，由黑色包圍著。這兩幅畫是一幅對、一幅錯嗎？我們不會談到黑暗中的白玫瑰和昏暗中的紅玫瑰嗎？但我們不又說它們在黑暗中區分不出來嗎？

五一六 我們理解「π的展開式裡會不會出現7777這個數列？」這個問題的意思是什麼；這似乎挺清楚的。這是個漢語句子；可以指出來什麼叫在π的展開式裡出現了415這個數列，諸如此類。好，這類解釋走多遠，可以說，我們對這個問題的理解也就走多遠。

五一七 問題來了：我們以爲理解了一個問題，但我們難道不會弄錯嗎？

因爲有些數學證明恰恰導致我們說，我們**無法**想像原以爲可以想像的東西。（如：構造七角形。）它們引導我們去修正原來認爲可以想像的事物的領域。

五一八 蘇格拉底對泰阿泰德說：「想像不總是得想像某種東西嗎？」泰阿泰德：「毫

無疑問。」蘇格拉底：「想像某種東西，那東西不就必須是某種眞實的東西嗎？」泰阿泰德：「看來是的。」

要畫，不是就得畫個什麼東西嗎？畫個什麼東西，那東西不就是某種眞實的東西嗎？那好，但什麼是繪畫的對象呢？人的圖畫？抑或圖畫所表現的那個人？

五一九 有人想說：命令是執行了這個命令的行動的一幅圖畫；但它也是**應當**執行這個命令的行動的圖畫。

五二〇 「如果也可以把命題視爲一種可能事態的圖畫，說命題顯示這種事態的可能性，那麼命題所能做的，最多像一幅圖畫、浮雕或照片所做的：而且它因此無論如何都無法說出實際上所不是的情況。那麼，決定把什麼稱作（邏輯上）可能的，就完全依賴於我們的語法了，即：那無非是語法允許或不允許的東西嗎？」但那樣就成了任意而爲了！是任意而爲嗎？並非每一個像句子的組合我們都知道拿它派什麼用場，並非每一種技術在我們的生活中都有個應用；我們在哲學中誤把毫無用處的東西當作命題，那往往是因爲我們沒有充分考慮它的應用。

五二一 比較一下「邏輯上可能」和「化學上可能」。如果某個化學式具有適當的化合價（如：H-O-O-O-H），也許可以稱這種化合物爲化學上可能的。當然，這種化合物不一定存在；但即使HO_2這樣一個化學式，最多也不過在現實中沒有與之對應的化合物罷了。

五二二　如果我們拿一個命題與一幅圖畫比較，我們必須考慮是和一幅肖像（一種歷史描繪）比較，還是與一幅風俗畫比較。這兩種比較都有意義。

當我看一幅風俗畫時，即使我一刻也不相信（不設想）我在畫上看見的人眞的存在過或在這樣的情境裡眞的有過人，這幅畫卻仍然對我「有所說」。這時我若問「那這幅畫對我說了**什麼**呢？」該怎麼回答？

五二三　我也許會說：「這幅畫對我說的是它自身。」即，這幅畫基於它自身的結構、基於**它的**線條和色彩而對我有所說。（人們說「這個音樂主題對我說的是它自身」，這等於說什麼呢？）

五二四　圖畫和虛構的故事讓我們喜聞樂見思緒悠悠，別把這視爲不言自明，而要把它視爲値得關注的事實。

（「別把這視爲不言自明」這是說：就像面對其他令你不安的事物那樣，對這一事物感到驚異。你一旦把這件事實像別的事實那樣接受下來，成問題之處也就消失於無形了。）

（從某種昭彰的無意義過渡到某種不昭彰的無意義。）

五二五　「說完這個，像前一天一樣，他就離開了她。」我理解這句話嗎？我對它的理解就像在一番敘事中間聽到它一樣嗎？如果它孤立地放在那裡，我就會說我不知道它在講什麼。但我會知道人們大概可以怎麼使用這個句子；我自己可以爲它發明一個上下文。

（許多熟悉的小徑從這話通向四面八方。）

五二六 什麼叫作理解一幅圖畫、一幅草圖？即使這裡也有理解和不理解。這些表達式即使在這裡也可以意謂各式各樣的東西。這幅圖畫大概是靜物寫生；但有一部分我不理解：我在那裡看不出物體，而只看到畫布上的色塊。或者我看出了它們都是物體，但都是我不認識的東西（它們看起來像工具，但我不知道它們的用途）。也許我認識那些東西，但在另一個意義上不理解它們的排列方式。

五二七 理解一個語句和理解一個音樂主題遠比人們所以爲的那樣關係更近。我的意思卻是這樣的：理解一個語句比人們所設想的，更接近於通常稱理解一個音樂主題那樣的東西。強弱和速度爲什麼恰恰要沿著**這個**方向變動？人們也許說「因爲我知道這說的是什麼」。但說的是什麼呢？這我不知該怎麼說。爲了「解釋」，我可以拿它和具有同樣節奏（我的意思是同樣的變化方向）的某段別的樂曲相比。（人們說「你就看不出這就好像是達到了結論」或「這就彷彿是一句插入語」……，諸如此類。根據什麼做這種比較呢？這裡可以有千差萬別的根據。）

五二八 我們可以設想有一種人，他們所具有的並非完全不像語言：帶有表情的聲音，但沒有詞彙或語法。（「用舌頭講話。」）[49]

五二九　「但這些聲音的含義是什麼呢？」音樂中，聲音的含義又是什麼呢？儘管我根本不是要說，這種由帶有表情的聲音組成的語言必須和音樂等量齊觀。

五三〇　也可以有一種語言，語詞的「靈魂」在使用這種語言時不起作用。例如：沒有什麼妨礙我們用任意發明的新詞代替這種語言裡的某個詞。

五三一　我們在不同意義上講到理解一個句子：在一種意義上這個句子可以由另一個所說相同的句子代替，但在另一種意義上則不能由另一個句子代替（就像一個音樂主題不能由另一個代替）。

在一種情況下，句子的思想是不同的句子共有的；在另一種情況下，只有這些語詞，這樣排列，才表達這一思想。（理解一首詩。）

五三二　那麼，「理解」在這裡是否有兩種含義呢？我寧願說，使用「理解」的這些方式構成了它的含義，構成了我的理解**概念**。

---

[49] Mit Zungen reden，倪梁康告訴我，這個短語來自《新約》，大意是，各自用自己的語言說話，彼此不能溝通，後來耶穌出現，大家忽然能互相理解了。——譯者注

因為我**願意**把「理解」應用於所有這些情況。

五三三 但在第二種情況下怎麼能解釋表達式，怎麼能轉達理解呢？問問你自己：人們是如何引導某個人理解一首詩或一個音樂主題的？對此的回答說出了人們在這裡是如何解釋意義的。

五三四 在這種含義上**聽**一個詞。真稀奇，竟有這種事！

這樣措詞、這樣強調、這樣來聽，於是這個句子就是向**這些**句子、**這些**圖畫、**這些**行動過渡的開端。

〔許多熟悉的小徑從這話通向四面八方。〕

五三五 我們學會把一首教堂樂曲的結尾感覺為尾聲，這時發生的是什麼？

五三六 我說：「我也可以把這張臉（它給人的印象是膽怯）想成是勇敢的。」我們這樣說的意思，並非我能想像長著這張臉的人也可能救人於危難之際（這樣的事當然可以和任何臉聯想在一起）。我所講的毋寧是這張臉本身的一種面孔。我的意思也不是說我可以想像這個人可能使他的臉改變成一般所見的勇敢的臉；儘管我的確很可能想像這張臉透過某些十分確定的途徑，可以過渡到一般所見的勇敢的臉。轉釋某種面部表情可以比作轉釋音樂中的某種和絃，我們有時覺得它在轉向這個調式，有時覺得它在轉向那個調式。

五三七　人們可以說「我從他的臉上看出了膽怯」，但無論如何膽怯不只是以聯想方式外在地和這張臉聯繫在一起；恐懼活生生地呈現在面目表情裡。這些表情稍許改變，我們就會講到相應的恐懼的改變。如果有人問我們「你也能設想這張臉表達的是勇敢嗎？」那我們似乎會不知道該怎麼把勇敢安插到這些表情裡面。我這時大概會說：「我不知道這張臉是勇敢的臉是什麼意思。」但對這個問題的解答是什麼樣子的？也許有人說：「好了，現在我理解了：就好像說這張臉對外部世界一無所謂。」於是我們把勇敢這種解釋配到了這張臉上。可以說：現在勇敢又和這張臉**般配**了。但這裡是**什麼**和**什麼**般配？

五三八　下面的情況與此同類（雖然看上去不一定是這樣）。例如，德國人了解到法文中的表語形容詞與主詞的語法性別一致，感到奇怪並這樣解釋：法國人說「這人不錯」時意思是：「這人是個**不錯的人**。」[50]

五三九　我看見一幅畫，表現的是一張笑臉。我把那笑臉，有時視為友善的，有時視為惡意的，這時我是怎麼做的？我不是往往在或友善或惡意的時空背景中來想像它嗎？例如，我可以從這幅畫想像：笑著的人在對一個玩耍的孩子慈藹微笑，但也可以是對著遭受痛

---

[50] 在德語，表語形容詞不表現性、數，如Der Mensch ist gut裡的gut無所謂陽性單數；但若表語由形容詞＋名詞構成（名詞可省略），這裡的形容詞就有性、數之別，如Der Mensch ist ein guter (Mensch)。——譯者注

苦的敵人笑。

這一點在下面的情況裡也完全沒有改變：畫裡的處境一眼看上去是令人愉快的，而我卻可以借助更廣闊的背景，對這個處境重新做出別的解釋。如果沒有特殊的環境因素改變我的解釋，我就會把某種特定的微笑視爲友善的微笑，稱爲「友善的」微笑，並相應地做出反應。〔概率，頻率。〕

五四〇 「沒有語言建制及其整體背景，我就連雨很快會停都不能夠想，這不是很奇怪嗎？」你想說要怪就怪若沒有這個背景，你就不能夠對自己說這話並意謂這話吧！

設想有人指著天空喊出一串無法理解的話語。當我們問他意謂的是什麼，他說，那是說「感謝上帝，雨很快要停了」。他甚至向我們解釋了各個詞的含義。現在我設想他彷彿突然清醒過來，並且說：他剛才說的那個句子毫無意義，但他說出這個句子的時候，他覺得它似乎是他所熟悉的一種語言中的一句話（甚至像一句眾所周知的引語）。我現在該說什麼呢？他當時說這句話時不曾理解它嗎？那個句子當時不曾攜帶著它的全部含義嗎？

五四一 但那理解、那含義當時在於什麼？他當時手指著天空說出這串聲音，他的聲調歡快，那時雨雖然還在下著，天卻開始放晴；他**後來**又把他當時說的話和這句德語聯繫起來。

五四二 「但他當時覺得他的話就像他所熟悉的一種語言中的一句話。」不錯，這一點的標準之一就是：他後來正是**這麼**說的。在這裡**恰恰**不要說：「我們所熟悉的一種語言裡的語詞感覺起來別有一番風味。」（這種感覺的**表達**是什麼？）

五四三 我不能夠說這哭、這笑充滿含義[51]嗎？

這大致是說：可以從中解讀出很多東西。

五四四 當我出於渴望說：「他來了該多好！」這種感情賦予了這話「含義」。但它是否也給了每個詞各自的含義？

但這裡也可以說，感情賦予這話「**眞實**」。這時你看到各種概念在這裡是怎樣交會的。（這讓我們想到「數學命題的**意義**是什麼？」這個問題。）

五四五 但說「我**希望**他來」。感情不是給了「希望」一詞含義嗎？（「我**不**再希望他來」，這句話又怎麼說呢？）感情也許會給「希望」一詞某種特殊的語氣；即感情在這語氣中表達出來。若說感情給了語詞含義，那麼這裡的「含義」就叫作：**要點所在**。但爲什麼要點在於感情？

---

[51] voll von Bedeutung，譯作「充滿含義」是爲了表明這裡是在討論Bedeutung這個概念。但由此也可看出Bedeutung並不總宜於譯作「含義」，因爲中文「含義」有時有著刻意爲之的意味，說一個人的哭有含義，暗示他不是自然而然哭出來的。——譯者注

希望是一種感情嗎？（標誌。）

五四六 那麼我想說：「他來了該多好！」這話飽含著我的願望。有些話會從我們心裡冒出來——如一聲喊叫。有些話**難以**啓齒，例如：用來宣布捨棄某種東西的話，或用來承認某種弱點的話。（話語也是行爲。）

五四七 否定：一種「心靈活動」。否定某個東西並且觀察你在做什麼。你可曾在內心裡搖頭？如果眞是這樣，這種活動難道比在句子裡寫下一個否定符號之類更加值得關注嗎？你現在已認識到否定的本質了嗎？

五四八 願某事發生、願這事不發生：這兩種過程的區別是什麼？

如果要用畫面來加以表現，人們就會用各式各樣的方式處理事件的畫面，例如：在上面打個叉，在周圍圈個框等。但我們覺得這類表現方法頗爲粗陋。在字詞語言中，我們簡單地使用符號「不」。這像個笨拙的權宜之計。人們以爲，在思想中已經有了另一碼事。

五四九 「『不』這個詞怎麼能夠做出否定呢？」「『不』這個符號提示，你應該從反面來看待跟在它後面的東西。」人們想說：否定符號是導致我們去做某件事情，很可能是極複雜的事情的緣由。就彷彿否定符號導致我們去做點什麼。但去做什麼？卻沒有說。就彷彿所需的無非是有點提示、彷彿這我們已經知道、彷彿沒解釋必要，因爲我們不管情況如何都已經了解是怎麼回事。

五五〇 可以說，否定是一種排斥的姿勢、拒絕的姿勢。但我們卻是在千差萬別的情況中使用這樣一種姿勢！

五五一 「『鐵在攝氏100度時不熔化』和『2乘2不等於5』是同樣的否定嗎？」這要靠內省來決定嗎？要靠努力看到我們說這兩個句子時，想的是什麼來決定嗎？

(a)「三重否定的結果又是一個否定，這一點一定已經包含在了我現在使用著的這一個否定之中了。」（發明一種「含義」神話的誘惑。）

看起來從否定的本性似乎就可以得出雙重否定爲一個肯定。（這裡面有點什麼是對的。什麼呢？我們的本性和二者都聯繫在一起。）

(b)不可能討論對於「不」這個詞，這些規則、還是那些規則是正確的規則（我的意思是：不可能討論規則合不合乎「不」這個詞的含義）。因爲沒有這些規則，這個詞就還沒有含義；如果我們變換規則，它也就有另一種含義（或沒有含義），這樣一來，我們也就不妨變換這個詞了。

五五二 我們說「這根竿子一米長」和「這裡有一個士兵」這兩句話的時候，我們是不是清楚，我們用「一」意謂著不同的東西，「一」有不同的含義？我要是這麼問會怎麼樣？一點也不清楚。說一下這樣一個句子：「每一米站著一個士兵，所以每兩米站著兩個士兵。」要有人問你「你用這兩個『一』意謂的是同一個東西嗎？」你大概會回答：「我意謂的當然是同一個東西：一！」（這時大概還高高伸出一個手指頭來。）

五五三　要是「一」有時代表一種度量數值，有時又代表一個數目，那麼它有沒有不同的含義呢？如果這樣提出問題，回答將是肯定的。

五五四　不難設想有一種人，其邏輯「比較原始」。依照這種邏輯，與我們的否定相應的東西只適用於某一類句子；例如：只適用於尚未包含否定的句子。人們可以否定「他走進屋子」這個命題，但否定一個否定命題會是無意義的，或只能作爲否定的重複。想一想和我們不同的表達否定的方式，例如：靠句子聲調的高低。雙重否定在那裡會是什麼樣子？

五五五　否定符號對於這種人和對於我們是否有同樣的含義，這個問題和下面的問題類似：「5」這個數字對於認數序結束於5的人和對於我們是不是有同樣的含義。

五五六　設想一種語言，其中用於否定的有兩個不同的詞，一個是「X」，另一個是「Y」。兩個「X」等於一個肯定，而兩個「Y」等於一個加重否定。這兩個詞的其他用法相同。那麼，「X」和「Y」不重複出現在句子裡的時候，它們是否有同樣的含義呢？可以對此做出各式各樣的回答。

(a)這兩個詞有不同的用法。因此有不同的含義。但它們在其中不重複出現且其他部分都相同的句子，有相同的意義。

(b)除了那一點差異，這兩個詞在語言遊戲中有同樣的功能，而那點差異只是個無足輕重的習慣。我們用同樣的方式教這兩個詞的用法——用同樣的行動、姿勢、圖畫等；這兩個詞用法上的差異是次要的，是語言中的偶然現象之一，可以在解釋這兩個詞的時候順便提到。我們因此說「X」和「Y」有同樣的含義。

(c)我們把這兩種否定符號和不同的意象聯繫在一起。「X」就好像把意義扭轉了180度。**因此**兩個這樣的否定符號就把含義恢復到它原來的位置上來了。「Y」就像搖頭。我們不會用第二次搖頭來取消前一次搖頭，同樣也不會用第二個「Y」來取消前一個「Y」。所以，即使採用這兩種否定符號的句子，實際上最終是一回事，「X」和「Y」仍然表達不同的觀念。

五五七　我說出雙重否定的時候，我用它來意謂加強的否定而非用來肯定，這會是在於什麼呢？不存在「這在於……」這樣的答案。在某些情況下，我可以不說「這個重複所意謂的是加強」而**宣布**它就是加強。我可以不說「重複否定所意謂的是取消否定」而加上括弧之類。「不錯，但這括弧本身可以產生各式各樣的作用；因爲誰說了應該要把它當作**括弧**

呢？」誰也沒說。而你自己恰恰也透過話語來解釋你的看法。括弧的含義基於應用括弧的技術。問題是：在哪些情況下說「我剛才的意思是……」這話有意義？哪些環境因素使我可以合情合理地說「他的意思是……」？

五五八　什麼叫「玫瑰是紅的」這句話裡的「是」與「二加二是四」裡的「是」含義不一樣？如果回答是：那是說這兩個詞有不同的規則，那就可以說我們在這裡只有一個詞。而如果我注意的只是語法規則，那這些規則恰恰允許在兩類語詞聯繫中使用「是」這個詞。但是，表明「是」字在兩個句子中具有不同含義的規則正是允許我們在第二個句子中用等號代替「是」字，而禁止在第一個句子裡這樣代替的規則。

五五九　人們喜歡談論語詞在這個句子中的功能。彷彿句子是一臺機器，而語詞在其中有一種特定的功能。但這種功能基於什麼？它是如何被弄明白的？因爲的確毫無掩藏，我們明明看見了整個句子！這種功能一定是在計算過程中顯示出來的。（含義實體。）

五六〇　「語詞的含義是由含義的解釋所解釋的東西。」即：你要理解「含義」一詞的用法，就去查查人們稱之爲「含義的解釋」的東西。

五六一　我說人們在兩種不同的含義上（作爲係詞和作爲等號）使用「是」這個詞，卻不願說它的含義就是它的用法——即用作係詞和等號，這不是很奇怪嗎？

人們會說，這兩種用法不給出**單一的**含義；用同一個詞來聯合[52]兩者是非本質的偶然之事。

五六二 但我怎麼能夠決定什麼是記號的本質特點，什麼是其非本質的、偶然的特點？在記號背後可有某種實在，而記號的語法就是依之建立的？

我們來想一想遊戲中一個類似的例子：在王后跳棋裡，把兩個棋子疊在一起來標誌王后。要不要說對於這種遊戲來說，王后由兩個棋子組成是非本質的呢？

五六三 讓我們說：棋子的含義是它在遊戲中產生的作用。好，在開始下棋之前透過抽籤來決定誰執白棋（先行）。為此，一方兩隻手裡各握一個王，另一方碰運氣選擇他一隻手裡所握的棋子。好，要不要把用王來抽籤當作它在象棋裡所產生的一種作用呢？

五六四 所以我在棋戲中也傾向於區別本質規則和非本質規則。可以說，遊戲不僅有規則，而且也有旨趣。

五六五 為什麼要用同一個詞？我們在做計算的時候就根本不這樣使用同一個！為什麼同一個棋子用於兩種目的？但這裡什麼叫作「使用」同一個？如果我們恰恰使用著同一個

[52] Personalunion，兩個政治實體歸屬於同一君主但保持政治獨立。——譯者注

詞，那這不就是一個用法嗎？

五六六 現在看起來，彷彿使用同一個詞、同一個棋子，是有個目的的，如果這個同一不是偶然的、非本質的。彷彿這個目的就是：我們能夠認出這個棋子，知道它怎樣走。這裡講的是物理的可能性，還是邏輯的可能性？如果是後者，那麼這是同一個棋子，這一點也恰恰屬於這個遊戲。

五六七 但遊戲是由規則來規定的！因此，如果遊戲的一條規則規定下棋之前用王來抽籤，那這就是遊戲的一部分，一個本質部分。對此提得出什麼異議呢？我們看不出這條規則有什麼道理。有點像如果規定在每走一步棋之前要把棋子轉三圈，我們也會看不出這條規定有什麼道理。看到某種棋戲有這樣的規定，我們準會很驚奇，會琢磨這條規則的目的何在。（「這條規定是要防止隨手下棋吧？」）

五六八 如果我對遊戲的特徵理解得正確，我可以說這不是遊戲的本質部分。

〔含義，一種觀相術。〕

五六九 語言是一種工具。它的各種概念是一些工具。於是有人會以爲，我們使用哪種概念不會有很大區別。正如歸根到底用德尺德寸也像用公尺公分一樣可以進行物理學研究；差異只是便利程度不同。但連這一點也不是眞的，因爲採用某種度量系統來進行計算所需的時間和努力，就可能超出我們能力所及的範圍。

五七○ 概念引導我們進行探索。概念表達我們的興趣、指導我們的興趣。

五七一 引入歧途的並列：心理學處理心理範圍裡的過程，就像物理學處理物理範圍裡的過程。

物體的運動、電的現象都是物理學的研究對象，而看、聽、想、感、願，卻並非**在同樣的意義上**是心理學的研究對象。這一點你可以這樣看出來：物理學家看、聽、思考這些現象，告訴我們這些現象，而心理學家觀察主體的**外在表現**（行爲）。

五七二 就其語法而言，預期是一種狀態，就像：持某種看法、希望某事、知道某事、能做某事。但要理解這些狀態的語法，就必須問：「什麼可以當作某人處於這一狀態的標準？」（硬度的狀態、重量的狀態、適合與否的狀態。）

五七三 持某種觀點是一種狀態。什麼東西的狀態？靈魂的嗎？心靈的嗎？好，關於什麼我們會說它持某種觀點？例如：我們會說N. N.先生持某種觀點。而這就是正確的回答。

我們不應期待對這個問題的回答能使我們豁然開朗。更深入的問題是：我們在種種特殊情形中把什麼視爲某人持如此這般看法的標準？我們什麼時候說：他在那個時候得出了這種看法？什麼時候說：他改變了看法？……諸如此類。這些問題的答案提供給我們的圖畫表明了就語法而言，我們在這裡是把**什麼**作爲**狀態**來對待的。

五七四 一個命題，從而在另一個意義上的一個思想，可以是信念、希望、預期等等的「表達」。但信念不是思考。（一個語法評注。）信念、預期、希望這些概念互相之間相隔得不像它們和思考概念相隔得那麼遠。

五七五 我坐到這把椅子上，我當然相信它承受得住我。我壓根沒想到它可能塌掉。但：「儘管他做了這一切，我仍然相信……」這裡有所思考，大致是再三努力以保持某種態度。

五七六 我看著點著的導火線，極其緊張地盯著火苗漸漸接近炸藥。我也許什麼都沒想，也許有一堆胡思亂想。這肯定是預期的一個例子。

五七七 當我們相信他會來，但並不操心於他來不來，這時我們說：「我預期他來」。（「我預期他來」，在這裡有點像說「他不來我會感到意外」；而我們不會把這稱爲描寫一種心靈狀態。）不過，當這話是說：我巴望著他來，這時我們也說「我期待他來」。我們可以設想某種語言在這些情況下，前後一貫地採用不同的動詞。同樣，在我們講到「相信」、「希望」等等的地方，在那裡卻有不只一個動詞。這種語言的概念也許比我們語言的概念更適合於理解心理學。[53]

五七八　問問你自己：什麼叫作相信哥德巴赫定理？這一信念包括些什麼？是我們說、聽、思考這個定理時的一種肯定無疑的感覺嗎？（我們對那不感興趣。）這種感覺的標誌是什麼？我甚至不知道這種感覺會在什麼意義上是由這命題本身喚起的。

我該說信念是思想的一種色調？這想法是哪裡來的？好，有一種相信的調子，就像有一種懷疑的調子。

我要問：信念是怎麼連結到這個命題上的？讓我們看看這一信念有哪些後果，看看它把我們引向何處。「它引我為這個定理尋找證明。」很好；我們現在再看看，你的尋找真正說來是些什麼！那時我們就會知道相信這個命題究竟是怎麼回事了。

五七九　有把握的感覺。它如何表現在行為之中？

---

[53] 正如維氏在這一節所猜測的，相應於erwarten的有不同的中文語詞，如預期、期待、等待等。維氏通常從認識內容的角度討論erwarten，所以我們通常譯之為「預期」。但在不同的上下文中，也會譯作「期待」等。不能一一對應，給翻譯帶來麻煩，而這裡的麻煩，正是維氏在這一節所要探討的。同樣，glauben、hoffen等，也不可能在所有上下文都找到同一個中文語詞與之對應，例如：我們儘量把Glaube譯作「信念」，但有時也譯作「相信」等。——譯者注

五八〇　一個「內在的過程」需要外在的標準。

五八一　預期坐落在它所從出的處境之中。例如：對爆炸的預期，可以來自應對爆炸有所預期的處境。

五八二　某人不說「我預期隨時都會爆炸」，而喃喃地說「馬上要爆炸了」，他這話卻仍然不曾描述一種感覺；儘管這話及其語調表現的可能是他的感覺。

五八三　「照你這麼一說，彷彿我這時並不當眞在預期、在希望似的；而我認爲我這時是在預期。彷彿這時發生的事情沒有深刻的意義。」什麼叫「這時發生的事情有意義」或「有深刻的意義」？什麼是一種深刻的感覺？一個人能不能有一秒鐘感受到了熱烈的愛情或希望，無論這一秒鐘之前之後發生的是什麼？這時發生的事情，在這一環境之中有意義。環境賦予這件事情重要性。「希望」一詞指涉人類生活的一種現象。（微笑的嘴只在人臉上微笑。）

五八四　我現在坐在屋裡，希望N. N.會來，帶錢給我；假定這種狀態中有一分鐘可以被隔絕開來，從其前後聯繫中脫離：在這一分鐘裡發生的難道就不是希望嗎？你想一想，例如：想想你在這一時間裡可能說出的話。它不再屬於這個語言。在另一種環境裡，也不存在錢這種建制。

加冕典禮是一幅華美尊貴的景象。試把這一過程的某一分鐘從它的環境中脫離：皇冠戴到身穿加冕禮服的國王頭上。但在另一個環境中，金子是最賤的金屬，金光閃耀被認爲粗俗。禮服的衣料在那裡造價低廉。皇冠是冠冕堂皇的拙劣仿製品等等。

五八五 一個人說「我希望他來」。這是在報告他的心靈狀態還是在表達他的希望？例如：我可以對自己這樣說，而我不向自己做什麼報告。它可以是一聲歎息；但又不必是。如果我對某人說「我今天無法專心工作，我一直想著他要來」。我們將把這稱爲描述我的心靈狀態。

五八六 「我聽說他要來；我一整天都預期他會來。」這是對我怎樣度過了這一天的報告。在一次談話中我得出結論：須得預期一件特定的事情；我是用這話來下這個結論的：「於是我現在得須預期他來。」可以把這稱爲這一預期的第一個想法、第一個舉動。可以把感歎句「我心急如焚地期待著他！」稱爲一種期待的舉動。但我也可以根據對自己的觀察說出同樣的話，而它就有點像說：「唉，事情都已經這樣了，但我還是心急如焚地期待著他。」問題在於：怎麼一來就說了這話的？

五八七 「你從哪裡知道你相信這個？」這樣問有意義嗎？回答會是「我透過內省認識到的」嗎？

有些情況下可能像這樣說，大多數情況下則不可能。

「我眞的愛她嗎？我不只是在假裝愛她嗎？」這樣問是有意義的；而內省的過程是喚醒回憶；喚醒種種可能處境的意象、喚醒事情如果是那樣將會有什麼感情的意象。

五八八 「我在對明天離開這一決定做考慮。」（可以把這稱爲心緒狀態的描述。）「你的理由沒說服我；我的意圖不變，還是明天離開。」在這裡我們會頗動心把這意圖稱爲一種感覺。這感覺是某種固執的感覺、一種不可更改的決心的感覺。（但這裡也有許多形形色色各具特徵的感覺、態度。）人問我：「你在這裡待多久？」我回答：「我明天就走，我的假期結束了。」但與此相對：爭吵吵到最後我說：「那好，那我明天就走！」我做了個決定。

五八九 「這件事我心裡已經下了決心。」人說這話時還常常用手指著自己的胸口。從心理學上來說，這種說話方式應該認眞對待。對待這種說法爲什麼不該像對待信仰是一種心靈狀態那樣的命題一樣認眞呢？（路德：「信仰位於左邊的乳頭之下。」）

五九〇 某個人有可能透過以手指心學會了理解「認眞意謂他所說的」這一表達式的含義。但現在須得問問：「怎麼表明他學會了？」

五九一 我該不該說：誰有一種意圖誰就體驗到某種傾向？有沒有特定的傾向體驗？回想一下這種情形：有人在討論中迫切地想做評論、提反駁，那人往往會張開嘴吸口氣，然後屏住呼吸；後來他決定不提反駁了，氣息就鬆開了。體驗這個過程顯然就是體驗到要說點什麼的傾向。觀察我的人都會知道我本來想說點什麼，後來又改變了主意。即，在我處在這種境況下觀察我的時候。無論我的舉止在目前這種境況下多麼典型地標誌著要講話的意圖，在另一種境況下他卻不會這樣解釋我的舉止。有任何理由假設同樣的體驗不會出現在一種完全不同的境況之中嗎？而在那裡它和具有某種傾向毫不相干嗎？

五九二　「但你說『我打算走』，你就是意謂你打算走！這裡給予句子生命的又正是心靈的意謂。如果你只是模仿另一個人講這句話，只是爲了嘲笑他的這種講話方式之類，那你說這句話時就沒有這個意謂。」我們探究哲學的時候有時看起來就會是這樣。但讓我們實實在在想出些**不同的**境況和交談，以及在其中怎麼說出那句話來。「我總是發現一種心靈的弦外之音；也許不總是同一個。」你模仿另一個人講這句話的時候就沒有這種弦外之音嗎？而我們又怎麼把「弦外之音」和其餘的講話體驗區分開呢？

五九三　哲學病的一個主要原因——偏食：只用一類例子來滋養思想。

五九四　「但意味深長說出的話卻不只有一個表面，而且也有深度！」事情無非是：把話意味深長說出來的，和單單把話說出來的，這時發生的事情是不一樣的。現在的爭論點不在於我怎麼表達這一點。無論我說在第一種情況中話語有深度、無論我說這時在我之中、在我內心裡發生了一些什麼；還是說話語有一種氣氛，到頭來還是同一回事。

「既然我們大家在這裡意見一致，這不就是眞的嗎？」

（我不能接受別人的證詞，因爲它不是**證詞**。它只告訴我他**傾向於**說什麼。）

五九五 在這一聯繫中說出這句話，我們覺得自然而然；而孤立地說，就不自然。我們該不該說有一種特定的感覺伴隨著我們自然而然說出來的每一句話呢？

五九六 「熟悉」感和「自然」感。發覺一種或一團不熟悉、不自然的感覺比較容易些。因爲我們不熟悉的東西並不都對我們造成一種不熟悉的印象。這裡我們必須考慮我們稱爲「不熟悉」的東西。我們在路上看見一塊大石頭，我們認出它是塊大石頭。但也許沒認出它就是一直躺在那裡的那一塊。認出一個人是人，但沒認出是個熟人。有種種熟稔之感，其外在表現有時是一種目光，有時是「這個老房間！」這句話（多年前我曾住在這裡，現在回來了，發現它絲毫未變）。同樣也有種種陌生之感，我突然停下來，審愼地或不信任地打量事物或人們，說：「我覺得這一切都很陌生。」但並不因爲存在著這種陌生之感，我們就可以說：我們熟知的、不感到陌生的每一樣東西都給我們一種熟稔之感。我們以爲，一度由陌生感占據的位置似乎**不是這樣就是那樣**，總要被塡充進去。爲這種氣氛而設的位置就擺在那裡，不是這種感覺占據它，就是另一種感覺占據它。

五九七 一個德國人，英語講得挺好，但有時會露出些德語腔來，儘管他並非先構造出德語表達式然後把它們譯成英語；於是他講英語時彷彿在「下意識地」從德語進行翻譯。同樣，我們往往以爲我們的思想彷彿建立在某種思維格式上，彷彿我們在把一種較原始的思維方式譯成我們的思維方式。

五九八 我們探究哲學的時候，願意在沒有感覺的地方把感覺設爲基礎。這些感覺被用來向我們解釋我們的思維。

「**這裡**需要有一種感覺來解釋我們的思想！」彷彿我們對這種要求的信念是有了這種要求之後才出現的。

五九九 在哲學裡不推演出結論。「事情必定如此這般！」不是個哲學命題。哲學只確認人人認可的東西。

六〇〇 不對我們顯眼的東西都會造成不顯眼的印象嗎？尋常事物總給我們造成尋常的**印象**嗎？

六〇一 我說到這張桌子，這時我是**記起**了這樣東西叫作「桌子」嗎？

六〇二 若有人問我：「你今天早上進屋的時候，認出你的書桌了嗎？」我自然會說：「當然！」但若說當時發生了一種複認，[54]那將是一種誤導。我自然不覺得書桌陌生；我看

---

[54] 上一句的「認出」和這裡的「複認」原文都是wiederkennen。——譯者注

見它在那裡一點也不驚訝；而若有另一張書桌或別的什麼陌生的東西立在那裡，我就會驚訝的。

六〇三 沒人會說，我每一次走進房間，走進這個極爲熟悉的環境，都對我看到的和曾上百次看到過的東西複認一遍。

六〇四 對我們稱之爲「複認」的過程頗容易具有一幅錯誤的圖畫；彷彿複認總在於我們把兩個印象拿來互相比較。彷彿我隨身帶著某樣東西的一幅圖畫，依照它來辨識某樣東西是不是圖畫上所表現的那個東西。我們的記憶似乎就是進行某種比較的媒介，它爲我們保存好以往事情的畫面，或允許我們（好似透過一根管子）窺見過去。

六〇五 而這並不很像我拿這個對象來和它旁邊的圖畫做比較，倒是像這個對象與圖畫正相**覆蓋**。所以我只看到一個而不是兩個。

六〇六 我們說「他聲音的表情是**眞實的**」。如果不眞實，我們會認爲彷彿在這表情背後另有一副表情。他對外表現出這副面孔，內心裡卻有另一副。但這並不是說：如果他的表情是眞實的，他就有兩副一樣的面孔。

〔一種很特殊的表情。〕

六〇七 我們是怎麼估計鐘點的？但我說的不是根據外部依據如太陽的位置、屋裡的光線等等來估計。我們自問「會是幾點鐘了?」停頓一下,也許想像一下錶盤;然後說出時間。或者考慮好幾種可能性;想到一個時間,又想到另一個,最後停在某一個,諸如此類。但這想法不是伴隨著某種確信的感覺嗎?這不就是說這種感覺和內在的鐘錶取得一致嗎?不然,我不是從任何鐘錶讀出時間;有一種確信的感覺,只在於我說出一個時間而**沒有**懷疑之感,平靜而有把握。但給出這一時間之際沒聽見咔噠一聲什麼東西扣上了嗎?就我所知沒有;除非你這麼稱謂「考慮到此休止下來」,這麼稱謂「停止在某個數字上」。我在這裡也根本不必談到「確信的感覺」,而可以說:我考慮了之後,然後斷定是五點一刻。但我是根據什麼來斷定的?我也許會說:「只是根據感覺」;這只是說:我聽從冒出來的那個想法。但你當時爲了估計時間,一定至少讓自己進入了某種確定的狀態,你總不會把想像到的任何時間都當作給出了正確的時間!重說一遍:我當時**問**自己「會是幾點鐘了?」即,我不是在一個故事裡讀到這個問題;不是在引用別人的話;不是在練習這些語詞的發音。我不是在這些背景下說出這話的。那是在哪些背景下呢?我當時想到吃早點,又擔心今天會不會遲到,是這一類背景。但你真的沒看到,你還是處在某種狀態之中,無論這種狀態多麼不可把握,卻是一種以估計時間爲特徵的狀態,就好像處在一種以估計時間爲特徵的氣氛之中?不錯,具有特徵的是,當時我曾自問「會是幾點鐘了?」要是這句話有一種特別的氣氛,我該怎麼才能把它和句子本身分開呢?要是我沒有想到也可以用別的方式說這句話——作爲引語、玩笑、演說練習等等,我就從不會想到這句話有這樣一種氣氛。但想到其他方式之後，我立刻會想說、我立刻會覺得：無論如何我當時一定是以某種特別的方式來**意謂**這話的，即它不同於在任何其他情況下說出這話。我無法擺脫特別氣氛的圖畫；我端端看著它就在眼前——即，只要我不去看一看根據我的記憶實際曾在那裡的是什麼。

關於有把握的感覺：我有時對自己說「我有把握現在是……點鐘」，我的聲調或多或少是有相當把握的。你問我根據什麼有這種把握，那我沒什麼根據。

我說：我是在一個內在的鐘錶上讀出來的，那是一幅圖畫，和它對應的只是：我給出的是這個時間。這幅圖畫的目的是使給出時間這件事和在鐘錶上讀出時間這件事合二為一。我拒絕承認這裡有兩件不同的事情。

六〇八 估計時間之際的那種心靈狀態是不可把握的，這個想法極富重要性。它為什麼**不可把握**？這難道不是因為我們拒絕把可在我們的狀態那裡加以把握的東西算在我們所懸設的特定狀態裡面嗎？

六〇九 描述一種氣氛是語言的一種特殊應用，為的是某些特殊的目的。

〔把「理解」解釋為一種氣氛；解釋為一種心靈行為。在什麼東西上面都可以附加一種氣氛。「一種無法描述的特點」。〕

六一〇 試描述咖啡的香氣！為什麼不行？我們沒有語詞？我們沒有做什麼用的語詞？但認為一定能夠做出這樣一種描述的想法從何而來？你可曾缺少過這樣一種描述？你可曾嘗

試描述這香氣卻做不到？

〔我會說：「這些音符述說著某種壯麗的東西，但我不知道是些什麼。」這些音符是一種強烈的姿態，但我無法把任何東西放在它們旁邊來解釋它們。意味深長的點頭。詹姆士：「我們的語詞不夠。」那我們爲什麼不引進語詞呢？必須有哪些情況從而我們能引進語詞？〕

六一一　人們會說，「意願也只是一種經驗」（「意志」也只是「意象」⑮）。它自行發生，我無法導致它發生。

不導致它發生？像什麼那樣自行發生？那麼我又能導致什麼發生呢？我這麼說的時候是在拿什麼來和意願比較？

六一二　說到我手臂的運動，我就不會說它自行發生。在這個領域內我們合情合理地說，某事不單單對我們發生，而是我們在做某事。「我無需一直等到我的手臂自行舉起，我可以把手臂舉起來。」這裡我把我手臂的運動對照於我猛烈的心跳平息下來。

六一三　若說我畢竟可以導致什麼事情（例如：吃得過多導致胃疼），那麼在同樣的意

---

⑮ 指涉叔本華所謂「世界之爲意志之表象」。——譯者注

義上我也可以導致意願發生。在這個意義上我跳進水裡而導致游泳的意願。我希望說：我不能意願某個意願；即，說意願某個意願沒有意義。「意願」不是某個行爲的名稱，因此也不是某個隨意[56]行爲的名稱。意願某個意願這一錯誤的表達式來自：我們要把意願想成一種直接的、非因果的導致。這個想法根底下是一個引致誤解的類比；因果網似乎是透過聯繫兩個機械部分的機制設立起來的。如果這個機制受到擾亂，這個聯繫就可以失去。（人們只設想某種機制正常受到擾亂的情況；而不設想齒輪忽然變軟了或互相穿透了等等。）

六一四 我「隨意」運動手臂之時，我用不著某種中介來導致這運動。連我的願望也不是這樣一種中介。

六一五 「意願若不應是某種願望，那就必定是行動本身。它不可能比行動還缺少什麼。」它若是行動，那就是在這個詞的尋常意義上的行動；所以：說、寫、走、舉個什麼、意想個什麼。但還有：嘗試、試圖、努力、去說、去寫、去舉起什麼、去想像什麼等等。

六一六 當我舉起我的手臂，我並**不**曾希望它舉起來。隨意行爲排除了這種願望。當然

---

[56] 這裡的willkürlich是在生理學術語意義上使用的，例如：「隨意肌」。——譯者注

可以說：「我希望一絲不差地畫個圓。」這話表達出了手將如此這般運動的願望。

六一七 我們以一種特別的方式把手指交叉在一起，這時如果有人只是**指著**一隻手指，只讓我們用眼睛看他指著的手指，而命令我們活動它，那我們有時會做不到。如果他碰碰這隻手指，我們就能夠讓它活動。人們會這樣描述這種經驗：我們不能夠**意願**這隻手指動起來。這完全不同於我們由於有人把手指捆起來了而不能夠讓手指動起來。現在人們傾向於這樣來描述前一種情況：在有人觸碰這隻手指之前，我們不能爲意志找到一個著手點。唯當感覺到了這隻手指，意志才能知道它應從哪裡著手。但這種表達方式引錯了路。人們會說：「如果感覺沒標出那個地方，我又該怎麼知道讓意志在哪裡使上勁呢？」但即使感覺就在那裡，我又怎麼知道該把意志導向什麼方向？

在這個例子中，我們感到手指上的觸動之前，手指就像癱瘓著，這一點由經驗顯示；當時不能夠先天地看到這一點。

六一八 人們在這裡把意願的主體想像成沒有物質（沒有慣性）的東西；意想成自身中沒有慣性阻力需要加以克服的發動機。於是只是推動者而不是被推動者。即：可以說「我意願，但我的身體不服從我」，卻不可以說：「我的意志不服從我」（奧古斯丁）。

但若在某種意義上，我不可能想要意願而做不到，在同樣的意義上我也不可能嘗試去意願。

六一九 可以說：「我從不能夠嘗試去意願，唯此我才什麼時候都能意願。」

六二〇 做本身似乎沒有任何經驗容量。它似乎像一個無廣延的點、一個針尖。這個針尖似乎是眞正的行爲者。現象中所發生的只是這個做的後果。「我**做**」似乎有一種特定的意義，和一切經驗脫節。

六二一 但我們別忘記這一點：當「我舉起我的手臂」之時，我的手臂舉起來。問題來了：如果我從我舉起我的手臂這一事實中抽掉我的手臂舉起來這回事兒，什麼是剩下來的東西呢？

〔那麼動力感覺就是我的意願嗎？〕

六二二 當我舉起我的手臂，我通常並不**嘗試**把它舉起來。

六二三 「我非要到達這棟房子不可。」但若這裡沒有任何困難，我**能夠**試圖非要到達這棟房子嗎？

六二四 在實驗室裡，在電流之類的影響之下，一個人眼睛閉著說「我在上下活動我的手臂」，儘管手臂根本沒動。我們說：「可見他有這種運動的特別感覺」。試一試閉著眼睛來回活動你的手臂。這麼做著的時候再試著對你自己講，手臂靜止不動，而你只是在肌肉和關節裡有某些奇特的感覺！

六二五　「你怎麼知道你舉起了你的手臂？」「我感覺到了。」所以你所複認的就是感覺嗎？你有把握你複認得正確嗎？你有把握你舉起了你的手臂；難道這不是複認的標準、尺度？

六二六　「當我用一根棍子觸碰一樣東西，我的觸碰的感覺是在棍子上，而不是在握著棍子的手上。」我說「我不是手疼而是手腕疼」，其結果則是醫生會檢查我的手腕。但我說我在棍子上感到對象的硬度或說我是在手上感到的，這能造成什麼區別呢？我是在說「就好像我的神經末梢是在棍子上」嗎？**在何種意義上**彷彿是那樣？好，反正我傾向於說「我在棍子上感覺到硬度」。和這連在一起的是，觸碰的時候我不看著自己的手而看著棍子；以及我描述我感覺到的東西所用的話是「我在那裡感覺到了什麼硬而圓的東西」，而不是「我在大拇指中指和食指的指尖上感到一種壓力……」。若有人問我：「你握著探條的幾根手指上現在感覺到了些什麼？」我可能這樣回答他：「我不知道，我覺得**那裡**有著又硬又粗糙的東西。」

六二七　考察一下對隨意行爲的如下描述：「我決定五點鐘的時候敲鐘；五點了，我的手臂做出了這個動作。」正確的描述是這樣，而不是下面這樣的嗎？「……五點了，我舉起我的手臂。」人們會這樣來補足前一種描述：「五點了，看哪！我的手臂抬起來了。」而這個「看哪」恰恰是這裡用不上的東西。我舉起手臂的時候**不**說：「看，我的手臂抬起來了！」

六二八 於是可以說：隨意動作的特點是驚訝的闕如。而我並不是要你問：「但**爲什麼**人們在這裡不感到驚訝呢？」

六二九 人們談論是否可能預知未來的時候，總是忘記人常對自己的隨意行爲做出預言這個事實。

六三〇 考察下面兩個語言遊戲：

(a)一人命令另一人做某些特定的手臂動作或取某些身體姿勢（體操教練和學生）。這個語言遊戲的一個變種是這樣的：學生對自己下命令，然後執行。

(b)某人觀察一些合乎規律的過程，例如：各種金屬對酸的反應，然後對某些特定情況下將出現的反應做出預言。

這兩類語言遊戲間有顯而易見的親緣，也有根本的區別。在兩種情況裡都可以把說出來的話稱作「預言」。但請比較一下導向第一種（做預言的）技術的訓練和導向第二種（做預言的）技術的訓練！

六三一 「我現在將服用兩種藥粉；半小時之後我將嘔吐。」我若說在前一例裡我是行動者，而在後一例裡我只是觀察者，那可什麼都不曾解釋。或者說，在前一例裡我從內部看到因果聯繫，而在後一例裡則從外部，以及很多諸如此類的說法，也都一樣。

說前一類預言就像後一類預言一樣並不是錯不了的，這話還是不及要旨。

並非基於對我的行爲的觀察我才說我現在將服用兩種藥粉。這個句子的前件是另外一些。我說的是引向這個句子的思想行爲等等。而說「你這一表達的唯一本質前提就是你的決定」徒然引入歧途而已。

六三二 我不是要說：在用「我將服用藥粉」來表達意願的事例中，預言是原因，預言的實現是效果。（某種生理學探討也許能決定是不是這樣。）但這一點是眞的：我們往往可以從一個人表達其決定預言他的行動。一種重要的語言遊戲。

六三三 「你剛剛被打斷了；你還知道你要說的是什麼嗎？」如果我知道，也說出了〔我剛剛要說的〕，那就是說我剛剛已經想好了要說什麼，而只是沒說出來嗎？不然。除非你把我撿起打斷了的話題的那種肯定態度當作當時已經有了完整思想的標準。但在環境裡以及在我的思想裡，當然已經有著一切可能幫助我續上這話題的東西。

六三四 我續繼被打斷的話題，說我當時要往下說的就是**這個**，這就像我根據簡短的筆記發揮一條思路。

那麼我難道不是在**解釋**這些筆記嗎？在那些情況下只可能有一種繼續嗎？當然不是。但我不是在這些解釋中進行**選擇**。我**回憶起**：我當時要說的就是這個。

六三五　「我當時要說……」。你回憶起種種細節，但所有這些細節也無法顯示你的意圖。就彷彿拍攝了一幅景物，但在上面只看得見一些凌亂的細節；這裡是一隻手，那裡是一張臉、或一頂帽子，其他都是黑的。而我卻彷彿十分清楚這整幅圖畫確切想表現的是什麼。彷彿我能解讀黑暗。

六三六　這些「細節」不是無關的，雖然我同樣能夠回憶起來的另外一些環境因素卻不一定有關。不過，我告訴某人「那一刻我本來要說……」，這個人靠這個說法是體察不到這些細節的，他也不必去猜測這些細節。例如：他不必知道我已經準備說話。但他可以這樣來補足這個過程的畫面。（這種能力屬於對我所告知的東西的理解。）

六三七　「我確切知道我當時要說的是什麼！」但我卻不曾說出〔我剛剛要說的〕。而我卻不是從任何當時發生的，而我現在還記得的其他事情中，讀出我當時要說的是什麼。

我也不是在**解釋**當時的境況及在那之前先行發生的事情。因爲我對這些不加考慮、不加判斷。

六三八　儘管如此，如果我說「有那麼瞬間我曾要欺騙他」，我就傾向於在這話裡看到某種解釋。這是怎麼回事呢？

「你怎麼能肯定你有那麼瞬間曾要欺騙他？你難道不是只有一些極爲零星不全的行爲和思想嗎？」

證據難道不會太稀少嗎？是的，若追尋下去，證據就顯得極其稀少；但難道這不是因爲人們不去注意這證據的歷史嗎？如果我有那麼瞬間打算對另一個人裝出不舒服的樣子，爲此需得有某種在先的故事。

一個人說「有那麼瞬間……」，他眞的只是在描述一件片刻之間的事情嗎？

但就連整個歷史也不是我據以說「有那麼瞬間……」的證據。

六三九 人們會說，意見是逐漸**發展**而成的。但就連這說法裡面也有個錯誤。

六四〇 「這一思想和我從前有過的思想有聯繫。」它怎麼就有聯繫了？透過某種聯繫的**感覺**？但感覺怎麼眞的能把思想聯繫起來呢？「感覺」一詞在這裡極易導入歧途。但有時的確可能確切地說「這一思想和早先那些思想是聯繫在一起的」，而指不出聯繫何在。這一點也許後來才做到。

六四一 我說了「我現在要欺騙他」這話並不使得我的意圖變得比它原來所是的還要更確切些。但即使你說了這話，你就一定十分認眞地意謂這話嗎？（所以，即使最明確地把意圖表達出來，這本身仍不是意圖的充分證據。）

六四二 「那一刻我恨他」。這時發生的是什麼？難道不是由思想感覺和行爲組成的嗎？而且，假使我現在向自己演示那一刻，我會做出一種特定的臉部表情，想到某些事情，以特定的方式呼吸，在心裡喚起某些感覺。我可以設想一場對話，一整個燃燒起這種憤恨的場景。我可以演示這一場景，所懷的感覺接近於眞實情境中的那些感覺。我實際上經歷過類似的事情，這一點當然有助於我做這番演示。

六四三 如果我現在爲當時所發生的感到羞愧，那我會對所有這些感到羞愧：話語、惡毒的語調等等。

六四四 「我感到羞愧的不是我當時所做的，而是我當時所懷的意圖。」但意圖難道不也在我所做的事情當中嗎？羞愧的道理是什麼？所發生之事的整個歷史。

六四五 「有一刻我曾願……」。即，我曾有一種特定的感覺、內在體驗；而我現在回憶起來。好，你**準確**地回憶一下！這時，意願的「內在體驗」似乎又消散了。取而代之，回憶起的是思想、感覺、活動以及和更早的境況的聯繫。

彷彿顯微鏡經過了調整；現在處在焦點之中的，早先卻不曾看見。

六四六 「但這只不過顯示你把顯微鏡調整錯了。你本來應該查看的是標本的一個特定斷面，而你現在看到的是另一個斷面。」

這話有些道理。但假設我現在（借助鏡頭的某一特定設置）回憶起一種**單一的**感覺；我怎麼就可以說它就是我稱之爲「意圖」的東西呢？也可能我的每一個意圖都伴隨著某種特定的設置呢！

六四七　什麼是意圖的自然表達？看看貓是如何悄悄接近一隻鳥；看看一隻想要逃脫的野獸。

〔和感覺命題的聯繫。〕

六四八　「我記不得我的話了，不過我確切記得我的意圖：我想用我的話來安慰他。」我的記憶對我**顯示**什麼？向我的心靈展示什麼？好，即使它所做的只是向我提示這些話語！也許此外還提示一些更確切地、補足當時場境的話語。（「我記不得我的話了，但清清楚楚記得我的話的精神。」）

六四九　「那麼，沒學過語言的人就不可能有某些特定的記憶了？」當然，他不可能有語言性質的記憶、語言性質的願望或恐懼等等。語言之中的記憶這種種卻不僅僅是**眞實**經驗的黯淡無光的表現；因爲，語言性質的東西就不是經驗嗎？

六五〇　我們說，這隻狗害怕牠的主人打牠；但不說：牠害怕牠的主人明天要打牠。爲什麼不這樣說？

六五一　「我記得當時還想多待一下的。」這一願望的什麼圖畫浮現在我心裡？什麼圖畫都說不上。我在記憶裡無論看到的是什麼，它都不決定我〔具有這個願望〕的感覺。而我卻清清楚楚記得這些感覺曾在那裡。

六五二　「他用滿懷敵意的眼光打量著他說：……」故事的讀者懂得這話；他心裡沒有懷疑。於是你說：「是啊，他在這句話上想出了含義，他猜出了含義。」一般說來不是這樣。一般說來他不是想出什麼加了上去，他不猜。但也可能，那敵意的眼光和那話後來表明是僞裝的，或讀者開始懷疑那是僞裝呢？抑或不是，於是眞的猜測一種可能的解釋。但這時候他首先是就一種前後聯繫做猜測。他也許這樣對自己說：這兩個人在這裡以敵意相待，實際上卻是朋友等等。

〔「你要想理解這句話，就必須在這句話上想像心靈的含義、心靈狀態。」〕

六五三　想一下這種情況：我對一個人說，我按照事先準備好的一份地圖走過某一條路線。這時我給他看這張地圖，那是畫在一張紙上的一些線條；但我無法解釋這些線條怎麼就是我的旅行路線，無法告訴他應當怎麼解釋這幅地圖的規則。但我當時的確依照這幅草圖旅行，具有識讀地圖的所有典型特徵。我可以把這幅草圖稱爲「私有」地圖；或把我前面描述的現象稱爲：「遵循一份私有地圖。」（但這個表達式當然極易引起誤解。）

我可以這樣說嗎：「我當時想要如此這般旅行，這似乎是從一張地圖上解讀出來的，儘管這裡並沒有地圖」？但這無非等於說：**我現在傾向於說**：「我現在從我記起來的某些心靈狀態中，讀出了如此這般旅行的意圖。」

六五四 我們的錯誤是，在我們應當把這些事實看作「原始現象」的地方尋求一種解釋。即，在這地方我們應當說的是：**我們在進行這一語言遊戲**。

六五五 問題不在於透過我們的經驗來解釋一種語言遊戲，而在於確認一種語言遊戲。

六五六 我爲什麼對一個人說我早先有過如此這般的願望？把語言遊戲作爲**原初**者來看待！把感覺當作對語言遊戲的一種考察方式、一種解說！

可以一問：人怎麼一來就得會用語言來表達我們稱之爲「以往願望的報告」或以往意圖報告的東西呢？

六五七 讓我們設想這種表達總是採取這樣的形式：「我對自己說：『我若能多待一會，該多好！』」這樣來傳達的目的可以是讓別人了解我的反應。（試比較「meinen」和「vouloir dire」[57]的語法。）

六五八 設想我們總是用這話來表達一個人的意圖：「他就好像曾對自己說『我要……』」。這是圖畫，而我現在要知道的是：人們如何使用「就好像對自己說」這一表達

---

[57] 我通常把德文詞meinen譯作「意謂」或「意思是」；法文片語vouloir dire大致相當於「要說的是」。——譯者注

式？因爲它的含義不是：對自己說。

六五九　爲什麼我除了自己所做的還要告訴他一個意向？不是因爲意向也是當時發生的事情的一部分。而是因爲我要告訴他關於我**自己的**某些事情，而這些事情超出了當時所發生的事情。

我說我當時要做的是……，這時我在向他敞開心扉。但不是基於自我觀察，而是透過一種反應（也可以稱之爲一種直覺）。

六六〇　「我當時要說……」這一表達式的語法和「我當時能繼續說……」這一表達式的語法具有關聯。

在一例中是回憶起某個意圖，在另一例中是回憶起某種理解。

六六一　我記起當時意謂的是**他**。我記起了一個過程或一種狀態？它什麼時候開始的？它怎麼進行的？

六六二　如果情況稍稍有點不同，他就不會不出聲地用指頭示意，而會對某個人說：「叫N到我這裡來」。於是可以說：「我要N到我這裡來」這話描述了我當時的心靈狀態；不過也可以**不**這樣說。

六六三　當我說「我當時意謂的是**他**」時，就很可能有一幅圖畫浮現出來，例如我那樣看著他；但這幅圖畫無非像一個故事的插圖。單從這幅圖畫我們多半什麼結論也得不到；唯當我們了解了這個故事，我們才知道這幅圖畫是做什麼用的。

六六四 在一個詞的用法裡，我們可以區分「表層語法」和「深層語法」。使用一個詞時直接給予我們印象的是它在句子結構裡的使用方式，其用法的這一部分，我們可以說——可以用耳朵攝取。再例如：「意謂」一詞的深層語法和我們會從其表層語法推想的東西比較一下。難怪我們會覺得很難找到出路。

六六五 設想某個人臉部帶著疼痛的表情，指著自己的臉頰，同時說「阿玻拉卡達玻拉！」我們問：「你說的是什麼意思？」他回答：「我這話的意思是牙疼。」你馬上會想：怎麼竟可以用這話來「意謂牙疼」呢？或，究竟什麼叫作：用這話**意謂**疼痛？然而在另一種上下文裡，你卻會主張，如此這般**意謂**的心靈活動在語言使用中恰恰是最爲重要的東西。

但爲什麼我就不可以說「我用『阿玻拉卡達玻拉』意謂牙疼」呢？當然可以，但那是個定義，不是在描述我說這話時，在我心裡發生的事情。

六六六 設想你身體正犯疼，同時又聽到附近有人在調鋼琴。你說「很快就會停下來的」。你意謂的是疼痛還是鋼琴，這肯定大不一樣！當然，但區別在於什麼？我承認：在很多情況下，和意謂的是這個、還是那個，相對應的會有一種注意力的方向，正像往往也會有一種目光、一種姿勢、或一種閉眼——可以把這種閉眼稱作「向內心看」。

六六七 設想有個人模仿疼痛，同時說「很快會好的」。我們不能說意謂的是疼痛嗎？他卻根本沒有把注意力集中在任何疼痛上。如果我最後說「已經不疼了」，又該怎麼樣？

六六八 但人不也可以這樣來騙人嗎？他說：「很快就會停下來的」，意謂的是疼痛，但問到：「你意謂的是什麼？」時，卻回答：「我意謂的是隔壁的噪音。」在這一類情況下人們也許會說：「我當時想回答說……，但我想了想卻回答說……」

六六九 我們可以在說話的時候指著一樣東西，以此來指涉它。這一指在這裡是這個語言遊戲的一部分。於是我們覺得，彷彿我們說到一種感覺，靠的是說話時把注意力集中在這種感覺上。但類似之處何在？顯然在於我們可以透過**觀看**和**傾聽**指向某種東西。

但在有些情況下，就連**指向**所談的對象對於語言遊戲、對於思想來說也可能一點都不重要。

六七〇 設想你在電話裡對一個人說：「這桌子太高了」，同時你用手指指著桌子。這一指在這裡有著什麼作用？我能說我靠指著它來**意謂**所涉及的桌子嗎？這一指爲的是什麼？這話以及伴隨這話的其他無論什麼，爲的是什麼？

六七一 我傾聽的內在活動指向哪裡呢？指向傳向我耳朵的聲響嗎？我**沒**聽見**什麼**的時

候指向寂靜嗎？

傾聽就好像在**尋找**聽覺印象，所以它不能指向這印象，而只能指向它尋找這印象的**地方**。

六七二 如果把感受狀態稱爲「指向」某種東西，那它指向的並不是我們透過這種狀態獲得的感覺。

六七三 如果也可以說心靈狀態「**伴隨**」著話語，其意義卻和某種姿勢伴隨著話語不同。（就像一個人可以獨自旅行，而我的祝願卻伴隨著他，就像一間屋子可以空無一物卻又充滿光線。）

六七四 有諸如此類的說法嗎：「我剛才其實不意謂我的疼痛；難道我爲它心思費得還不夠嗎？」有諸如此類的問法嗎：「我剛才用這個詞究竟意謂的是什麼？我的注意力一半在我的疼痛，一半在那噪音上」嗎？

六七五 「告訴我，你剛才說這話時心裡發生了什麼？」對此的回答不是「我剛才意謂著……」

六七六 「我用這個詞意謂的是**這個**」之爲一種傳達，其用法不同於傳達某種心靈感受。

六七七 另一方面：「你剛才罵人的時候意思眞的是那樣嗎？」這多少像是說：「你剛

才眞的生氣啦？」這裡可以根據內省給予回答，回答往往是這樣的：「我沒有很認眞的意思」，「我是半開玩笑的意思」等等。這裡有程度之別。[58]

人們當然也說：「我說這話的時候心裡一半想的是他。」

六七八 意謂疼痛還是意謂鋼琴聲，這一意謂在於什麼呢？得不到回答，因爲初看上去呈現出來的那些回答都不中用。「但我當時**意謂**的的確是這個而不是那個。」不錯，你現在只是以加重的口氣重複著一個句子，而誰都不曾駁斥這個句子。

六七九 「但你能懷疑你當時意謂的是**那個**嗎？」不能！但我也不能肯定這一點，不能知道這一點。

六八〇 如果你告訴我，你剛才罵人的時候意謂的是N，那麼，你那時可曾看著他的畫像，可曾想像過他，可曾說出他的名字，這些對我都無所謂。從你罵的是N這一事實中得出的、使我感到興趣的那些結論和這些都沒任何關係。但另一方面，也可能有人向我解釋，只有當罵人的人清晰地想像出所罵的人，或把他的名字大聲說出來，咒罵才會**有效**。但他還是不會說「關鍵在於罵人的人如何意謂他所罵的人」。

---

[58] 再提醒一下，這裡譯作「意謂」和「意思是」的都是meinen。——譯者注

六八一 我們當然也不會問：「你肯定你罵的是**他**，你肯定建立起了〔咒罵〕和他的聯繫？」既然能對這種聯繫這麼肯定，既然能知道這種聯繫沒聯錯對象，那要建立這種聯繫一定不費吹灰之力了！好，那麼會不會有這種情況——我要寫信給這個人，而事實上卻寫給另一個人？怎麼能夠發生這種事呢？

六八二 「你說『很快就會停下來』。你想的是那噪音還是你的疼痛？」他現在回答「我想的是那鋼琴聲」。這時候他是在供證有一種聯繫已經存在還是透過這話建立起了這種聯繫？我不能**兩者**都說嗎？如果他所說爲眞，那聯繫不是本來就在那裡了嗎？儘管如此，他不是仍然建立起了一種本來不曾存在的聯繫嗎？

六八三 我畫了一幅人像。你問「畫的是誰呢？」我：「是N。」你：「但看上去不像他，卻更像M呢！」我說畫的是N的時候，我是在建立一種聯繫還是在報告一種聯繫？當時已經存在的是什麼聯繫？

六八四 是什麼使我們更贊成說我的話描述一種已經存在的聯繫？好，我的話涉及的很多事情並不隨著我的話直接顯現出來。例如，我的話在說：如果問到我，我那時就會給出一個確定的回答。即使這只是個條件句，它卻仍然說出了某些有關過去的事情。

六八五 「去找甲」不叫作「去找乙」；但我執行這兩個命令的時候，所做的可能完全一樣。

說這裡發生的一定有什麼不同，就相當於說：「今天是我的生日」和「4月26日是我的生日」這兩個句子一定指涉不同的日子，因爲它們的意義不一樣。

六八六 「但我意謂的當然是乙，我根本沒有想到甲！」「我當時要乙到我這裡來，我要他來做……」。這一切都提示出一個更廣大的聯繫網。

六八七 我們當然有時可以不說「我意謂的是他」而說「我想到的是他」；有時也說「不錯，我們談的是他」。那麼問問你自己，「談的是他」在於什麼？

六八八 在有些情況下可以說：「我說的時候覺得是在**對你**說的。」但若我本來就在對你說話我就不會這樣說。

六八九 「我想到的是N。」「我談到的是N。」

我怎麼談到他的？我會說「我今天一定得拜訪N」。但這還不夠！用「N」一詞我可以意謂形形色色有這個姓的人。「那我的話一定和N還有另外一種聯繫，否則我就不能恰恰意謂的是他。」

當然，有這樣一種聯繫。只不過不像你想像的那樣：即透過某種心靈**機制**。

（比較一下「意謂他」和「瞄著他」。）

六九○ 有一次我做了一個聽來毫無惡意的評論，說的時候卻偷偷瞥了某人一眼；這時是怎麼回事呢？另一次我低著頭哪裡都不看，公然談論某個在場的人，因爲我提到了他的名字，我使用他的名字的時候當眞是**特別**想到了他嗎？

六九一 我依照記憶爲自己畫下N的面孔，人們自然可以說我這畫**意謂**的是他。但在作畫時（或其前其後）所發生的事情裡，我能說其中哪一件意謂著他？

因爲人們自然希望說：你意謂他的時候，你瞄的是他。但你在記憶中喚出一個人的面孔，這時你怎麼瞄著他的？

我的意思是，你怎麼把他喚到記憶裡來的？

你怎麼呼喚他？

六九二 一個人說：「我給你這個規則的時候，我意謂的是你在這種情況下應當……」，即使他自己在給予規則的時候，根本沒想到這種情況，那他這麼說對不對？當然對。「意謂某某」並不叫作「想到某某」。但現在的問題是：我們怎麼能判斷一個人意謂的可曾就是這樣？他掌握了某種算術技術和代數技術，他用通常的教學方法教給另一個人怎麼展開一個數列，諸如此類的事情就是這樣一些標準。

六九三 「我教他構造這個系列的時候，我意謂他在第一百位應該寫……」完全正確：你意謂的的確是那個。顯然，你甚至不必想到過那個。這向你表明，動詞「意謂」的語法和動詞「想」的語法有多麼不同。再沒有比把意謂稱爲一種心靈活動更錯亂顛倒的了！即，只要我們不是意在製造混亂。（黃油漲價，人們也可以就此談論黃油的活動；要是那麼談論不帶來麻煩，那又何妨。）

第二部分

壹

一　我們可以想像動物生氣、害怕、傷心、快樂、吃驚。但能夠想像牠滿懷希望嗎？爲什麼不能？

一隻狗相信牠的主人就在門口。但牠也能夠相信牠的主人後天回來嗎？牠在這裡無法做到的是什麼？那我又是怎樣做得到的？我該怎樣回答這個問題呢？

只有會講話者才能夠希望嗎？只有掌握了一種語言的用法者。也就是說，希望的各種現象是從這種複雜的生活形式中產生出來的某些樣式。（如果一個概念的靶子是人的書寫的特徵，它就用不到不寫字的生物身上。）

二　「苦惱」向我們描述著以形形色色的變形反覆重現在生活畫布上的一種圖樣。如果在一個人那裡悲喜的身體表達交替出現，比方說隨著時鐘的滴答聲交替出現，我們就既不會形成具有煩惱特徵的圖樣，也不會形成具有喜悅特徵的圖樣。

三　「他有一剎那感到劇痛。」爲什麼「他有一剎那感到深深的悲傷」聽起來彆扭？只是因爲這種情況很少出現嗎？

四　但你**此刻**不覺得苦惱嗎？（「但你此刻不是在下棋嗎？」）回答也許是肯定的，但這並沒有使苦惱的概念變得更像一種感覺概念。這個問題其實是一個時間性的、個人的問題，而不是我們本來要提出的邏輯問題。

五　「你得明白：我害怕。」

「你得明白：嚇壞我了。」

是的，這話也可以用**微笑的**口吻說出來。

你是要告訴我，他並不覺得怕嗎？除了透過感覺，他還有什麼別的辦法**知道**他害怕呢？

但即使那是一個報告，他也不是從他的感覺得知的。

六　因爲，請你想一想由驚嚇的模樣喚起的感覺：「嚇壞我了」這話本身也是這樣的一種模樣；如果我在說出這話時聽到了它、感到了它，那這也屬於其餘那些感覺之列。那麼，爲什麼非要把不說出的模樣當作說出來的模樣的根據呢？

貳

一　「當我聽見這個詞的時候，它對我意謂的是……」他說這話時關涉到的是一個**時間點**和**語詞使用的**一**種方式**。（當然，我們不曾弄明白的是二者的連結。）

而「我那時要說的是……」這個說法關涉到的是一個**時間點**和一個**行動**。

我談到表達式的本質**關涉**，以便區別它們與我們的表達式的其他特性。對於表達具有本質性的關涉是這樣一些關涉：它們使得我們把否則就會顯得陌生的表達方式翻譯成我們所習慣的形式。

二　如果你講不出「與」這個詞既可以是動詞又可以是連詞，或者你不會有時把這個詞當作動詞有時當作連詞造句，那你就連小學生的簡單練習也做不下來。但我們並不要求小學生脫離上下文來把這個詞當作動詞或連詞來**看待**，或者報告他一向是怎樣看待這個詞的。

三　如果「是」這個字的含義是「等同於」，那麼「玫瑰是紅色的」這話就沒意義。這表示：如果你說這句話並把其中的「是」當作等同符號來意謂，這意義對你就瓦解了嗎？

四　我們拿出一個句子，把句子裡每個詞的含義向某人做了解釋；他於是學會了運用這些詞，因而也學會了運用這個句子。假如我們選用的不是句子而是一個無意義的詞列，他就不會學會運用這個**詞列**。把「是」字解釋爲等同符號，他就學不會使用「玫瑰是紅色的」這個句子。

但「意義的瓦解」也有正確之處。例如，在這個例子裡：我們可能會對人說：如果你是要長歎一聲「唉，唉！」你這時不要去想什麼愛呀愛！

五　經驗一個含義和經驗一幅意象圖畫。人們要說，「在兩種情況下都在經驗，只是所經驗的東西不同。向意識呈現出了不同的內容——擺在意識前的是不同的內容。」什麼是意象經驗的內容？答案是一幅畫或一個描述。什麼是含義經驗的內容？我不知道該怎麼回答。如果那個說法有任何意義，這意義就是：意象經驗和含義經驗這兩個概念就像「紅」和「藍」這兩個概念一樣相互類似；而這是錯誤的。

六 我們能像保持一幅意象圖畫那樣保持對含義的理解嗎？也就是說，如果我突然明白了某個詞的一種含義，它也能停留在我心裡嗎？

七 「整個計畫一下子出現在我心裡並且就這樣持續了五分鐘。」為什麼這聽起來彆扭？可以認為：閃現的東西和持續的東西不會是同一個東西。

八 我叫道：「現在我有了！」一個突然的閃念：此後我將能夠擺出這個計畫的各種細節了。這裡保留下來的該是什麼呢？也許是一幅圖畫。但「現在我有了」並不是說我有了這幅圖畫。

九 某個詞的一種含義浮現出來而你沒有再忘掉它，你就能夠以這種方式使用這個詞。含義對你浮現，你就**知道**含義，這個浮現就是知道的開始。那麼這個浮現怎麼和某種意象經驗相似呢？

一〇 我說「唐人先生不是唐人」，第一個「唐人」我意謂一個專名，第二個「唐人」

意謂一個普通名稱。那麼，如果我不是「鸚鵡學舌般」地說出這個句子，說第一個「唐人」時我心裡就一定要浮現出和說第二個「唐人」時不同的東西嗎？請試試把第一個「唐人」作爲普通名稱來意謂，而把第二個「唐人」作爲專名來意謂。怎麼才能做到呢？**我**在嘗試的時候，因爲要在說出這兩個詞時，竭力向自己展示正確的含義而眼睛亂眨。但我通常使用這些詞時，竟這樣向自己展示它們的含義嗎？

一一　當我用交換過的含義說出這句話時，這時句子的意義對我來說瓦解了。好，對**我**來說瓦解了，但對聽我說這話的別人卻沒有。那又何害之有？「但問題在於，我們通常說出這句話時所發生的，是某種確然與此不同的事情。」但所發生的卻**不**是「向自己展示含義」。

參

一　什麼使我對他的意象成爲對他的意象？

並非這意象看起來像他。①

對意象提出的這個問題同樣可以對「他栩栩如在我目前」這話提出來。什麼使這句話成爲關於他的一句話？不是這話裡的任何東西，或與這話同時的（「在它後面的」）任何東西。你要知道他意謂的是誰，問他好了！

（但一張面孔也可能浮現在我心裡，甚至我可以把它畫出來而不知道這是誰的面孔，以及我曾在哪裡見過這面孔。）

二　但一個人也可以有所想像一畫面，或用描畫來代替意象，哪怕只是用手指在空中描畫。（可以稱之爲「動力型意象」。）這時可以問他：「這是誰的意象？」這將由他的回答決定。這完全就像他用話語做出了描述，而這些話語也一樣可以取意象而代之。

肆

一　「我相信他很難過。」我也**相信**他不是機器人嗎？

---

① 直譯：並非〔兩幅〕圖畫相似。——譯者注

在這兩種上下文中都說「相信」一詞相當勉強。

（會是這樣嗎：我相信他很難過，但我敢肯定他不是個機器人？胡說！）

二　設想我談到一個朋友說：「他不是機器人。」這裡傳達了什麼資訊，這對誰會是資訊？對一個在通常情形下遇到我這位朋友的**人**嗎？怎**可能**對他傳達了資訊！（最多是說：這個人始終像一個人那樣行爲舉止而從不像一臺機器。）

三　「我相信他不是機器人」，到此爲止，這話還毫無意義。

四　我對他的態度是對心靈的態度。並非我**認爲**他有靈魂。

五　宗教教導說身體消解了而靈魂仍能存在。我理解這教導嗎？我當然理解。在這裡我可以設想好多事情。人們甚至把這些事情畫出來。這種圖畫爲什麼只是訴諸話語的思想的不完美的翻版？它爲什麼不能和口說的學說發揮**同樣**的作用？而這種作用才是重點。

六　如果頭腦裡的思想的畫面可以強加於我們，那爲什麼靈魂中的思想的畫面不能更多地強加於我們呢？

七　人的身體是人的靈魂最好的畫面。

八　然而，指著自己的心說，「你說這話我心裡很明白」，這種表達是怎麼回事呢？他大概並不**意謂**他的這個姿勢？當然意謂。也許他意識到他**只是**在用一個形象說法？肯定不然。這不是我們所選擇的一個形象說法，不是一個比喻，然而確是一個形象式的表達。

伍

一　請你設想我們在觀察一個點的運動（例如：一個光點在螢幕上的運動）。從這個點的活動可能得出紛繁各色的重要結論。但我們有多少不同的方式來觀察啊！這個點的軌跡和它的某些量度（例如：振幅和波長），或者速度和速度變化的規律，或者軌跡發生跳躍變化的次數和位置，或者在這些位置上軌跡的曲率，以及數不清的東西。這些活動的種種特徵中的每一個都可能是我們唯一關注的。例如：我們只關心在一個特定時間裡劃出了多少圓環，而這一運動的其他一切都無關緊要。如果我們關注的不只是一**個**這樣的特徵，而是好幾個，那麼其中每一個都可能給我們特殊的啓發，與其餘的啓發種類相異。說到人的行爲，說到我們在這種行爲中所觀察的各式各樣的特點，情況也是這樣。

二　那麼心理學的對象就是行爲而不是心靈啦？

心理學家報告什麼？他觀察什麼？難道不是人們的行爲，特別是他們的表達嗎？但所**表達**的並不是行爲。

三　「我發現他情緒低沉。」這是報告行爲還是報告精神狀態？（「天空看上去不妙」：這是在說現在還是將來？）兩者都有；但並非兩者並列，而是一者**透過**一者。

四　醫生問：「他感覺怎樣？」護士說：「他在呻吟。」這是關於行爲的報告。但他們竟一定需要追問這呻吟到底眞不眞實，眞的表達了某種東西嗎？他們不可以得出某種結論，例如說「他要是呻吟，我們就必須再給他一些止痛藥」。而這個推論並非省略了中項？他們用行爲的描述來做點什麼，才是最重要的，不是嗎？

五　「但他們這時暗中做了一個假定。」那麼，我們就始終都是在暗中的假定之上進行語言遊戲的。

六　我描述一個心理實驗：各種儀器，實驗者的提問，受試的反應和回答。我接著又說，這是一齣戲裡的一幕。於是一切都變了樣。於是有人會宣稱：如果有一本心理學以同樣的方式描述了這個實驗，那麼所描述的行爲將被理解爲某種心理活動的表達，恰恰因爲這裡已經**假定了**受試沒有欺騙我們，沒有預先背誦好答案等等。那麼我們是在做某種假定了？

我們難道眞會說：「我當然是假定了……？」或者只是因爲別人已經知道這一點我們才不這樣說？

七　不是哪裡有懷疑哪裡才有假定嗎？蠻可能完全沒有懷疑。懷疑是有盡頭的。

八　這裡的關係就像：物理對象和感官印象之間的關係。我們在此有兩種語言遊戲，它們之間的關係錯綜複雜。你要把這種關係裝進一個**簡單的**公式裡，你就走錯了路。

陸

一　設想有人說，在我們心裡，我們熟悉的每一個詞，例如：一本書裡的每一個詞，都已經帶著一種氛圍，一個「暈環」，隱約提示著各種用法。就像一幅畫上，每個人物都由精微朦朧的景物環繞，彷彿處在另一個空間，而我們是在另一種聯繫之中看到這些人物的。我們倒認眞這樣假設看看！這時我們就看到這一假設不能夠解釋**意向**。

因爲若是這樣，在說話或聽話的時候，一個詞的各種可能用法就半明半暗地向我們浮現，若是這樣，這也只不過對**我們**是這樣。但我們卻和別人交流，雖然並不知道他們是不是也有同樣的經驗。

二　某人告訴我們，理解在**他**那裡是一個內在的過程，我們會怎麼反駁他？他若說會下棋在他那裡是一個內在的過程，我們會怎樣反駁他？我們會說，如果我們要知道的是他會不會下棋，那麼，他心裡都發生些什麼我們不感興趣。如果他回答說，我們感興趣的正是這個——即，他會不會下棋，那我們就不得不讓他注意可以證明他會下棋的各種標準，另一方面則注意「內在狀態」的各種標準。

即使某人只有在具有某種特定感覺時才具有某種特定能力，並且只要具有這種特定感覺就具有這種能力，這感覺仍不是這能力。

三　含義不是聽或說出一個詞時的經驗，句子的意義不是這些經驗的複合。（「我還一直沒有看見他」這句話的意義是怎麼由句子裡各個詞的含義組成的？）句子由詞組成，這就夠了。

四　有人要說，雖然每個詞在不同的上下文裡有不同的特點，但它又始終有**唯**一的特點——一張臉。這張臉看著我們。但連一張**畫**出來的臉也看著我們。

五　你肯定有唯一一種對「如果」的感覺嗎？不會有好幾種嗎？你試過在很不相同的上下文中說出這個詞嗎？例如：有時它是句子的重音，有時它後面的那個詞是句子的重音。

六　設想我們發現有個人向我們講到他對語詞的感覺：他對「如果」和「但是」的感覺是一**樣的**。我們不可以相信他這話嗎？我們也許覺得這很奇怪，可能會說：「他做的根本不是我們的遊戲」；甚至說：「這是另一種類的人。」

如果他像我們一樣**使用**「如果」和「但是」，我們難道不該認爲這個人理解這兩個詞一如我們理解這兩個詞嗎？

七 把「如果」的感覺視爲含義的理所當然的關聯物，是對這種感覺的心理學興趣做了錯誤估價；我們倒必須在另一種聯繫中來看這種感覺，即在這種感覺出現於其中的特殊環境之中來看待它。

八 一個人不說出「如果」這個詞，就從沒有「如果」的感覺嗎？如果只是這個原因產生這種感覺，那麼這無論如何夠奇特的。這一點一般地適用於一個詞的「氣氛」，人們爲什麼理所當然地認爲只有**這個**詞有這種氣氛呢？

九 「如果」的感覺不是一種伴隨「如果」一詞的感覺。

一〇 「如果」的感覺一定可以和一節音樂給予我們的特殊「感覺」相比較。（人們有時這樣描述這類感覺：「這裡就像做了個結論」，或「我想說『**因此……**』」，或「一到這裡我就想做出一個姿勢」，於是就做了個姿勢。）

一一 但可以把這感覺和這節音樂分開嗎？但這感覺並不是這節音樂本身，因爲有人可能聽了這節音樂卻沒有這感覺。

一二 這感覺就此而論像不像伴隨音樂演奏的「表情」呢？

一三 我們說這段音樂給了我們十分特殊的感覺。我們對自己唱這一段，同時做出某個特定的動作，也許還有某種特殊的感覺。但我們在另一種情境聯繫中卻又根本認不出這些伴隨活動——動作、感覺。只要我們不是在唱這個段落，這些伴隨活動就顯得十分空洞。

「我帶著一種十分特別的表情唱這一段。」這種表情不是某種和那個段落分得開的東西。這是另一個概念。（另一個遊戲。）

一四　這裡所講的經驗是：**如此這般**來演奏這個段落（如此這般是說，例如：像我演奏它那樣；一種描述只能對它做出**提示**）。

一五　和事情本身分不開的氣氛——因此它就不是氣氛。

彼此密切聯繫的事物，密切聯繫**到**一起的事物，似乎彼此相配。但怎麼就似乎相配呢？「似乎相配」是怎麼表現出來的？大概是這樣：我們無法想像叫這個名字、生這副臉孔、寫這種字體的人寫出的不是這些作品而是另外某些作品（另一個偉人的作品）。

我們無法想像嗎？那我們來試一試？

一六　可能是這樣：我聽說有人在畫一幅畫，「貝多芬創作第九交響樂」；我很容易想像在這樣一幅畫上會看到什麼。但若有人想表現歌德創作第九交響樂是什麼樣子，他怎麼個表現法？除了難堪和可笑的東西，我想像不出什麼別的東西。

柒

一　人們醒來以後告訴我們某些事情（他們到了這裡、那裡等等）。我們教他們在敘述前面加上「我夢見」這種表達式。之後我有時問他們：「昨夜你做夢了嗎？」他們有時答「有」、有時答「沒有」，有時講出了夢，有時沒講出。這是語言遊戲。（我現在假設我自己不做夢。但我也從沒有看見虛幻事物的感覺；別人有這些感覺，而我可以詢問他們的經驗。）

好，我是否必須假設人們是否爲其記憶所欺騙；他們睡覺的時候當眞看到過這些影像，抑或這些影像只是在他們睡醒後才浮現出來的？這個問題有什麼意義？有什麼興趣？有人向我們講述夢境的時候，我們可曾問過自己這種問題？如果沒有，難道是因爲我們有把握他的記憶不曾欺騙他嗎？（假設這是一個記性格外差的人。）

二　這是表示提出夢當眞是在睡眠中發生的抑或是醒過來的人的記憶現象，這個問題總毫無意義嗎？這要取決於這個問題的用法。

三　「心靈似乎能賦予語詞含義」。這豈不像說「苯裡的碳原子似乎位於一個六邊形的各個角上」嗎？這裡不是似乎，而是一幅圖畫。

四　高等動物和人的進化，意識在某一特定水準上的覺醒。這幅圖畫大概是這樣的：儘管世界中到處有乙太在振動，但世界仍是黑暗的。但有一天人睜開了眼睛看，便有了光。

這段話②首先描述的是一幅圖畫。這幅圖畫會怎麼樣、能怎麼使用，仍黯淡不明。但若要理解這段話的意思，顯然必須對其用法加以探究。但這幅圖畫似乎為我們省卻了這份工作：它已經指向某種特定的用法。我們因此上了它的當。

捌

一　「我的動覺告訴我，我的肢體的動作和位置。」

我讓食指做小幅度的輕慢擺動。我幾乎感覺不到甚至完全感覺不到這一動作。也許在指尖處略微感到一點緊張，關節處則毫無感覺。這種感覺告訴我這一動作了嗎？而我竟可以準確地描述這一動作。

二　「但你必定還是感覺到了，否則（不用眼睛看）你不會知道你的手指是怎麼動的。」但「知道」只是意謂能夠描述。我能夠講出聲音是從哪個方向傳來的，只因為這聲音

---

② 直譯：我們的語言。——譯者注

對一個耳朵的作用比對另一個更強；但我並沒有在耳朵裡感到這個；但這是產生作用的：我「知道」聲音從哪個方向傳來；例如，我朝這個方向張望。

三　這一點對下面的想法也一樣：必定是痛覺的某個特徵告訴了我們，身體上什麼部位在痛，必定是記憶圖畫的某個特徵告訴了我們，記起的是哪一段時間。

四　一個感覺**可能**告訴我們一個肢體的動作或位置。（例如：有人不像正常的人那樣知道他的手臂是否伸直了，他可能透過肘部的劇烈疼痛得知這一點。）同樣，某種疼痛的特徵可能告訴我們傷在哪裡。（一張照片發黃的程度告訴我們它有多老舊。）

五　感官印象告訴我形狀和顏色，這一點的標準是什麼？

六　**哪種**感官印象？**這**一種；我透過話語或一幅圖畫來描述它。

好吧！你的手指在這個位置時你感覺到什麼？「我們如何爲一種感覺下定義？它是無法定義的特殊的東西。」但必定可以教會別人使用這話語！

七　我在尋找語法上的區別。

八　我們先不談「動覺」也罷！我想向某人描述一種感覺，對他說「**這樣**做你就會有這種感覺」，同時把手臂或頭放到特定的位置上。這是某種感覺的描述嗎？我什麼時候將說他理解了我所意謂的是哪種感覺？他將必須在此之外對這感覺做出**進一步**的描述。那必須是什麼樣的描述呢？

九 我說「**這樣**做你就會有這種感覺」，這裡不可能有某種懷疑嗎？如果意謂的是一種感覺，不是必會有某種疑問嗎？

一〇 **這**看起來**如此這般**、**這**嘗起來**如此這般**、**這**觸上去**如此這般**。「這」和「如此這般」必須有不同的解釋。

一一 一種「感覺」對我們具有一種完全**特定的**興趣。這包括「感覺的程度」，它的「部位」，一種感覺會被另一種感覺淹沒等等。（一個動作可能產生劇痛，這疼痛淹沒了這個部位的所有其他輕微感覺，這會使你不敢肯定你當眞做了這個動作嗎？這會使你非要眼睛來看才能確定你做了這個動作嗎？）

玖

一 觀察自己的苦惱的人是用什麼感官來觀察的？用一種特殊的感官？用**感覺**苦惱的感官？那他觀察苦惱時，對這苦惱的感覺又是**另一個樣子**嗎？他觀察的是哪一個苦惱呢？是只有正被觀察時才在那裡的那個苦惱嗎？

「觀察」不產生所觀察的東西。（這是一個概念性的論斷。）或，我並不觀察只有透過觀察才出現的東西。觀察的對象是**另一樣東西**。

二　昨天觸著還疼，今天觸著不再疼了。

今天只在我想到它時才覺得疼。（即：在特定的情況下。）我的苦惱不再是那樣了；這回憶一年前還讓我受不了，現在不再是那樣了。

這是某種觀察的結果。

三　我們什麼時候說一個人在觀察？大致是：當他把自己放在一個有利於獲得某些印象的位置，以便描述從這些印象得到的東西。

四　訓練一個人看見紅色的東西就發出一種聲音，看見黃色的東西就發出另一種聲音，其他顏色以此類推；他這時仍然不是在根據這些東西的顏色描述它們。儘管他可能有助於我們進行描述。描述是對某一空間中的（例如在時間的空間中的）某種配置的摹寫。

五　我聽由自己的眼光掃過屋子，眼光突然落到了一個具有醒目紅色的東西上，我說「紅！」這時我並沒提供任何描述。

六　「我害怕」這話是對心理狀態的描述嗎？

七　我說「我害怕」；別人問我：「那是什麼？是害怕的喊叫？是你想告訴我你的心情

嗎？還是對你目前狀態的考察？」我總能給他一個明確的答案嗎？我從不能給他一個明確的答案嗎？

八　這裡我們可以想像出千差萬別的東西，例如：「不，不！我害怕！」

「我害怕。很遺憾我必須承認。」

「我還是有點害怕，但不像從前那麼強烈了。」

「其實我還是害怕，儘管我不願對自己承認。」

「我用各種讓人害怕的念頭折磨自己。」

「我害怕，偏偏這時候我不該害怕的！」

這些句子每一個都帶有一個特殊的語調，不同的語境。

可以想像有一種人，他們思考時就好像說得比我們要確切得多，我們用同一個詞的地方，他們用好幾個不同的。

九　若問：「『我害怕』的含義到底是什麼？我說這話指的是什麼？」我們當然找不到答案，或找不到充分的答案。

「這話是在哪一種語境中出現的？」才是個問題。

一〇　「我指的是什麼？」「我說這話時想的是什麼？」回答這些問題的時候，如果我想靠重複害怕的表情，同時把注意力集中於自己，就好像用餘光觀察自己的靈魂，那可得不到答案。在某種具體情況下我當然可能問：「我爲什麼說這個？我說這個做什麼？」我也可能對這些問題做出回答；但我的回答並不是以觀察說話時的伴隨現象爲根據的。我的回答將補充、改述我先前說的話。

一一 什麼是害怕？什麼叫「害怕了」？如果我要用一個**單一的**顯示來定義，我就會**扮演**害怕的樣子。

一二 我也能夠這樣來表現希望嗎？很難。那麼信念呢？

一三 描述我的心靈狀態（害怕的心靈狀態之類），這是我在某種特定的情境下才做的事。（正如某種特定的行爲只有在某種特定的情境下才是一個實驗。）

那麼我在不同的遊戲中，使用了同樣的表達式，而有時甚至好像介乎兩種遊戲之間，這些都有什麼奇怪呢？

一**四** 我每開口說話都帶著十分確定的目的嗎？若非如此，我說的就沒有意義嗎？在葬禮演說中，「我們哀悼某某人……」這話的確是用來表達哀悼的；而不是要告訴在場的人什麼事情。但在墓前的祈禱中，這話在某種意義上卻可以在傳達些什麼。

一**五** 但難題在這裡：我們不能把叫喊稱爲描述，它比任何描述都來得更原始；儘管如此，它卻可以產生描述內心生活的作用。

一六　叫喊不是描述。但有一個過渡系列。「我害怕」這話離一聲叫喊可近可遠。它可以十分近似於一聲叫喊，也可以和一聲叫喊**大**相徑庭。

一七　我們當然不會因爲一個人說他疼就一定說他在**抱怨**。因此「我疼」這話可以是抱怨，也可以是別的什麼。

一八　但若「我害怕」並非始終近乎抱怨，而只是有時如此，那麼它爲什麼應該**始終**是心理狀態的描述呢？

拾

一　我們怎麼一來就用起「我相信……」這類表達式了？是我們在某個時刻注意到了某種相信的現象了嗎？

是我們觀察了自己和別人，因而發現了信念這東西嗎？

二　可以這樣表示摩爾悖論：「我相信事情如此這般」這話的用法和「事情如此這般」這一斷言的用法相似；然而我相信事情如此這般這個假設的用法，卻和事情如此這般這個**假設**的用法，不相類似。

三　於是，**看上去**「我相信」這一斷言就彷彿不是在斷言「我相信」這一假設所假設的東西！

四　同樣，「我相信要下雨」這命題和「要下雨」的意義相似，即用法相似，但「我當時曾相信要下雨」和「當時下了雨」的意義卻不相似。

「但『我曾相信』就過去所說的和『我（現在）相信』就目前所說的必定是同一回事！」當然，$\sqrt{-1}$對-1所意味的，必定就是$\sqrt{1}$對1所意味的！根本什麼也沒說。

五　「說到底，我是用『我相信……』這話描述我自己的心理狀態。但這一描述在這裡間接地是對所相信的事實本身的斷言。」就像在某種情況下我描述一張照片，爲的是描述照片所拍攝的東西。

那我這時也就一定能夠說這張照片拍得好。於是也就有：「我相信要下雨，我的信念是可靠的，所以我可以依賴它。」那我的信念就會是一種感官印象了。

六　一個人可以不信任自己的感官，但不能不信任他的信念。

七　假如有一個動詞，含義是「虛假地相信」，它將不會有任何有意義的第一人稱現在直陳式。

八　「相信」、「希望」、「意欲」這些動詞展示出「切割」、「咀嚼」、「奔跑」這些詞同樣具有的所有語法形式。別把這視爲理所當然，而把這視爲極爲奇特的事情。

九　報告的語言遊戲可以倒轉過來：不是讓接受報告的人聽到所報告的事情，而是聽到報告者的情況。

例如：教師測驗學生時就是這樣。（可以爲了檢驗尺而進行度量。）

一〇　假設我以如下方式引進「我相信」之類的表達式：如果報告是用來提供有關報告者自己的資訊的，就把「我相信」加在報告前面。（於是這一表達式無需附有任何不確定性。請記住，斷言的不確定也可以不用特定的人稱形式表達：「他今天該來的。」）那麼，「我相信……，但事情並非如此」就會自相矛盾。

十一　「我相信……」表明我的狀態。可以從這一說法中得出對我的態度的結論。所以這和情緒活動的表達，和心情的表達有某種**相似**之處。

十二　但若「我相信事情是這樣」表明我的狀態，那麼「事情是這樣」的斷言也表明我的狀態。因爲符號「我相信」並不能表明我的狀態，至多只能提示我的狀態。

十三　想像一種語言只透過「事情是這樣」的某種特定聲調來表達「我相信事情是這樣」。那裡不說「他相信」，而說「他要說……」，那裡也有「假設我要說……」這類假設（虛擬式），但沒有「我要說」這個表達式。

這種語言中不會有摩爾悖論；取而代之的是有一個動詞缺了一種人稱形式。

但我們不必因此感到驚訝。請想一下：我們能夠借用意圖的表達來預言自己未來的行動。

十四　我說起別人「他似乎相信……」，而別人也這樣說起我。爲什麼我從不這樣說起我自己呢？即使當別人這樣說起我時是說**對了**？我竟看不見、聽不見我自己嗎？可以這樣說嗎？

十五　「人們在內心感到確信，而不是從自己的話或說話的語調中推斷出這種確信。」這一點是眞的：人們不是從自己的話推斷出自己的確信；或從中推斷出出於這種確信的行動。

十六　「『我相信』這一斷言**似乎**的確不在斷言假設所假定的東西。」於是我被誘惑去在第一人稱現在直陳式裡尋找「相信」這個動詞的另一種延續。

十七　我這樣想：相信是一種心理狀態。它持續一段時間；而且不依賴於用句子之類來表達信念的過程而持續一段時間。所以它是懷有信念的那個人的一種心向。就他人表示，他的行爲、他的話向我表明這一點。他說「我相信……」或他對某事單單加以斷言都一樣表明這一點。說到我自己又該怎麼樣呢？我自己怎麼認識自己的意向？這時我必須能像另一個人那樣注意我自己，傾聽自己的話，從我說的話中得出結論！

十八 我與我自己的話的態度全然不同於別人與我的話的態度。但凡我能夠說「我似乎相信」，我就能找到「相信」這個動詞的那種延續。

十九 我要是傾聽自己口中的話，我就可以說另一個人在從我口中說話。

二〇 「根據我說的話來判斷，我相信的是**這個**。」好，可以想出這話會具有意義的某些場景。

那我們也就可以說「在下雨，但我不相信」或「我的自我看似相信這一點，但其實不然」。對這種話，人們必定得補充一種什麼行爲，以便能解釋說這裡是兩個生靈在透過我的口說話。

二一 即使就**假設**而言，線索也已經和你所想的不一樣。

你說「假設我相信……」這時你已經把「相信」一詞的整個語法設爲前提了，而這是你所掌握的通常用法。你並非在假設某種事態，彷彿這種事態透過某種影像清晰地呈現在你眼前，從而你可以把不同於通常斷言的某種斷言拼接到這個假設上面。假如你還不曾熟悉「相信」的用法，你就根本不會知道你在這裡假設的是什麼（例如：這樣一種假設會引出什麼）。

二二　想想「我說……」這一表達式，例如「我說今天要下雨」，它單純就和「今天要……」這一斷言是一回事。「他說今天要……」大約是說「他相信今天要……」；「假設我說……」卻**不**是說：「假設今天要……」

二三　不同的概念在這裡彼此接觸，在某一段上重合。但你不必認爲這些線條都是**圓圈**。

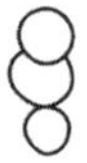

二四　再考慮一下這個不通的句子：「可能在下雨；但不在下雨。」我們在這裡應該當心，不要說：「可能在下雨」其實是說：我相信要下雨了。爲什麼不該倒過來說，我相信要下雨了，其實是說可能在下雨呢？

二五　不要把一個猶豫的斷言當作一個關於猶豫的斷言。

拾壹

一　「看」這個詞的兩種用法。

其一：「你在那裡看見什麼啦？」「我看見的是**這個**」（接著是描述、描繪、複製）。

其二：「我在這兩張臉上看到了某種相似之處」。聽我說這話的人滿可以像我自己一樣清清楚楚地看著這兩張臉呢！

重點：看的這兩種「對象」在範疇上的區別。

二　一個人可能把這兩張臉準確地摹畫了下來；另一個人則可能在這幅畫上注意到了第一個人沒看出來的相似之處。

三　我端詳一張臉，忽然注意到它和另一張臉相似。我**看到**它並沒改變，但我看得卻不一樣了。我把這種經驗稱作「注意到某個面孔」。

四　這種經驗的**原因**對心理學家來說饒有趣味。

五　我們感到饒有趣味的是概念，及其在經驗概念中的位置。

六　可以想像在一本書裡，例如：在一本教科書裡，多次出現下面這個圖示。

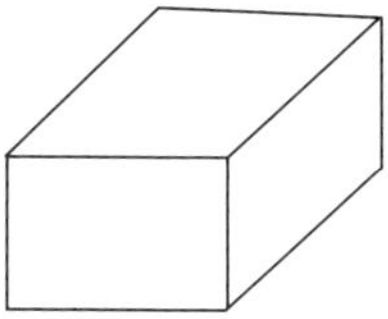

和這個圖示相關的課文所涉及的課題則每次都有所不同：一次是玻璃立方體，一次是敞口倒置的盒子，一次是圍成這個形狀的鐵絲架子，又一次是直角拼接的三片板子。每一處課文都爲這個圖示提供解釋。

但我們也可以這次把這個圖示**看作**這個東西，另一次看作另一個東西。那麼，我們這樣解說它，並且像我們所**解說**的那樣**看**它。

七 有人也許會回答：借助某種解釋來描述直接經驗、描述視覺經驗，那是一種間接的描述。「我把這圖形看作一個盒子」，是說：我有某種特定的視覺經驗，無論我把這圖形解釋爲盒子或我直觀一個盒子，從經驗上來說，這種視覺經驗都會相伴而來。要眞是這樣，那我必定知道這一點。我必定能直接地而不只是間接地指涉這種經驗。（就像我必定能談論紅色而不必把它當成血的顏色來談。）

八 我從Jastrow③那裡摘來下面這個圖形。我將這圖形稱爲兔鴨頭。可以把它看作兔子頭或鴨子頭。

我必須對「持續地看到」某種面孔和某種面孔的「閃現」做出區別。

把這幅圖畫拿給我看，我可能始終只把它看作兔子而不是別的什麼。

九 引進圖畫對象的概念在這裡是有益處的。例如：這個形象就是一張「圖畫臉」。

就某種聯繫而言，我對待它就像對待一張人臉。我可以研究它的表情，像對人臉上的表情一樣對它做出反應。孩子可能對圖畫上的人或動物講話，像對待玩具娃娃那樣對待它們。

---

③《心理學中的事實與虛構》。——原注

一〇　所以我也可能一上來就把這個兔鴨頭單純看作圖畫兔子。即，你若問「這是什麼」或「你在這裡看見了什麼」，我就答：「一隻圖畫兔子。」如果你繼續問這是什麼，我爲了解釋就指給你看各種各樣的兔子圖畫，也許還會指出眞的兔子來，談論一番這種動物的生活習性，或模仿兔子的樣子。

一一　對「你在這裡看見了什麼？」這個問題，我不會回答：「我現在把這視爲一個圖畫兔子。」我會簡單描述我的知覺；就和我剛才說的是「我在那裡看見一個紅色的圓圈」沒什麼兩樣。

但別人仍然可以這樣說到我：「他把那個圖形視爲圖畫兔子。」

一二　說「我現在把這看作……」對於我沒有意義，就像我看著一副刀叉說：「我現在把這看作刀叉。」」人們會弄不明白我在說什麼。這樣的說法也沒意義：「這現在對於我是一把叉子」，或「這也可以是一把叉子」。

一三　我們在飯桌上並不把知道其爲餐具的東西「當作」餐具；同樣，我們吃飯的時候通常並不嘗試或試圖讓嘴巴有所動作。

一**四**　你要說「這現在對我來說是一張臉」，我們就可以問你：「你暗指的是哪種變形？」

一五 我看見兩幅圖畫：一幅上面的兔鴨頭被兔子圍繞著，另一幅上面被鴨子圍繞著。我沒看出它們是一樣的。**由此**可以說在這兩幅畫上我**看見**的有所不同嗎？我們有某種根據在這裡使用這個表達式。

一六 「我看見的完全是另一個樣子了，我再也認不出來了！」這是個感歎。這樣感歎也有某種道理。

一七 我從來沒有想到把兔子頭和鴨子頭疊到一起，從來沒有想到**這樣**來比較它們。因爲它們提示的是另一種比較方式。

而且這個頭不論**這麼**看或**那麼**看，一點都不像——雖然這兩個頭完全重疊。

一八 給我看一幅畫上的兔子，問我這是什麼；我說「這是隻兔子」。並非「這現在是隻兔子」。我講出的是感知。給我看兔鴨頭，問我這是什麼；這時我**可能**說「這是個兔鴨頭」。但我對這個問題也可能做出完全不同的反應。兔鴨頭這個回答，所講的還是感知；然而「這現在是隻兔子」卻不是。假使我說「這是隻兔子」，那我就沒注意到這裡有模棱兩可之處，我報告的就是感知了。

一九 面孔轉變。「那你肯定會說圖畫現在完全改變了！」

然而是什麼不一樣了：我的印象嗎？我所取的立場嗎？我可以這麼說嗎？我像描述知覺

那樣**描述**這種改變；完全像是對象在我眼前改變了。

二〇　我可以說（例如：指著另一幅畫）「我現在看到了**這個**」。這是報告一種新知覺的形式。

面孔轉變的表達式是一種新知覺的表達式和未曾改變的知覺的表達式合在一起。

二一　我一下子看到了畫謎的謎底。剛才是些枝枝節節的地方，現在是一個人形。我的視覺印象改變了，我現在認出它不只是顏色和形狀，而且也有一種完全特定的「組織」。我的視覺印象改變了；它剛才是怎樣的；它現在是怎樣的？如果我用準確的複製來表現它——難道這不是很好的表現嗎？那就沒有任何改變顯現出來。

二二　只請你**別**說「我的視覺印象不是**繪畫**；它是**這個**——是我無法給任何人看的東西」。它當然不是繪畫，但也絕不屬於我隨身攜帶之物的那個範疇。

二三　「內部圖畫」這概念誤導我們，因爲這概念的範本是「**外部**圖畫」；而這兩個概念詞的用法並不相似，不比「數字」和「數」（Zahlzeichen und Zahl）的用法更爲相似。（是的，誰要把數稱爲「理想的數字」，他就會因此造成類似的混亂。）

二**四**　誰把視覺印象的「組織」和顏色形狀並列在一起，那他從一開始就把視覺印象當作某種內建對象了。由此自然把這個對象弄成了幻影；一種稀奇古怪地搖擺的結構。因爲它和圖畫的相似之處現在被擾亂了。

二五 如果我知道立方體示意圖有不同的樣子，那我爲了得知另一個人看見的是什麼，就可以請他在摹本之外再製作或展示一個模型，即使**他**這時根本不知道我爲什麼需要兩種說明。

但在樣子轉變的情形下，這就行不通了。這時要表達經驗到底是什麼的唯一可能的辦法，在上一例中，我們有了摹本之後也許就顯得是一種毫無用處的特別規定，或的確就是毫無用處的特別規定。

二六 僅此一點就使我們不能拿「組織」和視覺印象的顏色形狀相比較。

二七 我把兔鴨頭看作兔子，這時我看到的是：這些形狀和顏色（我準確地重現這些）；而此外還有：這時我指向一些各式各樣的兔子圖畫。這顯示出概念之間的區別。

「看作」不屬於知覺。因此它既像一種看，又不像一種看。

二八 我看著一隻動物；人問我：「你看見什麼了？」我答：「一隻兔子。」我看一片風景；忽然跑過一隻兔子。我驚呼：「一隻兔子！」

這報告和這驚呼，兩者都是知覺的表達，視覺經驗的表達。但這驚呼和報告是不同意義上的表達。驚呼衝口而出。它和〔視覺〕經驗的關係，就像喊叫和疼痛的關係。

二**九**　但這驚呼既然是知覺的描述，就也可以把它稱作思想的表達。你看著對象，不必在想著對象；你具有驚呼所表達的視覺經驗，你就也在**思想著**所看見的東西。

三〇　所以樣子的閃現似乎一半像視覺經驗一半像思想。

三一　某人忽然看見一種他認不出來的現象（可以是一個熟知的對象，但處在不尋常的位置上或光線裡）；也許只有幾秒鐘，他沒認出來。另一個人一眼就認出了對象。若說這兩個人的視覺經驗不一樣，對不對呢？

三二　一種形狀對你浮現出來、對你顯得陌生，而我則熟悉這種形狀；你這時不可能像我一樣**準確地**描述它嗎？這不就是答案嗎？當然一般不是這樣。你的描述聽起來會很不一樣。（例如：我會說「這隻動物有長長的耳朵」；而你說「那裡有兩個長長凸起的東西」，然後把它們畫出來。）

三三　我遇見一個多年沒見的人；我看他看得清清楚楚，但沒認出他來。我忽然認出他來，在他已經改變了的面孔上認出了從前的面孔。我相信我如果會畫像的話現在會把他畫得不同。

三**四**　我在人群裡認出一個熟人，也許我已經朝他那個方向看了好半天了，這是一種特殊的看嗎？既是看又是想？或我簡直要說——看和想的融合？

問題是：人們**為什麼**要說這個？
這個表達也是對所見的報導，同一個表達在這裡又是認出了什麼的驚呼。

三五 什麼是視覺經驗的標準？標準應該是什麼？
表現出「所見」。

三六 「表現出所見」這個概念像「複製」這個概念一樣，極富彈性，**與此相繫**，「所見」這個概念也極富彈性。這兩個概念密切相聯。（但這不是說它們相似。）

三七 怎麼發現人以立體方式來看？你看得見那裡的一片地方，我問你那片地方的地勢。
「是**這樣子**嗎？」（我用手畫給你看）
「是。」「你怎麼知道？」
「又沒霧氣，我看得清清楚楚的。」
你並沒給出這推測的根據。對我們來說最自然的是以立體方式表現我們所看到的；而無論透過繪畫還是透過話語，來以平面方式表現則都要求特殊的訓練。（兒童畫的特別之處。）

三八 你看到一個微笑，但沒看出它是微笑、沒理解它是微笑；我理解它是微笑；那麼，我們看到的不一樣嗎？例如：你模仿起來是另一個樣子。

三九 把畫著一張臉的圖畫倒過來拿著，這時你認不出臉上的表情來。也許你能看到臉上在微笑，卻看不到它究竟在**怎麼**微笑。你模仿不了這微笑，或不能更準確地描述它的特點。

但這張倒置的圖畫很可能極其準確地表現著一個人的臉。

四〇 圖一是圖二的倒轉。正如圖三是圖四的倒轉。但我要說，圖三、圖四之間的差異給我的印象不同於圖一、圖二之間的差異給我的印象。例如：圖四看上去比圖三更整齊。（參見路易士·卡羅爾的一個提示。）圖四容易複製，圖三不容易。

四一 請設想兔鴨頭隱藏在一團雜亂線條之中。現在我在圖畫裡看出它來，單單看作兔子的頭。後來我又看這幅圖，看出了同樣的線條，然而是看作鴨子，同時我還不必知道這兩次是些相同的線條。再後來我看出樣子在發生轉換，我能說兔鴨的兩種樣子現在看起來和我剛才在雜亂線條裡，把它們分別辨識出來的時候完全不同嗎？不能。

但這種轉換產生出一種驚訝，這種驚訝不是由辨識產生的。

四二 誰在一個圖形(1)裡尋找另一個圖形(2)，而後找到了，那他從而就是以一種新的方式看到圖形⑴。不僅在於他可以用新的方式來描述這圖形，而且在於注意圖形⑵是一種新的視覺經驗。

四三 但他不一定要說：「圖形⑴現在看上去完全不一樣了；它甚至和從前那圖形毫無相似之處，雖然這兩個圖形完全重合！」

四四 這裡有一大堆具有關聯的現象，以及可能的概念。

四五 那麼，這形象的摹本是我視覺經驗的某種**不完整**的描述啦？不是。是否需要更切近的規定，以及需要哪些，都取決於具體情況。它**可以**是不完整的描述；如果還有疑問存留的話。

四六 自然可以說：有一些東西既歸在「圖畫兔子」的概念之下，又歸入「圖畫鴨子」的概念之下。一幅圖畫、一張圖紙就是這樣一種東西。但**印象**卻不同時是圖畫鴨子的印象和圖畫兔子的印象。

四七 「我真正**看見**的卻一定是對象作用於我而產生的東西。」那麼，在我之中產生的東西就是某種摹本，某種還可以加以觀照的東西、可以擺在眼前的東西；幾乎像是某種**物質化**。

這種物質化是某種空間性的東西，一定可以完全用空間概念加以描述。例如：它可以微笑（如果是一張臉），但友好這個概念卻不屬於它的表述，反而對這種表述是**異質的**（即使它能服務於這種表述）。

四八　你問我我看見了什麼，我也許會給你畫張草圖來表明這東西；但我多半根本記不起我的眼光當時是怎麼活動的。

四九　「看」這個概念造成一種混雜的印象。是的，是混雜我向一片景色看去；我的目光掃過，我看見各種清楚的和模糊的事情；**這個**印象挺清楚，**那個**印象卻十分模糊。而我們看見的又可以顯得多麼支離破碎啊！好，現在來看看什麼叫「描述所見」！然而，這不過就是我們稱作描述所見的那回事。這樣的描述並沒有唯一一**個眞正的**、正式的例子，其他的則還不夠清楚，還有待澄清，甚至非得乾脆當垃圾掃到角落去。

五〇　我們在這裡有一個巨大的危險——想要做出精緻的區別。當我們想要從「眞正所見」來定義物體概念的時候，我們就面臨這樣的危險。倒不如把日常語言遊戲**接受**下來，識別出**虛假**的表述之爲虛假。教給孩子的原始語言遊戲無需用什麼道理來辯證；反而需要打消辯證的企圖。

五一　以三角形的各種樣子爲例來考察。可以把這個三角形看作三角形的洞、物體、幾何圖形；看作坐立在它的底線上或掛在它的頂角上；看作山、楔

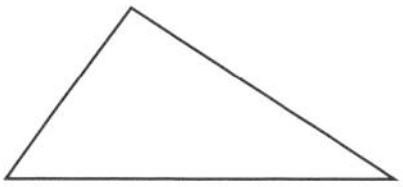

子、箭頭、指標；看作本來應該立在短邊上的物體倒下來了；看作半個平行四邊形……，以及其他各種東西。

五二 「你這時可以時而想到**這個**，時而想到**那個**；時而把它看作**這個**，時而看作那個；你還會時而**這樣**看，時而**那樣**看。」到底**哪**樣？沒有再進一步的規定了。

五三 但怎麼可能按照一種**解說**來**看到**一樣東西呢？這個問題把這當作一件稀奇的事實提出來；彷彿這裡是把本來和形狀不合的什麼東西強塞到形狀裡。但這裡毫無生擠硬塞。

五四 如果看上去在其他形狀之間沒有這樣一種形狀的位置，那你就到另一個維度去尋找它。如果這裡沒有位置，那位置就在另一個維度。

（在這個意義上，實數線上也沒有虛數的位置。這意味著：虛數概念的應用和實數概念的應用比起**計算**初看上去所表明的，還要更少相似。必須退到應用上，虛數概念才會找到一個位置，而這個位置如此不同，可謂始料未及。）

五五 「我若可以把某種東西看作這個，那麼那樣東西就可以是這個的畫面。」這個解釋怎麼樣？

這意味著：樣子轉換中的各個形象在種種情況下，**始終**能在一幅圖畫中具有的那些樣子。

五六　一幅畫當眞可以表現一個**立著的**三角形，另一幅畫表現掛著的，第三幅表現倒下的。我作爲看畫的人這時不說「這裡表現的可以是倒在那裡的什麼東西」，而說「杯子倒了，成碎片了」。我們是這樣對圖畫做出反應的。

五七　我能說一幅畫必須是什麼樣子才能產生這樣的作用嗎？不能。例如，有些繪畫方法不以這種直接的方式告訴我任何東西，對別人卻不然。我相信習俗和教育在這裡有一席地位。

五八　我在這幅畫上「**看到圓球在飄浮**」；這說的是什麼？

這是否只在於這種描述對我而言是最不言自明的？不然；這種描述的根據可以是各式各樣的。例如：它可以只是常規描述。

但怎麼表達我不僅僅是這樣理解這幅畫（知道它表現的**應當**是這個），而且是這樣來看這幅畫的呢？這類表達是：「這圓球看起來是在飄浮」，「看見它在飄浮」，甚至以某種特殊的語調說，「它在飄浮吶！」

所以，這裡是在表達「當作那樣」，但不是在使用「當作那樣」。

五九　我們這裡不是在問自己什麼是原因，什麼在某種特殊情況下產生出這種印象。

六〇　那**是**一種特殊的印象嗎？「但看到圓球飄浮和看到它只是停在那裡，我看到的的確**不一樣**啊。」這其實是說：這個表達式是有道理的！（因爲，嚴格從字面說，這的確只是重複。）

（我的印象卻也不是一個實際飄浮著的圓球的印象。「立體地看」有種種變化。一張照片的立體性，以及我們透過立體視鏡看到的東西的立體性。）

六一　「那當眞是另一種印象嗎？」要回答這個問題，我要問問自己我心裡是否當眞有另一樣東西。但我怎麼能肯定有還是沒有？我以另一種樣子**描述**我所看見的。

六二　有些圖形我們總是看作平面的，有些則有時看作立體的，甚至總看作立體的。於是人們要說：看作立體的圖形的視覺印象是立體的；例如：立方體示意圖的視覺印象就是一個立方體。（因爲描述印象就是描述立方體。）

六三　於是就有了頗爲奇怪的事情：我們對有些圖形的印象是平面的，而對有些圖形的印象是立體的。我們自問：「哪裡才是終點呢？」

六四　我看到畫上畫著奔跑的馬，我只是**知道**這意謂著這種運動嗎？難道說，我在畫上看到馬在奔跑就是迷信嗎？而我的視覺印象也就在奔跑嗎？

六五　你說「我現在把這看作……」你在告訴我什麼？你告訴我這個會有什麼後果？我能拿你的話做什麼？

六六　人們經常把顏色和母音聯想在一起。有人若一而再、再而三地重複念一個母音，就會覺得這個母音的顏色發生變化。例如：他會覺得 a「這時是藍的，這時是紅的」。

對於我們，「我現在把它看作……」這話可能不比「我現在覺得 a 是紅的」更有意義。

（和生理學考察聯繫在一起看，甚至這種變化對我們也可能成爲頗重要的。）

六七　我在這裡想起，人們在談到藝術作品時用到這樣的話：「你必須**這樣**看，它意謂的是這個」；「你**這樣**看，就看到錯在什麼地方了」；「你必須把這幾個節拍作爲引子來聽」；「你必須照這個調式來聽」；「你必須**這樣**來劃分音節」（這裡涉及的可以是聽，也可以是演奏）。

六八　圖形代表的是一節凸形的階梯，用來演示某種立體空間。爲此，我們從兩個平面的中間點劃一條直線 a。好，如果某人只在一些片刻把這圖形看作立體的，即使在這些片刻也時而把它看作凸出的，時而把它看作凹進去的，那就很難使他明白我們的演示了。如果對他來說，平面的模樣和立體的樣子不斷變換，那我在這演示過程中，對他顯示的就無異於一些完全不同的東西了。

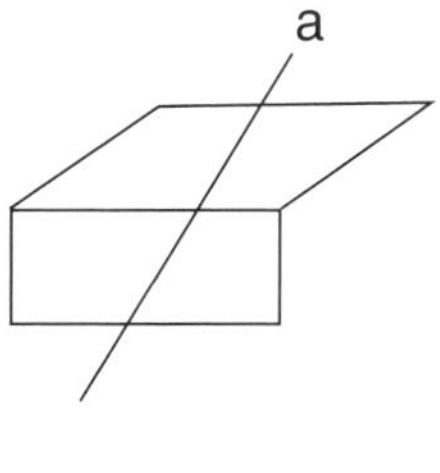

六九　我看著一幅**畫法**幾何學的圖形說：「我知道這裡又出現了這條線，但我**看**不出它來。」這說的是什麼？這只是說我不熟悉這類圖形的操作，我對它不大「認識門道」嗎？

好，這種熟悉肯定是我們的標準之一。一個人的某種表現使我們確信他把這個圖形看作立體的，這種表現就是某種確定的「認識門道」。例如：某些姿態表情提示出對立體的反應：行爲的精微層次。

我在畫上看見一隻動物被箭穿透。箭從喉嚨穿透至脖子後面出來。設想這幅畫是幅剪影。你**看見**箭了嗎？抑或你只是**知道**這兩小段東西應該是表現一支箭的兩個部分？

（比較一下克勒的圖形：套在一起的六角形。）

七〇　「但，這不是看！」「但，這就是看！」。雙方在概念上一定都可以講出道理。

七一　但，這就是看！**在何種意義上**這是看？

七二　「這現象最初讓人覺得奇怪，但對此肯定會找到一種生理學解釋。」我們的問題不是因果問題，而是概念問題。

七三　假使你只給我看一眼那幅被箭穿透的動物的圖畫，或套在一起的六角形的圖畫，然後就讓我加以描述，那我的描述就會是**這個樣子**；你讓我畫出來，我肯定會提供一幅不完全正確的摹本；但它多多少少會顯示一隻動物被箭穿透，或兩個套在一起的六角形。即：有些錯誤我**不**會犯。

七四　這幅圖畫上最初跳入我眼簾的是：那是兩個六角形。

我現在看著它們自問：「我眞的把它們看作六角形嗎？」即，它們在我眼前的這一段時間我是始終這樣看的嗎？（假設這段時間裡它們的模樣沒有改變。）我要回答：「我並非在這整段時間裡一直想著它們是六角形。」

七五 一個人對我說：「我立刻把它們看作兩個六角形。這就是我所**看到的全部**。」但我怎麼理解這話呢？我想，他聽到「你看見了什麼？」這個問題立刻就用這一描述做出回答，而他也不是把這個回答當作幾種可能回答中的一種來看待的。就此而論，這回答就像我給他看這個圖形，而他回答：「一張臉。」

七六 你只給我看了一眼，我能對它提供的最佳描述是**這樣的**：……「我的印象那是一隻挺起上身的動物。」於是有了一個完全確定的描述。這是**看見**，還是思想？

七七 不要試圖分析你自己的內心體驗！

七八 但也可能我一開始把這幅畫看作了別的什麼，後來對自己說：「喔！那是兩個六角形！」於是模樣也會改變。這是否證明了我剛才事實上把它**看作了**某種特定的東西呢？

七九 「那是一種**眞實的**視覺經驗嗎？」問題是：在何種意義上眞實。

八〇　這裡**很難**看出我們是在處理概念規定性。強迫自己的是一個**概念**。（你不可忘記這一點。）

八一　那我什麼時候會把它稱作純粹的知道而不是看到呢？大致是當一個人像對待一張圖紙那樣來對待一幅圖畫，像讀藍圖那樣閱讀它。（行爲的精微層次。這爲什麼**重要呢**？這有重要的後果。）

八二　「在我看來那是一隻被箭穿透的動物。」我把它作爲那個來對待；這是我對這圖形的**態度**。這是稱之爲「看」的一種含義。

八三　但我也能在同樣的意義上說：「這在我看來是兩個六角形」嗎？不能在同樣的意義上，但能在某種相似的意義上。

八四　你必須想一想具有繪畫性質的圖畫（相對於圖紙），在我們的生活中產生哪些作用。這些作用絕不是單一的。

比較一下：我們有時把格言掛在牆上。卻不把力學定理掛在牆上。（我們對這兩者的關係。）

八五　一個人把圖形看作動物，另一個人只是知道它表現的應該是什麼；我在這兩個人那裡所預期的會相當不同。

八六　也許這樣表達要更好些：我們把照片、把牆上的圖畫**當作**它們所表現的對象本身（人物、風景等等）來看待。

八七　不一定如此。我們不難想像有些人對這類圖畫的關係不是這樣的。例如，照片使這些人十分彆扭，因爲他們感到不帶顏色的面孔，甚至按比例縮小了的面孔不像是人臉。

八八　我現在說「我們把這肖像當作人來看待」，我們什麼時候這樣看待？看待多久？我們只要看見它就**始終**這樣看待（不會看作別的什麼）嗎？

我可以說「是的」，那我就會是在規定看待這個概念了。問題在於是否另一個具有親緣的概念對我們也很重要，即這樣一種「看作」的概念——只有當我把這幅畫作爲（它所表現的）對象來處置的時候才出現的「看作」的概念。

八九　我可以說，我看到一幅畫的時間裡，它並不始終對我具有**生命**。

「她的畫像從牆上對我微笑。」無須每次我的眼光落在這畫像上，它就對我微笑。

九〇　兔鴨頭。我們自問：這隻眼睛，這個**點**，怎麼可能朝一個方向眨眼呢？「瞧，它在眨眼哪！」（這時我們自己也在「眨眼」。）但我們並非只要看這幅畫就總是會這麼說、這麼做。這個「瞧，它在眨眼哪！」是什麼呢？是在表達某種感覺嗎？

（我舉出這些例子絕不是力求完備。不是在對心理學概念進行分類。它們只是要使得讀者在遇到概念上的含混不清之時能夠想辦法幫助自己。）

九一　「我現在把它看作一個……」和「我試著把它看作一個……」或「我仍不能把它看作一個……」連袂並行。但我不能把用傳統畫法畫的一隻獅子**看作**獅子，也不能把F看作F這個字母（但大概可以看作一個絞架之類）。

九二　不要問你自己「這對於**我**是什麼樣子？」問一問：「關於別人我都知道些什麼？」

九三　「它也可以是**那個**」。我們究竟是怎麼做這個遊戲的？（那個，即這圖形也可以是的東西，即這圖形可以被**看作**的那個東西，它卻並非單純是另一個圖形。一個人說「我把看作」，他意謂的仍可能是極不相同的東西。）

九四　孩子們做這樣的遊戲，例如：他們指著一個箱子，說它現在是一棟房子；然後他們從這箱子的各方面把它解釋成一棟房子。把一種虛構編到這箱子上。

九五　那孩子們把這箱子**看作**房子嗎？

「他們完全忘了那是個箱子；那對他們事實上是棟房子。」（有些特定的跡象表明這一點。）那麼說他們把它**看作**房子，不也蠻對的嗎？

九六　你現在會玩這個遊戲，而在某種特定處境下用一種特定的表情喊道：「它現在是房子啦！」這會是你在表達模樣的閃現。

九七　我聽到一個人談論兔鴨頭，而**現在**則以某種方式談論著兔臉的特定表情，那我會說他現在把這幅畫看作兔子了。

九八　但聲音和模樣的表達卻是一樣的，彷彿是對象發生了變化，就像對象彷彿終於**變成了**這個或那個是一樣的。

我讓人給我重複演奏同一個曲子，每次都比上一次演奏得更慢一些。最後我說「**現在**完全演奏正確了」，或「**現在**這才是個進行曲」，「**現在**這才是個舞曲」。在這一語調裡表達出來的也是模樣的閃現。

九九　「行爲的精微層次」——我用正確的聲調吹奏一首曲子，從而表現出對這首曲子的理解；那麼這就是這種精微層次的一個例子。

一〇〇　三角形的樣子：就彷彿這時候一個**意象**和視覺印象發生了接觸，並在一段時間裡保持著接觸。

一〇一　但就此而論，這一模樣有別於階梯的凸形凹形模樣。也有別於下圖（我稱之爲「雙十字章」）的模樣：黑底上的白十字章和白底上的黑十字章。

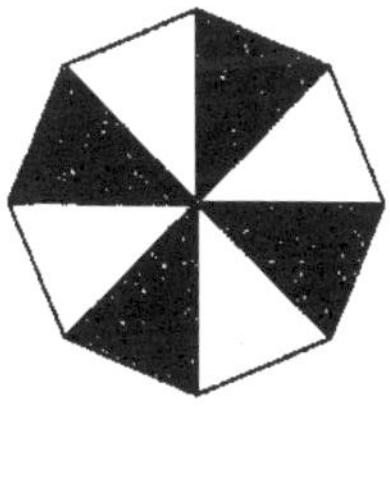

一〇二　你必須考慮到，在每個例子中對相互轉變的模樣的描述都

是不同種類的描述。

一〇三　（一種誘惑：說「我是這樣看到**這個**的」；而用「這個」和「這樣」指示同一個東西。）請你每次都用這樣的假設來擺脫私有對象：它不斷地改變著；而你卻因爲你的記憶在不斷地矇騙你，而沒有注意到這改變。

一〇**四**　觀察者先指一下一個不帶黑底的白十字章，再指一下一個不帶白底的黑十字章，透過這類方法，他不難告訴別人雙十字章的那兩個模樣（我將稱之爲模樣組A）。人們滿可以設想這是幼兒的原始反應，甚至這時幼兒還沒有學會說話。

（所以在告訴別人模樣組A的時候，我們是指向十字章的一個部分。我們卻無法透過類似的方式來描述兔鴨模樣。）

一〇**五**　一個人必須熟悉兔子鴨子這兩種動物的樣子才能「看到兔鴨模樣」。要看到模樣組A卻無須這一類條件。

一〇**六**　一個人可能把兔鴨頭當作畫的只是兔子，把雙十字章當作畫的只是黑十字，但他不可能把單純的三角形當作畫的只是一個倒下來的東西。我們需要**想像力**才看得到三角形的這一模樣。

一〇**七**　模樣組A並非從本質上說就是立體的模樣；白底上的黑十字章並非從本質上說

就是一個以白色平面爲背景的十字章。只給一個人看畫在紙上的十字章而不給他看任何其他東西，你也能教會他對別種顏色底子上的黑十字章有個概念。「背景」在這裡不過是十字形的周邊而已。

模樣組A所產生的幻覺，和立方體圖形或階梯的立體模樣所能產生的幻覺，不是同一種類的。

一〇八 我可以把立方體示意圖看作一個盒子；但我也能時而把它看作紙盒子，時而看作錫盒子嗎？如果有人言之鑿鑿告訴我「他能」，我該怎麼說？我在這裡能夠爲概念劃一條界限。

但想一想，看畫時所用的「**感覺**」這個表達式。（「你感覺得出這種材料多柔軟。」）（夢裡的**知道**。「我當時**知道**……是在那個房間裡。」）

一〇九 如何教給一個孩子（例如：教算術的時候）「現在把**這些**要點放在一起」或「**這些**是連在一起的」？顯然，「放在一起」和「連在一起」對這孩子本來一定有另一種含義，不同於這樣或那樣**看**。這是個關於概念的而不是關於教學方法的評注。

一一〇 可以把模樣的一個**種類**稱作「組織模樣」。這個模樣轉變了，圖畫中早先不連在一起的一些部分就連到了一起。

一一一　在三角形裡，我能夠時而把**這個**看作頂角把**那個**看作底邊，時而把**那個**看作頂角把**這個**看作底邊。很清楚，對於一個剛剛知道頂角、底邊等概念的學生，「我現在把**這個**看作頂角」，這話也等於是白說。但我這裡意謂的不是個經驗命題。

只有當一個人已經能夠熟練地應用某個圖形，我們才會說他**能**時而**這樣**看這個圖形，時而**那樣**看。

這種經驗所依託的是對某種技術的掌握。

一一二　但太奇怪了，要**經驗**到這些，竟需要以這一點為其邏輯條件！但你怎麼不說只有已經能夠做這做那的人才能「有牙疼」？從這裡得出的是：我們在這裡涉及的不可能是同一個經驗概念。這是另一個經驗概念，儘管是具有親緣的一個。

一一三　唯當一個人**能夠做到**，並學會了、掌握了某些事物，說他已經具有經驗，**這**才有意義。

你要是覺得這聽起來荒唐，那你得考慮看的**概念**在這裡是受到限定的。（為了消除數學裡的暈眩感，也經常需要類似的考慮。）

我們先說話、先有所表達，**而後**才獲得這些表達式的生命的圖畫。

一一**四**　因為，如果我還不知道這種姿態是這種動物的一種姿態，而不是它的解剖模型，我怎麼能看到這種姿態是猶豫不決呢？

但這豈不只是說：猶豫不決這個概念**不只**指涉視覺，所以我就不能用**這個**概念來描述看到的東西？我就不能有一個猶豫姿態的或怯懦面孔的純視覺概念嗎？

一一**五**　這樣一個概念也許可以和「大調」和「小調」做個比較；這兩個概念固然有某種感情值，但也可以純粹用來描述感知到的結構。

一一**六**　例如：把「悲傷」這個性質形容詞用於素描的面孔，它指稱的是一些線條在一個橢圓形裡的組合特點。用於一個人，它就有另外一種（雖然是具有親緣的）含義。（這卻**不**是說悲傷的臉部表情和悲傷的感覺**相似**！）

一一**七**　再考慮一下這個：我只能看到而不能聽到紅和綠，但我能聽到悲傷，一如我能看到悲傷。

一一**八**　只要想一想「我聽到一個哀怨的曲子」這一表達式。試問：「他**聽到**哀怨了嗎？」

一一**九**　如果我答：「不，他沒聽到；他只是感覺到了這個」。這算什麼回答呢？我們連這種「感覺」的感官也舉不出來。

現在有人想答：「我當然聽到了！」有人想答：「我其實沒**聽到**。」

但這裡可以把概念區別確定下來。

一二〇　我們〔把某種臉部表情認作某個人膽小的表情〕，對這種臉部表情做出反應，我們的反應不同於沒把它認作膽小（在這個詞的**完整**意義上）的那些人。但我卻**不**願說，我們的肌肉和關節感到這種反應，不願說這就是那種「感覺」。不然，我們在這裡有一個受到限定的**感覺**概念。

一二一　我們可以說一個人對一張臉上的**表情**視而不見。但因此他的視覺就有缺陷嗎？但這當然不只是個生理學問題。生理學問題在這裡是邏輯問題的一個象徵。

一二二　你感覺到一個曲子很嚴肅——你知覺到了什麼？這靠把你聽到的重複出來，是傳達不出來的。

一二三　一個隨意的書寫符號，例如  ——我可以想像它是某種外語裡的字母，寫得完全正確。但也可以想像它是寫錯了的字母；可以是這樣寫錯了或那樣寫錯了，例如：筆沒握好，或典型的幼稚笨拙，或法律文書用的花體。它可以是以各式各樣的方式背離了正確的書寫法。根據我加在這個書寫符號周圍的種種虛構，我可以在各式各樣的模樣裡看到它。這和「經驗一個詞的含義」有緊密的關聯。

一二**四**　我想說，唯當我們以某種確定的方式對待所觀察的對象之時，這裡閃現的東西才保持著。（「瞧，它在眨眼呢！」）「我想說」，實際上**是**這樣嗎？問問你自己：「我有多長時間注意到它？」我有多長時間覺得它是**新的**？

一二五　在面孔裡有一種模樣存在，而它後來消失了。幾乎像是有張臉，我先**模仿**它，後來我不再模仿，而是接受它。這不已經足夠用來解釋了嗎？然而，這不是太過分嗎？

一二六　「有幾分鐘我覺察到他和他父親的相似之處，後來就沒了。」如果他只有短短一段時間像他父親，而後來他的臉改變了，人們可以這麼說。但這也可以是說：幾分鐘之後他們的相似之處不再引起我注意了。

一二**七**　「你注意到他們相像以後，有多久你意識到這種相像之處？」怎麼回答這問題呢？「我很快就不再想到它了」或「我後來總時不時注意到它」或「有幾次忽然又想起：他們兩個多像啊！」或「這種相像讓我足足吃驚有一分鐘。」……會有諸如此類的回答。

一二八　我想提出這個問題：「在我看到這樣東西（例如：這個櫃子）的時間裡，我一直**意識到**它的立體性、它的景深嗎？」或所謂我在**整個**時間裡都**感覺**到它？但試以第三人稱提出這個問題。你什麼時候會說他一直對此有意識？什麼時候會反過來說？我們當然可以問他自己，但他是怎麼學會回答這個問題的？他知道什麼叫「不間斷地感覺到疼痛」。但在這裡這只會使他糊塗（正如這也使我糊塗）。

如果他說他一直意識到景深，我相信他嗎？如果他說他只是時不時地意識到（例如：

在他說起這一點的時候），我**相信**他說的這個嗎？我會覺得這些回答似乎都基於虛假的根據。但若他說他有時覺得這東西是平面的、有時是立體的，情況就不一樣了。

一二九　你告訴我：「我看著花，卻想著別的事，沒有意識到花的顏色。」我懂這句話嗎？我可以爲這話設想出某種有意義的上下文；例如，這話後面跟著：「後來我忽然**看見了**這花，認出它是那種……」

或者：「我當時若轉過身去，就說不出它有什麼顏色。」

「視而不見。」有這樣的事。但它的標準是什麼？這裡卻有各式各樣的情況。

一三〇　「我現在更多地在看形狀而不是顏色。」且別讓這種習慣表達式把你搞糊塗。尤其別去想「眼睛裡或頭腦裡，這時發生的會是什麼呢？」

一三一　我注意到相似之處，而這種注意漸漸消退。

只有幾分鐘我注意到它，後來就不注意了。

這時發生了些什麼？我能夠想起的是什麼？我想起自己的臉部表情，我可以重複它。假使一個認識我的人當時看見我的臉，他會說「你剛才在他臉上注意到了什麼」。而我也注意到，在這樣一種場合我說什麼，或說出聲來或是對自己說。就這些？就是注意這個嗎？不然。這是注意的各種現象；但這些現象**就是**「發生的事情」。

一三二 「注意」就是「看」加上「想」嗎？非也。我們的很多概念在這裡**交匯**。

一三三 （「思想」和「在想像中說」。我說的不是「**對**自己說」，這是不同的概念。）

一三四 視覺印象裡的顏色和對象的顏色對應（這張吸墨紙在我看來是粉紅的，而它是粉紅的）；視覺印象裡的形狀和對象的形狀相應（它在我看來是方的，而它是方的）；但我在模樣閃現裡知覺到的東西卻不是對象的一種性質，它是這個對象和其他對象的內在關係。

一三五 「在這種聯繫中看到這個符號」幾乎像是一個思想的回聲。我們想說「在觀看之中迴響的思想」。

一三六 請你設想對這種經驗的一種生理學解釋。它可以是：觀察這圖形的時候，目光一再沿著一條特定的軌道掃視對象。這軌道相應於觀看的時候，眼珠擺動的某種特定方式。這種活動方式有可能跳到另一種活動方式，這兩種方式可能互相轉換（模樣組A）。某些活動方式在生理學上是不可能的；從而我不可能把立方體示意圖看作兩個套在一起的棱體。好，就這樣解釋。「那我知道了，這是一種『**看**』。」你現在為「看」引進了一種新標準、一種生理學標準。這可能掩蓋舊問題，卻不能解決它。這段話的目的卻在於讓我們睜開眼睛看到提出一種生理學解釋的時候發生的是些什麼。心理學概念顧自徜徉，這種解釋搆不到它。我們的問題的性質從而變得更清楚了。

一三**七**　每次我實際上看到的都不同抑或只是以不同方式來解說我所看到的？我傾向於說前者。但爲什麼呢？解說是一種想、一種處理；看似一種狀態。

一三**八**　好，不難識別出哪些情況下我們是在進行**解說**。如果是進行解說，那麼我們做出假設，而這些假設是可能虛構的。「我把這個圖形看作一種……」就像「我看到一點紅光」一樣（或恰在同樣的意義上）無法證明。因而這兩種語境中「看」的用法也有某種相似之處。千萬別設想你事先已經知道「看的**狀態**」在這裡的含義是什麼！請你從使用中學習含義。

一三**九**　關於視覺，我們覺得有些東西令人迷惑，因爲關於視覺整體上對我們來說都令人十分迷惑。

一**四〇**　一張相片上有人、房子、樹，我們不覺得這張相片缺少立體性。要把這張相片描述爲平面上的一些色塊的組合反倒不大容易；但我們在立體鏡裡看到的東西，卻又以另一種方式顯示爲立體的。

一**四一**　（我們會用雙眼「立體地」看，這是不言自明的。如果把雙眼的視覺圖像融到一起，預期的結果可能是一幅含糊的圖像。）

一四二　模樣概念和意象概念具有關聯。或：「我現在把這看作……」的概念和「我現在**這樣**想像」具有關聯。

把一段音樂聽成某個確定樂曲的變奏，其中不也包含幻想嗎？但這時我們知覺到某種東西。

一四三　「你若想像這發生了如此這般的改變，那你面前的就是那另一樣東西了。」我們可以在想像中做某種證明。

一四四　看到模樣以及意象，這些都服從於意願。可以有這樣的命令：「意想一下**這個**！」以及「現在**這樣**來看這個圖形！」但不能命令說：「現在看到這片葉子是綠的！」

一四五　現在有個問題：會不會有人不具備把某種東西**看作某種東西**的能力？那會是什麼樣子？後果會是什麼？這種缺陷可以和色盲或和缺乏絕對音高聽力相提並論嗎？我們想稱之爲「模樣盲」，並且來考慮這話的意思能是什麼？（這是概念上的探究。）患模樣盲的人將看不到模樣組A的轉換。但他不也就認不出雙十字章包含一個黑十字章和一個白十字章嗎？於是他也就不能勝任「在這些圖形裡指出哪些包含黑十字章」這樣的任務嗎？不然，他應該能，不過他不會說：「現在這是一個襯在白底上的黑十字章了！」

他會看不到兩張臉上的相似之處嗎？但若這樣，也就看不到相同之處，或近乎相同之處了？這點我不願斷定。（他應當能夠執行「把看上去像**這個**一樣的那件東西給我拿來！」這一類命令。）

一**四六** 他會不能把立方體示意圖看作立方體嗎？從這卻推不出，他認不出這是一個立方體的表現（例如：一張圖紙）。但對於他，這示意圖不會從一個模樣跳到另一個模樣。問題：他應當像我們一樣，在有些情況下能把這示意圖**當作**立方體嗎？若不能，我們就不能恰如其分地把這稱作一種盲。

「模樣盲患者」對圖畫的態度和我們的根本不一樣。

一**四七** （我們不難想像**這種**類型的異常。）

一**四八** 模樣盲和缺乏「音樂聽力」具有關聯。

一**四九** 這個概念的重要性在於「看到模樣」和「經驗到語詞含義」這兩個概念之間的聯繫。因爲我們要問的是：「一個人若**經驗**不到某個語詞的含義，他缺少的是什麼？」

例如，我們要求一個人念「與」，④同時把它作爲動詞來意謂，他不理解這個要求；

④ 德文是sondern，作連詞時意謂「然而」，作動詞時意謂「區分」。——譯者注

或一個詞一口氣念了十遍，而一個人不感覺到這個詞對他失去了含義，而只是個空洞的聲音；這樣的人缺少的是什麼？

一五〇　在法庭等場合，人們可能討論某人當時用一個詞來意謂什麼的問題。這可能從某些事實推導出來。這是個**意圖**問題。但他當時如何經驗一個詞，例如：「大家」⑤也可能以相似的方式具有重要意義嗎？

一五一　我和某人約定了一種暗語；「塔」的含義是銀行。我對他說：「現在到塔那裡去！」他懂得我的話，也照著做了，但他覺得這樣使用「塔」這個詞挺怪的，這個詞還沒有「吸收」這個含義。

一五二　「我帶著感情讀詩、讀小說的時候，我會有某種內心活動；在我只是爲了獲得資訊去瀏覽的時候，就沒有這些內心活動。」我這裡指的是哪些活動呢？語句**聽起來**不一樣。我確切地留意於語句的調子。某個詞有時聲調不對，強調得太過或太少。我注意到了這個，而我的面容表達出這一點。爾後我可以談論我誦讀的細節，例如：談論音調不對的地方。有時我眼前浮現出一幅圖畫，就好像一幅插圖。的確，這似乎有助於我把語調讀得正

⑤ 德文是Bank，兼有「銀行」和「河岸」的意思。「大家」則既指大人物，又謂大名家。——譯者注

確，諸如此類的，我還可以提出不少。我也可以在某個詞上加上一種聲調，使得這個詞的含義從其他詞裡突顯出來，而這個詞幾乎就像是所涉之事的一幅圖畫。（當然這可能是以句子構造爲條件的。）

一五三 我聲情並茂地閱讀，唸出這個詞，這時它整個由它的含義充實著。「如果含義即語詞的使用，這又怎麼可能呢？」好，我的表達是個形象的表達。但並非我彷彿選擇了這個形象，而是這形象迫人而來。但這個詞的形象用法卻不可能和它的原始用法陷入衝突。

一五四 爲什麼向我呈現的偏偏是**這**幅圖畫，這也許是可以解釋的。（只要想一下「一語中的」⑥這個表達式及其含義。）

一五五 但若我可能覺得句子像一幅話語的圖畫，而句子裡的每個詞都像其中的一個形象，那就無怪乎即使孤立地、不派用場地說出一個詞，它也會似乎帶有一種特定的含義。

一五六 想一下一個特別種類的迷誤，會對這裡討論的事情有所啓發。我和一個熟人在城郊散步。我在交談中顯露出我以爲城在我們的右邊。我的這個假設不僅沒有任何自己意識到的根據，而且稍加考慮我就會肯定城是在我們的左前方。問到我**爲什麼**以爲城**在這個**方

---

⑥ 直譯：適切的語詞。——譯者注

向，我一開始什麼都答不上來。我**沒有任何依據**這樣認爲。但我雖然看不出依據，卻似乎看得到某些心理上的原因。要之，是些聯想和回憶。例如：我們是在沿著一條運河散步，而我從前曾在相似的情形裡沿著一條運河走，那一次城是在我們右邊。這就彷彿是種心理分析，我借此可以嘗試爲我的沒有根據的信念找到原因。

一五七　「但這是種什麼樣的稀奇經驗呢？」它當然不比任何其他經驗更稀奇；它只是和我們認之爲基本經驗的那些經驗——如感官印象之類——種類不同而已。

一五八　「我覺得好像知道城在那一邊似的。」「我覺得『舒伯特』這名字好像和舒伯特的作品，好像和他的面孔挺相配似的。」

一五九　你可能對自己說「過去」⑦這個詞，而這一時把它作爲命令式，那一時把它作爲時間副詞來意謂。那你現在說「過去！」然後說「**別從那裡**過去！」兩次都是**同一個**經驗伴隨這個詞嗎？你有把握嗎？

一六〇　如果我透過細審，看到了我在那個遊戲裡，時而這樣**經驗**這個詞，時而**那樣**經驗這個詞，我豈不也就看到我在談話進程之中，經常全然**不**經驗到它嗎？因爲，我同樣也時

---

⑦ 原文是weich，既可作動詞weichen（退縮）的命令式，又可作形容詞（柔軟的）。——譯者注

而這樣，時而那樣意謂這個詞；時而意在**這樣**，時而意在**那樣**，此後甚至對我意謂的是什麼做出說明，這些都是不成疑問的。

一六一　但還有成問題之處：我們爲什麼在語詞經驗的這個**遊戲**中也說「含義」、說「意謂」？這是另一種類的問題。指稱這一語言遊戲的現象特徵是：我們是在下面這**種**境況下使用這個表達式的：我們剛才是在**那種**特別的含義上說這個詞的，這個表達式是從那另一個語言遊戲拿過來的。

把這種語詞經驗稱作一個夢吧！它什麼也不改變。

一六二　給你「胖」、「瘦」兩個概念，你會傾向於說星期三胖而星期二瘦呢？還是反過來？（我傾向於前者。）「胖」、「瘦」在這裡的含義和它們通常的含義不一樣嗎？它們在這裡的用法不一樣。那我其實應當使用另外兩個詞嗎？肯定不是。我要把**這**兩個詞（在通常對我有效的含義上）用在**這裡**。現在我完全不是在說這現象的原因。原因**可能**來自我小時候的聯想。但這是個假設。無論解釋是什麼，那種傾向確實存在。

一六三　問我「你在這裡究竟用『胖』、『瘦』意謂什麼？」我只能完全用一般的方式解釋它們的含義。我**不**能以星期二和星期三爲例來表明這含義。

一**六四**　人們在這裡可能會說一個詞有「原初含義」和「次級含義」。唯當這個詞對你有原初的含義，你才能在次級的含義上使用它。

一六五　只有當你學過計算——筆算或口算，才可能借助這樣的計算概念讓你把握什麼是心算。

一六六　次級含義不是一種「隱喻的含義」。我說「我覺得母音e是黃的」，這時我意謂的不是：隱喻含義上的「黃」，因爲除了借助「黃」這個概念，我完全沒有其他辦法表達我所要說的。

一六七　一個人對我說：「請在銀行那裡等我。」問：**你說出這個詞的時候**是意謂著這個銀行嗎？這和下面這個問題是同一種類的：「你在去見他的路上是打算如此這般對他說的嗎？」這類問題涉及的是某個特定的時間（說話的那個時間，走在路上的那段時間），而不是那段時間中的某種**經驗**。意謂不是一種經驗，就像打算不是一種經驗。

但什麼把它們和經驗區別開來？它們沒有經驗內容。因爲伴隨它們的以及爲它們提供圖解的內容（例如：種種意象）並不是意謂或打算。

一六八　按某種意圖行動之際，意圖並不「伴隨」行動，就像思想並不「伴隨」講話。思想和意圖既不是「分環勾連的」也不是「不分環勾連的」，既不可以和行動和講話之際發出的單個聲音相提並論，也不能和一個曲調相提並論。

一六九 「說」（無論出聲或不出聲）和「想」不是同一種類的概念；儘管二者聯繫得極爲密切。

一七〇 我們對說話時的經驗的**興趣**和對意圖的興趣是不一樣的。（心理學家也許能夠從這經驗中對「潛意識」意圖有所了解。）

一七一 「說這話時我們兩個都想到了他。」讓我們假設兩個人這時各自無聲地對自己說了同樣的話，這還能是說什麼呢？即使如此，這話不還只是個**萌芽**嗎？這話仍必須屬於一種語言、屬於某種語境：爲了眞正地是想到了那個人這一思想的表達。

一七二 即使上帝窺入我們心底，也無法在那裡看到我們說的是誰。

一七三 「你說這話時爲什麼看我？你是不是想到了……？」那麼，在這個時間點上確實有某種反應，而這種反應透過「我想到了……」或「我忽然記起了……」這類話得到說明。

一七四 你藉這個表達式涉及說話之際的某個時間點。你涉及的是這一個時間點還是那一個，會有不同的作用。

僅僅對語詞加以說明不涉及說出這個詞之際所發生的事情。

一七五 「我意謂的是（或我剛才意謂的是）**這個**」（事後對語詞的說明）和「我剛才

說的時候想到了……」這兩個語言遊戲完全不同。後一個類似於「我記起了……」。

一七六　「我今天已經三度記起我必須給他寫信了。」這時候我心裡發生的事情有什麼重要？但另一方面，說這話本身有什麼重要？有什麼相干？從這句話我們可以得出某些結論。

一七七　「說這話時我想到了**他**。」什麼是這個語言遊戲由之開始的那種原始反應（那種原始反應能夠被翻譯成這句話）？人們怎麼一來就使用這話了？

原始反應可以是一個眼神、一個姿態，但也可以是一個詞。

一七八　「你爲什麼看著我搖頭？」「我想讓你明白，你……」這表達的不應是某種符號規則，而是我的做法的目的。

一七九　意謂不是伴隨這話的活動。因爲沒有哪種**活動**會具有意謂的結果。（與此相似，我認爲可以說：計算不是實驗，因爲沒有哪種實驗會具有一次相乘所特有的結果。）

一八〇　說話的確有重要的伴隨活動；不假思索的說話，經常沒有這些伴隨活動，從而我們可以借此識別它。但**這些活動**卻不是思想。

一八一　「我現在知道了！」這時發生了什麼？那麼我在肯定自己知道了的時候，我並**不**知道嗎？

你看錯了方向。

（這個信號是做什麼用的？）

可以把「知道」稱作這聲喊叫的伴隨物嗎？

一八二　一個詞的熟面孔，覺得一個詞自身中收藏著它的含義，覺得一個詞是其含義的一模一樣的圖畫，這副面孔、這類感覺對某些人可能完全是陌生的。（這些人會沒有這些東西附屬在他們的話語上。）我們怎麼表達這些感覺？這在於我們如何選擇和評價語詞。

一八三　我怎麼找到「正確的」的語詞？我怎麼在各語詞之中進行選擇？有些時候我彷彿依照它們氣味的細微差別來比較它們：**這一個**太這個了、**那一個**太那個了、**這個**正對。但我未必每次都評判、說明；經常我可能只說：「反正這個還不合適。」我不滿意，繼續搜尋。終於冒出一個詞：「**就是**它！」**有時**我能夠說出為什麼。在這裡，搜尋和發現看起來就是這樣。

一八四　你忽然想到這個詞的時候，難道它不是以某種特殊的方式「冒出來」的嗎？不信你就好好注意一下！我好好注意也沒用。它只能夠揭示**我**心裡**現在**發生的是什麼。

我怎麼竟會在這時候就注意傾聽呢？我必須一直等到又有一個詞忽然浮現。但稀奇的是，我似乎不必等它浮現，而可以向自己展示它，即使它實際上並沒有出現……怎麼展示？我**扮演**它。但我透過這種方式能經驗到**什麼**？我究竟在複製什麼？典型的伴隨現象。首要的有：姿態、表情、聲調。

一八五　說到某種細微的審美差別，我們有時有**很多**可說的——這一點很重要。最初的表達當然可以是：「**這個**詞合適、**那個**不合適」……或諸如此類。但這些詞中的每一個都和其他詞句盤根錯節地聯繫著，而這些聯繫都是可以討論的。事情恰**不**隨著那個最初的判斷了結，因爲產生決定作用的是一個詞的領域。

一八六　「這個詞就在我舌頭上。」這時我的意識裡發生了什麼？根本無關緊要。無論發生的是什麼，都不是這句話所意謂的。這時在我的行爲舉止上發生了些什麼倒更值得關注。「這個詞就在我舌頭上。」告訴你：這裡該用的那個詞溜走了，我希望很快又找到它。除此之外，這句話所表達的，並不比某種無言的舉動更多些。

一八七　對這一點，詹姆士其實要說的是：「多奇妙的經驗！詞還不在那裡，卻又在某種意義上已經在那裡了，或某種**只能夠**生長成這個詞的東西已經在那裡了。」但這根本不是什麼經驗。把它**解說**爲經驗，它看上去當然就很奇怪了。這正像把意圖解說爲行動的伴隨物，卻也正像把−1解說爲基數。

一八八　「這個詞就在我舌頭上」。這句話就像「我現在知道怎麼繼續下去了」一樣，不是用來表達經驗的。我們在**某些特定情況**下使用這話，它被某種特殊的舉止包圍，也被一些典型的經驗包圍。尤其是說了這話之後，常常是**找到了**這個詞。（問問你自己：「要是人們**從來**沒找到過已經在他們舌頭上的詞會是怎麼樣呢？」）

一**八九**　不出聲的「內在的」話語不是某種藏頭露尾的現象，彷彿要透過一層面紗才能覺察它。它**根本**不是隱藏著的，但它的概念卻容易使我們糊塗，因爲這概念有很長一段路緊貼著某種「外在」活動的概念同行，卻又不與後者互相涵蓋。

（心裡說話和喉頭的肌肉是否由神經聯繫在一起，這個問題以及類似的問題自可以很有意思，但對我們的探究則不然。）

一**九○**　心裡說的可以說出來告訴別人，心裡的話可以有某種外部動作**相伴隨**，這些都表現出「心裡說話」和「說話」的密切親緣。（我可能一邊在心裡唱，或不出聲地讀，或心算，而手一邊打著拍子。）

一**九一**　「但在心裡說卻是我必須透過學習才會做的事情！」不錯；但這裡什麼是「做」，什麼是「學」？

讓話語的使用教給你什麼是它們的含義！（與此相似，在數學裡常常可以說：讓**證明**教給你**什麼**得到了證明。）

一**九二**　「那我心算時就並非**當真**在進行計算嗎？」但你也對心算和可以覺知的計算

做出了區別！然而，你只有學到什麼是「計算」才能學到什麼是「心算」；你只有學會計算，才能學會心算。

一九三　一個人用哼哼（閉著嘴）重複某些語句的聲調，他可以很「清晰地」在意象中說話。喉頭的活動也提供幫助。但值得注意的，恰是這時是在意象中**聽到**話語，而不僅僅是**感覺到**話語在喉頭上的所謂殘骸。（因為也可以設想有些人不出聲地借助喉嚨的活動進行計算，就像人們可以用手指來計算那樣。）

一九四　我們可以假設我們在心裡說話的時候，我們的身體裡會出現某些的活動。這樣的假設，我們對它的興趣只在於它向我們展示出「我對自己說……」這種表達式的某種可能用法；這也就是從表達式推導出生理活動的假設。

一九五　別人在心裡說些什麼，對我是隱藏不露的，這原包含在「在心裡說」這個**概念**中。只不過這裡用「隱藏」這個詞不對；因為若說對我隱藏著，那對他自己就應該是公開的，**他**一定**知道**說的是些什麼，但他卻並不知道。只不過我確實有懷疑的餘地而他卻沒有。

一九六　「一個人在他心裡對自己說些什麼，對我是隱藏著的」當然也可以是說：我多半時候**猜**不出來，也無法（這原也是可能的）從他的聲帶活動之類解讀出來。

一九七　「我知道我要什麼、希望什麼、相信什麼、感覺什麼……」（諸如此類一切心理動詞）；這要麼是哲學家的胡言，要麼**不**是一個先天判斷。

一九八　「我知道……」可以是說「我不懷疑……」但它不是說：「我懷疑……」這話**沒有意義**，從邏輯上排除了懷疑。

一九九　只有在一個人可能說「我認爲」或「我推想」的地方，只有在他可能有確信也可能沒有確信的地方，⑧他才可能說「我知道」。（你也許想用下面的例子來反駁我：人們有時說「但我一定知道我疼不疼！」「只有你自己知道你是怎麼感覺的」……或諸如此類，那你應該檢查一下這類話語的起因和目的。「戰爭就是戰爭」也滿不是同一律的一個例子呢！）

二〇〇　可以設想在某種情況下我**可能**要讓自己相信我有兩隻手。但通常情況下我卻**不可能**這樣。「但你只需把手舉到眼前看看就行了。」如果我**現在**竟懷疑自己有沒有兩隻手，那我也不須信任自己的眼睛。（我這時問問我朋友也是一樣的。）

二〇一　上一段所說的和下面這種情況是有聯繫的：「地球存在了幾百萬年」這樣的命

---

⑧ 直譯：需要讓自己去確信某事的地方。——譯者注

題比「地球在最後五分鐘裡存在著」，意義更爲清楚。因爲，你若主張後面這個命題，我就會問你：「這個命題涉及的是哪些觀察？哪些觀察可能和它相反？」同時我卻知道前一個命題屬於哪個思想範圍，和哪些觀察相聯繫。

二〇二　「新生兒沒有牙」、「鵝沒有牙」、「玫瑰沒有牙」。但最後這命題，人們會說顯然是眞的！甚至比鵝沒有牙還肯定。但它卻不那麼清楚。因爲玫瑰該在哪裡長牙呢？鵝在顎上沒有牙。牠翅膀上當然也沒牙，但說鵝沒有牙的人，沒有誰意謂這個。若說母牛嚼碎飼料，用來給玫瑰施肥，所以玫瑰有牙，牙長在一個動物的嘴裡，這又是個什麼說法？因爲我們先前不知道玫瑰花能找得到牙，這話也就無所謂荒唐了。（和「別人身體的疼痛」聯繫在一起。）

二〇三　我可以知道別人在想什麼，但不可以知道我在想什麼。

說「我知道你在想什麼」是正當的，說「我知道我在想什麼」是錯誤的。

（整個哲學的雲霧凝聚成一滴語法。）

二〇四　「人的思想閉鎖，在意識內部進行，和這種封閉比較，一切物理上的封閉都是敞亮的。」

若有人總是能夠——也許透過對喉頭的觀察，讀出別人不出聲對自己說的話，他也會傾向於使用這幅完全閉鎖的圖畫嗎？

二〇五 我用一種身旁的人們聽不懂的語言出聲地對自己說話，這時我的思想對他們是隱藏著的。

二〇六 我們假設有個人每次都猜對我在思想裡對自己說的是什麼。（他怎麼做到這一點無關宏旨。）但什麼是他猜**對**的標準？好，我稟性誠實，承認他猜得對。但我自己不會糊塗嗎？我的記憶不會欺騙我嗎？我說出——並不說謊，我剛才在想什麼的時候，不會總是糊塗或被記憶欺騙嗎？但在這裡「我心裡發生了什麼」看來根本無關緊要。（我這裡是在劃出一條輔助線。）

二〇七 我承認我剛才是如此這般想的，這種**承認**之爲眞的標準，不是眞實**描述**某種活動的標準。眞實承認的重要之處不在於有把握地眞實報導出任何一個活動。這一承認之爲眞，就是由**眞誠**的特殊標準來擔保的，而它的重要性毋寧在於可以從某種承認得出的特殊後果。

二〇八 （假設夢能夠爲我們提供有關做夢人的重要消息，那麼提供消息的將是對夢的誠實講述。做夢人醒來後報導他的夢的時候是否被他的記憶欺騙呢？這個問題不會發生，除非我們引進一個報導與夢「相符」的全新標準，引進一個在這裡對眞和眞誠做出區別的標準。）

二〇**九** 有個名爲「猜測思維」的遊戲。其中一種可以是：我用乙聽不懂的語言告訴甲一件事。乙來猜我講的話是什麼意思。另一種可以是：我寫下一句話，你看不見這個句子。你必須來猜這句話的文字，或它的意義是什麼。再有：我做一個拼圖遊戲；你看不見我，卻要時不時猜我在想什麼，並把你的猜測說出來。例如，你會說：「這片該放在哪裡呢？」、「我**現在**知道它拼在哪裡了！」、「我完全想不出這裡該拼哪一片。」「天空這一片總是最難拼的」等等。這時**我**卻無需對自己說話，無論出聲還是不出聲。

二一〇 所有這些都是猜思想，如果說事實上這些都沒有發生，這沒有發生並不使得思想比沒有覺察到的物理過程更隱蔽些。

二一一 「**內心**對我們隱蔽著。」、未來對我們隱蔽著。但天文學家計算日蝕之際是這樣想的嗎？

二一二 我看見一個人由於顯而易見的原因，疼得蜷起身體，我不會想：但這個人的感覺對我隱蔽著。

二一三 我們有時也說某個人是透明的。但對這一觀察頗爲重要的是：一個人對另一個人可能完全是個謎。我們來到一個具有完全陌生文化的陌生國度，所經驗到的就是這樣；即使我們掌握了這地方的語言仍是這樣。我們不**懂**那裡的人。（不是因爲不知道他們互相說些什麼。）我們在他們中間找不到自己的位置。

二一四　「我無法知道他心裡發生些什麼」首先是一幅**圖畫**。它以使人確信的方式表達一種確信。它不曾舉出這確信的根據。**這些根據**不是一下就舉得出來的。

二一五　即使獅子會說話，我們也理解不了牠。

二一六　可以設想像猜測思維那樣猜測意圖，但也可以設想對一個人事實上**將做什麼**加以猜測。

說「只有他能夠知道他打算做什麼」是胡話；說「只有他能夠知道他將做什麼」是錯誤的。因爲我用來表達意圖的預告（例如：「我五點回家」），不一定兌現，而別人卻可能知道實際上發生的將是什麼。

二一七　但有兩點很重要：一，在很多情況下，別人無法預言我的行動，而我卻能在我的意圖中預見它們；二，我的預言（在我的意圖的表達裡）和別人對我的行動的預言基於不同的根據，從這兩種預言引出的結論完全不同。

二一八　我對另一個人的感覺可能很**確定**，就像對任何一個事實那樣。但「他極爲沮喪」、「25×25＝625」、「我六十歲」這些命題卻並不因此成爲相似的工具。明顯的解釋是：這些是不同**種類**的確定性。這個說明似乎在解說一種心理學的區別。但這區別是邏輯的區別。

二一九　「然而，你**確定**的時候只不過是對懷疑閉上了眼睛吧？」我眼睛是閉上了。

二二〇　我對「這個人在疼」，不如對「2×2＝4」確定嗎？但因此第一種情況就是數學的確定性嗎？「數學的確定性」不是心理概念。確定性的種類是語言遊戲的種類。

二二一　「他的動機只有他知道」。這表達的是：我們問他，他的動機是什麼。他若誠實，就會告訴我們；但我要猜出他的動機僅靠誠實就不夠。這裡是和知的情形具有關聯之處。

二二二　但你請**醒目**來看：我們的確有承認我所作所爲的動機這樣的語言遊戲。

二二三　我們沒有注意到一切日常語言遊戲的超乎言表的多樣性，因爲我們語言的外衣把一切都弄成一個樣了。

新東西（自發的東西，「特別的東西」）總是個語言遊戲。

二二四　動機和原因的區別是什麼？我們怎樣**發現**動機，又怎樣發現原因？

二二五　有這麼個問題：「這是判斷人的動機的確定性方式嗎？」但爲了能提出這個問題，我們必須已經知道「判斷動機」的含義是什麼；而這不是靠教給我們「動機」是什麼和「判斷」是什麼就學會的。

二二六　我們判斷一根棍子的長度；我們能夠尋找並找到一種方法，更準確或更確鑿地判斷這長度。所以你說，我們在這裡所判斷的**東西**是獨立於判斷方法的。什麼是長度，這**不**能透過確定長度的方法來定義。這麼想的人想錯了。什麼錯誤？「勃朗峰的高度依賴於我們如何攀登它」，會是個稀奇說法。而「更準確地衡量長度」，人們要把這比作愈來愈接近一個對象。但「愈來愈接近對象的長度」說的是什麼？在有些情況下清楚，在有些情況下卻**不**清楚。我們並非透過學會什麼是**長度**？什麼是**確定**？而學會「確定長度」說的是什麼；我們倒是透過學會什麼是確定長度而學到「長度」一詞的含義的。

（因此，「方法論」一詞有雙重含義。我們用「方法論研究」所稱的可以是一種物理研究，也可以是一種概念研究。）

二二七　說到確定、說到相信，我們有時要說它們是思想的色調；它們有時借說話的**聲調**得到表達，這是眞的。但不要把它們想作說話時思想時的「感覺」！

不要問：「我們對……確定的時候心裡都發生些什麼？」而要問：「對此事是這樣確定性」是怎麼在人的行動中表現出來的？

二二八　「你可以對別人的心靈狀態十分確定，但它仍只是一種主觀的確定，不是客觀的。」這兩個詞提示出語言遊戲之間的一種差別。

二二九　關於哪個是計算（例如：較長的加法）的正確結果可能發生爭論。但這種爭論很少發生，持續時間也不長。就像我們常說的，爭論「確切無疑的」解決了。

數學家們一般不會爲計算結果而爭論。（這是個重要的事實。）若非如此，若一個數學家堅信某個數字不知不覺改變了，或者記憶欺騙了他或別人……，諸如此類，那麼我們就沒有「數學的確定性」這個概念了。

二三〇　這卻仍然可以是說：「儘管我們永遠不可能**知道**計算的結果是什麼，但這計算仍始終有完全確定的結果。（上帝知道這結果。）數學當然具有最高的確定性，雖然我們只能據有它的粗略摹本。」

二三一　那我大概要說數學的確鑿基於墨水紙張的可靠了吧？不然。（那將是惡性循環。）我沒說數學家們**爲什麼**不爭論，而只是說他們不爭論。

二三二　不錯，我們不能用某些種類的紙張墨水來計算，例如：它們會產生某些稀奇古怪的改變，然而，我們這時也只能透過記憶、透過和其他計算手段相比較才能得出發生了改變的結論。那這些又怎麼得到檢驗呢？

二三三　必須接受的東西、給定的東西，可以說是**生活形式**。

二三四　說人們在顏色的判斷通常是一致的，這話有意義嗎？若不一致會是什麼樣子？這個會說這花是紅的，而那個會說這花是藍的……，諸如此類。但這時我們能有什麼道理把這些人的「紅」、「藍」等詞稱作**我們的**「顏色詞」呢？

他們將怎麼學會使用那些詞呢？他們學會的語言遊戲還是我們稱爲使用「顏色名稱」的遊戲嗎？這裡顯然有程度上的區別。

二三**五**　但這種考慮對數學也一定有效。若有一種人沒有充分的一致，他們就將無法學習我們現在實際上在學習的技術。他們的技術會與我們的或多或少有區別，甚至到可能無法識別的程度。

二三六　「數學眞理可不依賴於人是否認識到它！」當然：「人們認爲2×2＝4」和「2×2＝4」這兩個命題的意思不同。後一個是個數學命題，前一個能有什麼意思，大概可以是說人現在**認識到了**這個數學命題。兩個命題的**用法**全然不同。然而，「即使所有的人都認爲2×2＝5，2×2仍然得4」這個命題說的又是什麼呢？所有人都這麼認爲，這看上去會是什麼樣子？好，我可以想像他們有另外一種計算法或某種我們不會稱作「計算」的技術。但它是**錯誤的**嗎？（加冕是**錯誤的**嗎？在與我們不同的生物看來，加冕會顯得極爲稀奇古怪。）

二三**七**　在某種意義上，數學當然是一門學理，但它也是人的**作爲**。「錯著」只能作爲例外存在。因爲，假使我們現在稱作「錯著」的東西成了常規，那麼錯著在其中成其爲錯著的遊戲就完結了。

二三八　「我們大家學的都是同樣的乘法表。」這話講的當然可以是我們學校裡的算術教學，但也可以是乘法表的概念。（賽馬場上賽馬一般能跑多快就跑多快。）

二三九　有色盲，有確定色盲的手段。測試正常的人對顏色的判斷一般是充分一致的。這指稱出顏色判斷的概念。

二四〇　在感情表達得是否眞確的問題上，一般不存在這種一致。

二四一　我確定，**確定**他不是裝的；但第三個人卻不確定。我總能說服他嗎？若不能，他是在思想上還是在觀察上出了錯？

二四二　「你眞是什麼都不明白！」我們這樣說——當這個人對我們明明白白認之爲眞的東西仍存疑惑時，而我們又提不出任何證明的時候。

二四三　對感情表達是否眞確有沒有「行家」判斷？即使在這裡也有些人具有「較佳的」判斷力，有些人的判斷則「較差」。

正確的預測一般出自那些對人的認識較佳的人所做的判斷。

我們能學習怎樣認識人嗎？是的；有些人能。但不是透過課程，而是透過「經驗」。另一個人在這事上可以做他的老師嗎？當然。他時不時給他正確的**提示**。在這裡，「學」和「教」看起來就是這樣。這裡習得的不是一種技術；是在學習正確地判斷。這裡也有規則，但這些規則不構成系統，唯富有經驗的人能夠正確運用它們而已。不像計算規則。

二四四　最困難的就是在這裡正確而不作假地把不確定性表達出來。

二四五　「〔感情〕表達得是否眞確無法證明而只能去感覺。」很好，但認識到眞實性後又怎麼樣呢？一個人說「這就是一顆充滿激情的心所能表達的」，並且讓另一個人也這樣認爲了，這有什麼進一步的後果呢？抑或什麼後果都沒有，而只是一個人品到了別人所沒品到的，到此遊戲就**結束了**？

後果是有的，只不過五花八門。經驗，也就是各式各樣的觀察，可以教給我們這些後果；對這些後果，我們也一樣無法給出一般的表述，而只能在紛繁支離的情況中做出正確的、會結出果實的判斷，確立一種會結出果實的聯繫。最具一般性的評述所能產生的，最多也不過是看上去像一個體系的廢墟那樣的東西。

二四六　某些證據很能夠使我們確信某個人處在這種那種心態之中，例如：確信他不在裝假。但這裡也一樣會有「微妙莫測」的證據。

二四七　問題是：微妙莫測的證據**會造成**什麼結果？

設想某種物質的化學結構（內在的東西），有某種微妙莫測的證據。但這個結構必定會透過某些**可**測的後果，作爲其證據得到證明。

（某種微妙莫測的證據可以使一個人確信這幅畫是眞品……但也有**可能**透過考據證實這一點。）

二四八　微妙莫測的證據包括：眼光、姿態、聲調的各種微微之處。

我有可能認得出愛情的眞實眼光，把它**從**僞裝的眼光區別開來（這裡當然可以有「可測的」確證來證實我的判斷）。但我有可能全然無法描述這種區別。這並非因爲我熟悉的各種語言裡沒有適於描述這個的語詞。那我爲什麼不乾脆引進一些新語詞呢？假使我是個極富才能的畫家，可以設想我在繪畫中表現出眞實的眼光和僞裝的眼光。

二四九　問問你自己：人是怎麼學到某方面的「眼力」的？這種眼力又是如何使用的？

二五〇　僞裝當然只是不疼而表現出疼，類似的一種特殊情況。即使眞可能不疼而表現出疼，爲什麼這時發生的都是僞裝呢？都是生活織物上的這種十分特別的圖樣呢？

二五一　一個孩子要能僞裝，先得學會好多東西。（狗不會虛僞，但牠也不會誠懇。）

二五二　的確會出現這樣的情況，在那裡我們會說：「這人**以爲**他在僞裝。」

拾貳

一　如果可以從自然事實來解釋概念建構，那麼使我們感興趣的就不該是語法，而該是自然之中爲語法奠定根基的東西嗎？概念和很普遍的自然事實的對應的確也使我們感興趣。（那些由於十分普遍而最少引人注目的自然事實。）但我們的興趣卻並不落回到概念建構的這些可能原因上去；我們不從事自然科學；也不從事自然史，因爲對我們的目的來說，我們也滿可以虛構自然史。

二　我不說：假使這些自然事實是另一個樣子，人就會有另一些概念（在假設的意義上）。而說：誰要是認爲有些概念絕對是正確的概念，有另一些概念的人就無法洞見到我們所洞見的東西，那麼這個人可以去想像某些十分普遍的自然事實不同於我們所熟悉的那個樣子，而他將能夠理解和我們所熟悉的有所不同的概念建構了。

三　拿一個概念來和一種畫法做比較：因爲，我們的畫法難道就是任意的嗎？我們可以高興選哪種就選哪種嗎？（例如：埃及人的畫法）抑或這裡關係到的只是可愛和醜陋？

拾參

一　我說「半小時以前他在這裡」。即，憑回憶說——這不是在描述當前的經驗。回憶的**經驗**是回憶的伴隨現象。

二　回憶沒有經驗內容。難道這不是透過內省認識到的？**內省**難道不恰恰顯示出在我探看某種內容的時候，那裡什麼都沒有？但它卻只能在此一事、那一事顯示出這一點。而它不能向我顯示的卻是「回憶」一詞的含義是什麼，從而也不能顯示該在**哪裡**探究某種內容！

我只有透過對照各種心理學概念才得到回憶的內容的**觀念**。這就像比較兩個**遊戲**。（足球有**球門**，排球⑨就沒有。）

三　能設想這種情形嗎：某人平生第一次回憶起什麼東西，說：「噢，我現在知道了什麼是『回憶』，回憶是**怎麼進行的**。」他怎麼知道這種感覺是「回憶」？比較一下：「噢，我現在知道什麼是『發麻』了！」（他也許第一次受到電擊。）因爲那是由過去的事產生出來的，所以他就知道那是回憶嗎？他怎麼知道什麼是過去之事？人回憶，從而才學到過去之事的概念。

⑨ 依英譯本譯。德文原作Völkerball，一種不設球門的擲球遊戲。——譯者注

他將來又將如何知道回憶是怎麼進行的？

（反過來，我們也許可以說有一種「很久很久以前」的感覺，因爲有一種語調一種姿態和講述以往歲月的某些故事連在一起。）

拾肆

一　不能用心理學是一門「年輕科學」來解釋心理學的混亂與貧瘠；心理學的狀態無法和物理學等等的早期狀態相比。（倒不如和數學的某個分支相比——集合論。）就是說，在心理學中實驗方法和**概念混亂**並存。（就像在集合論中概念混亂和證明方法並存。）

實驗方法的存在讓我們以爲我們具備解決困擾我們的問題的手段；雖然問題和方法各行其是。

二　有可能對數學進行某種探索，它與我們對心理學的探索完全類似。它不是**數學**探索，正如我們的探索不是心理學探索。在這種探索中**沒**有計算，所以它不是形式邏輯之類。它也許有資格稱作「數學基礎」的探索。

中譯者後記

一　維特根斯坦的《哲學研究》是本偉大的書，我非常肯定它是二十世紀最偉大的哲學著作之一。讀這樣的書，翻譯這樣的書，其樂融融。

他像希臘哲人一樣，直接面對問題，在我們這個議論紛紜、不知眞理爲何物的時代，他堅持走在眞理的道路上。別人認爲只能議論的事情，他能想辦法使之成爲可以論證的事情，這是哲學最古老最基本的藝術，二十世紀也有另一些人具有這樣的藝術，但維特根斯坦是這門藝術的大師。

二　一九九四年一月，王煒帶我到清華會來訪的臺灣輔仁大學丁原植教授，沒什麼寒暄，就開始談東西方學術的交流等問題，覺得投機。丁原植當時正主持一個小出版社，出版哲學書爲主，他慫恿我作一本《哲學研究》的解讀本，包括：翻譯、注釋、討論三個大部分，答應一回臺灣就寄經費、資料給我。我回家就開始蒐集資料，一邊譯一邊注。誰知這位丁教授回到臺灣後再沒有隻字片語傳來（後來聽說他的出版社也關掉了）。

是年秋，我回到北大，開設講解《哲學研究》的課程，需要全書的中譯本。當時已有湯潮、范光棣的譯本（三聯書店，一九九二年三月）。那個譯本很糟，舛錯百出，不能用。我既然自己已經譯了半本，就決定索性把全書譯出來。在家裡譯書，在課堂上講書，兩個學期下來，到一九九五年初夏，譯出了第一稿。此後，對維特根斯坦哪一點有了新體會，就把譯稿拿出來重讀，有時對譯文做點改動。我雖不敢誇口自己絕無誤譯，尤其不敢誇口處處都譯得妥帖，但自信這個譯本十分可靠並可讀，甚至認爲出版這個譯本說得上是對學界的一個小小貢獻。

可惜，幾年過去，我的譯本一直未能出版，心裡始終覺得是件憾事。直到不久前，和邵敏談到此事，他立刻伸出援手，建議在他們上海人民出版社出版，他回上海不久就談定此事，我自是感激不盡。

三　我的譯本擱置期間，此書出了第二個中譯本，李步樓譯，陳維杭校（商務印書館，一九九六年十二月，下稱「李陳譯本」），這是一個品質頗高的譯本。那爲什麼還要出一個新譯本呢？不消說，我花了好大力氣完成這個譯本，當然希望它面世，不過這不是理由。那就找些理由。

寬泛而言，像《哲學研究》這樣重要的著作，有不同的譯本也是應該的。具體說來，我的譯本有幾個長處。

㈠李陳譯本是從英譯本轉譯的（譯後記裡說明陳維杭曾直接依據德文進行校改），而我是直接從德文翻譯。這本書的英譯者是維氏的親炙弟子，同時是這本書的編訂者，這個英譯本比絕大多數書的譯本可靠。不過，原著既然是用德文寫的，直接從德文本譯總要好一些。韻味上會有些差別，此外也有些句子，從英文翻譯不很清楚，甚至容易出錯。舉第三七四節首句爲例：

李陳譯本如下：「這裡最大的困難不是把事情表現得似乎有某種人們做不到的事情。」這句中文似乎是在強調困難不在這裡而在別處。較好的譯文是：「這裡極難不把事情描繪成彷彿有某種人的能力不及的東西」。這裡的英文是：The great difficulty here is not to represent the matter as if there were something one couldn't do：德文是：Die große Schwierigkeit ist hier, die Sache nicht so darzustellen,als könne man etwas nicht.英文可以作兩種理解，德文的意思卻單一無歧義。

㈡我相信我的譯文整體而言更清楚、更流暢，也更細緻準確。例如，第三六三節裡有一句，大意就是「這可以以後再說」，李陳譯作「對此還有足夠的時間」就太拘泥了。又如第一六五節最後一句：「我簡直不可能看著一個印刷的德文詞而不經歷內在地聽到話音這樣一種特別的過程」，李陳譯作：「如果我心中沒有聽到那個詞的聲音的那種特徵性的過程，我根本就不可能看出那個印刷的德語單詞來」。李陳的譯句也許可以理解成原文那個意思，但更容易得出相反的印象。再舉一例，第六〇七節裡有一句，李陳譯作：「但是在我說這個時刻時，是不是有什麼東西在滴答作響呢？」我譯作：「但給出這一時間之際沒聽見哢噠一聲什麼東西扣上了嗎？」維特根斯坦在這裡談的是「正是這個」這樣一種感覺，「滴答作響」不著邊際。李陳譯本大體譯得相當準確，但照我的標準仍稍嫌不足。

㈢我和李陳譯本對譯名的選擇有些差別，這多半是見仁見智的，例如Satz譯作「命題」還是「句子」，Bedeutung譯作「含義」還是「意義」。但也有幾例應有優劣之別。例如Übersehen在維氏那裡是一個極重要的概念，可說有特定的含義，宜譯作「綜觀」或「概觀」。第一二二節是這麼說的：「我們對某些事情不理解的一個主要根源是我們不能綜觀語詞用法的全貌。——我們的語法缺乏這種綜觀。……綜觀式的表現這個概念對我們有根本性的意義。」李陳只譯作「清晰」，上面這段話就成了「我們之所以不理解，一個主要根源就是我們沒有看清楚詞的使用。——我們的語法缺乏這種清晰性。……對我們來說清晰的表象是一個極其重要的概念」。維氏的一個基本思想於是變得稀鬆平常了。維氏此書用語極平實，其思想和表述則極爲精細，譯者也須「譯不厭精」。

㈣還有少數詞句李陳譯本譯錯了。

這些都是責備賢者的挑剔。我這個譯本，讀者也會發現不妥乃至錯誤，我願得到指正，以期不斷改進。

四　本書的德文用語通俗，大致沒有「術語」，即使同一個概念，維氏也經常混用幾個不同的詞來表示，就像我們平時說話那樣。而且，維氏的中心思想之一是「日常語言挺合適的」，他的許多論證要求我們設想在實際環境中我們怎麼講話，因此我們必須照顧中文用語的習慣，用人們實際上會說的漢語來翻譯這些德文句子，如果同一個德文詞一定用始終同一的中文詞來對譯，就會很生硬，不像漢語的「日常語言」。但另一方面，維氏是在進行概念分析，當他在前後文本中使用的實際上是同一個詞或具有相同詞根的詞而譯文卻只按這個詞出現的上下文便宜譯作不同的漢語詞，就無法表明他是在分析同一個語詞一概念。哪個方面更值得照顧往往頗費思量。主要的概念語詞，德文是同一個，我就儘量用同一中文語詞來譯，例如，除了極少情況，我總是把Bedeutung譯作「含義」，雖然有時譯作「意義」會使中文更通暢些。爲了照顧譯名的一致，譯文的文句有時會有點彆扭，例如「我具有疼痛」不是漢語的通常說法，但譯作「我疼」則無法照應維氏所討論的「我怎麼『具有』疼痛」這樣的問題。如果不可能只用一個中文詞來對應，就擴展到兩個，例如Satz有時譯作「命題」有時譯作「句子」。再例如，第六〇二節開頭我是這樣譯的：「若有人問我『你今天早上進屋的時候認出你的書桌了嗎？』——我自然會說『當然！』但若說當時發生了一種複認，那將是一種誤導。」第一句的「認出」和第二句的「複認」原文都是wiederkennen。

有幾處，照德文本譯出來太難懂，而英譯本文義較爲顯豁，我就從英譯本。還有幾處，嚴格的翻譯實在無法讓讀者讀懂，這時候我寧願稍微冒險轉述文義，同時加注給出直譯的句子。例如第九節中有一段，湯範譯錯了，不去說它，李陳是這樣譯的：「同對『石塊』、『石柱』等詞的實指施教相類似的對數詞的實指施教，所教的不是用來點數的數詞，而是用來指一眼便能看清的對象組的數詞。」譯文的重點有點錯位，但不能說譯錯，可是，我推測讀者多半讀不懂這裡在說什麼。我的譯文是：「我們眼前有些物品，一眼就看得出分成了幾組，用指物識字法教孩子把數詞當作這些物品組的名稱，比教會孩子把這些數詞當作數字來學，更接近於用指物識字法來教『方石』、『柱石』一類語詞。」

原著裡有少量英文、拉丁文、法文，我都直接譯成中文，不再另行注明。

最後說說符號和字體。維氏使用標點常與慣例不合。「」和‘’通常並無區別，我依慣用法都改作「」。——，維氏自己說過爲什麼加那麼多，基本照譯，但有時因爲德漢文句組織不同而稍作增減。有時不加引號中文就很難斷讀，如der Begriff des Sehens-als，譯爲：「看作」的概念。方括號〔〕裡的話都是譯者加的，用來標出原文語詞或用來補足語氣貫通文義等等。原文斜體和全詞大寫中文都相應寫成粗體，當然，德文中文的語法不同，經常需要變通，例如daß，中文就無法對應；又如第三五節裡的die等等。

五　這個譯本出版，我首先要感謝邵敏。在翻譯過程中，我曾請教過倪梁康、靳希平、孫永平、張雪，他們都慷慨提供幫助，在此一併致謝。

二〇〇一年，北京

六　這次借再版之機，對譯文做了少許修訂。維特根斯坦基於他後期的基本思想，在寫作中不使用術語，但應讀者請求，這次再版我還是增加了一個小小的譯名對照表。修訂中有些承蒙白彤東等同好指點，譯名表承蒙王宇光協助完成，特此致謝。

二〇〇四年十一月，上海

譯名對照表

Aspect 模樣、樣子
Ausdruck 表達、表達式
Ausdruckweise 表達方式
bedeuten…… 的含義、意味
Bedeutung 含義①
Behaupten 斷定、斷言、陳述
Behauptungssatz 陳述句
Bild 圖畫、圖像、形象〔說法〕
deuten 解釋、提示
erklären 解釋、定義、說明②
erwarten 預期、期待
Gebrauch 使用、用法
Lebensform 生活形式
meinen 意謂，意思是
Meinen 意謂
Meinung 看法
Satz 句子、命題
Sinn 意義、意思
Sprachspiel 語言遊戲
Träger 承擔者
Übersehen 綜觀
Umgangssprache 日常交往所用的語言
vorstellen sich 設想、想像③
Vorstellung 意象、觀念
Wiederkennen 認出、複認
Wortarten 詞類
Wortsprache 字詞語言

① 弗雷格把Bedeutung和Sinn用作術語，前者通譯「指稱」，後者通譯「意義」。維特根斯坦據德語的實際使用等為理由反對這種表達法。在《哲學研究》中，維氏一般用Bedeutung稱語詞的意義，用Sinn稱句子的意義（參見第一三八節）,雖然他偶然也混用兩者，例如：第四一八節寫到語詞的Sinn，第五四〇節寫到句子的Bedeutung。在中文裡，說到一個語詞或一個語句，「意義」、「含義」、「意思」經常可以互換，其中，就書面語言說，「意義」最通用。但為了和德文對應，我把Bedeutung譯為「含義」，只在第一二二節和第五八三節（四次）譯作「意義」（多多少少相當於「重要性」），把Sinn譯為「意義」，有時譯作「意思」（第二〇節、第六一節）。Unsinn照通常含義，譯為「荒唐」、「胡話」，但有時為顯示其詞根聯繫，譯為「無意義」。

② 一般說來，解釋和定義頗不同。維氏則強調定義和解釋的連續性，定義仍是一種解釋，也許是最佳或最通行的解釋。這一點已經包含在erklären這個詞裡，它和說明、解釋、定義、宣布等很多中文詞對應。我通常把erklären譯作「解釋」，其次譯作「定義」，有時譯作「說明」。維氏在各種場合下，通常都使用erklären，並把它和definiezieren等混用，於是，erklären何時譯作「解釋」，何時譯作「定義」常費躊躇。好在給定了維氏的用意，在大多數場合下，選擇這種或那種譯法不會帶來義理上太大的混亂。Definition則一概譯成「定義」。

③ vorstellen始終是很難譯的。哲學翻譯裡多譯為「表象」，這個詞用了很久，含義還是不太清楚。「表象」的另一個缺點是不像vorstellen在德語中是個日常用語，stell dir vor譯成「你請表象一下」就很彆扭。現在作動詞時儘量譯作「設想」，有時譯作「想像」，當名詞時儘量譯作「意象」，有時譯作「觀念」。

名詞索引

維特根斯坦　年表

Ludwig Josef Johann Wittgenstein, 1889-1951

年代	生平記事
一八八九	四月二十六日生於奧匈帝國的維也納，父親是歐洲鋼鐵工業巨頭，母親是銀行家的女兒。在八個子女中排行最小，有四分之三的猶太血統，於納粹吞併奧地利後轉入英國籍。自幼跟隨兄姊在家裡接受教育。
一九〇三	通過入學考試後，前往林茨的一所以技術著稱的中學學習，和阿道夫．希特勒是同學。
一九〇六	前往柏林學習機械工程。
一九〇八	進入英國曼徹斯特維多利亞大學攻讀航空工程空氣動力學學位。期間，研究螺旋槳原理的同時，出於對數學基礎的興趣，閱讀了伯特蘭．羅素與懷特海合寫的《數學原理》以及戈特洛布．弗雷格的《算術基礎》。
一九一一	聽從邏輯學家弗雷格的推薦，前往英國劍橋大學三一學院，問學於羅素門下，後成為英國哲學家羅素的學生兼好友，羅素稱這場相識是他一生中「最令人興奮的智慧探險之一」。
一九一四	作為志願兵入伍，在戰場上完成了標誌所謂哲學的語言學轉向的《邏輯哲學論》的初稿。《邏輯哲學論》完成後他認為所謂的哲學問題已被解決，於是前往奧地利南部山區，投入格律克爾倡導的奧地利學校改革運動，成為一名小學教師。一九二六結束鄉村教師的職位。

一九二七	結識了奉《邏輯哲學論》為圭臬的「維也納小組」成員，並應邀參與一些活動，與石里克、魏斯曼等成員有過交往，然而維特根斯坦拒絕加入他們的圈子。
一九二八	聽了數學家布勞維爾在維也納有關「數學、科學和語言」的一次講演後，維特根斯坦重新萌發了強烈的哲學探索的興趣。
一九二九	重返劍橋，以《邏輯哲學論》作為論文，通過了由羅素和G. E.摩爾主持評審的博士答辯後，留在三一學院教授哲學，並於一九三九年接替摩爾成為哲學教授。
一九四七	堅信「哲學教授」是「一份荒唐的工作」的維特根斯坦從劍橋辭職，以專心思考、寫作。
一九五一	四月二十九日，因病在好友比萬（Edward Bevan）家中與世長辭。 維特根斯坦的一生極富傳奇色彩，被羅素稱為「天才人物的最完美範例」：富有激情、深刻、熾熱並且有統治力。

經典名著文庫116

哲學研究

Philosophische Untersuchungen

叢書策劃 —— 楊榮川
作　　者 —— 維特根斯坦 Ludwig Josef Johann Wittgenstein
譯　　者 —— 陳嘉映
企劃主編 —— 蘇美嬌
特約編輯 —— 張碧娟
封面設計 —— 姚孝慈
著者繪像 —— 莊河源
出 版 者 —— 五南圖書出版股份有限公司
發 行 人 —— 楊榮川
總 經 理 —— 楊士清
總 編 輯 —— 楊秀麗
地　　址 —— 台北市大安區 106 和平東路二段 339 號 4 樓
電　　話 —— 02-27055066（代表號）
傳　　眞 —— 02-27066100
劃撥帳號 —— 01068953
戶　　名 —— 五南圖書出版股份有限公司
網　　址 —— https://www.wunan.com.tw
電子郵件 —— wunan@wunan.com.tw
法律顧問 —— 林勝安律師
出版日期 —— 2020 年 5 月初版一刷
　　　　　　2024 年 9 月初版四刷
定　　價 —— 480 元

國家圖書館出版品預行編目資料

哲學研究 / 維特根斯坦 (Ludwig Josef Johann Wittgenstein)
著 ; 陳嘉映譯 . -- 初版 -- 臺北市 : 五南圖書出版股份有限
公司 , 2020.05
面 ; 公分 . -- (經典名著文庫 ; 116)
譯自 : Philosophische Untersuchungen
ISBN 978-957-763-912-7(平裝)

1. 哲學　2. 邏輯　3. 語意學

144.79　　109002558